A MOTIVAÇÃO DAS DECISÕES CÍVEIS
Como condição de possibilidade para resposta correta/adequada

M921m Motta, Cristina Reindolff da.
　　　　A motivação das decisões cíveis: como condição de possibilidade para resposta correta/adequada / Cristina Reindolff da Motta. – Porto Alegre : Livraria do Advogado Editora, 2012.
　　　　166 p.; 23 cm.
　　　　Inclui bibliografia.
　　　　ISBN 978-85-7348-772-5

　　　　1. Direitos fundamentais. 2. Direito constitucional. 3. Hermenêutica (Direito). 4. Poder judiciário. 5. Juízes - Decisões. 6. Garantia (Direito). I. Título.
　　　　　　　　　　　　　　　　　CDU　342.7
　　　　　　　　　　　　　　　　　　　　340.132
　　　　　　　　　　　　　　　　　CDD　340.1

　　　　Índice para catálogo sistemático:
　　　　1. Direitos e liberdades fundamentais　　342.7
　　　　2. Hermenêutica (Direito)　　　　　　　　340.132

(Bibliotecária responsável: Sabrina Leal Araujo – CRB 10/1507)

Cristina Reindolff da Motta

A MOTIVAÇÃO DAS DECISÕES CÍVEIS

Como condição de possibilidade para resposta correta/adequada

Porto Alegre, 2012

© Cristina Reindolff da Motta, 2012

Capa, projeto gráfico e diagramação
Livraria do Advogado Editora

Revisão
Rosane Marques Borba

Direitos desta edição reservados por
Livraria do Advogado Editora Ltda.
Rua Riachuelo, 1338
90010-273 Porto Alegre RS
Fone/fax: 0800-51-7522
editora@livrariadoadvogado.com.br
www.doadvogado.com.br

Impresso no Brasil / Printed in Brazil

A *André Luis Callegari* e
André da Motta Callegari,
amores da minha vida.

Seria impossível citar todas as pessoas e instituições que contribuíram decisivamente para a realização deste trabalho. Há, no entanto, algumas entre todas que devo nomear de modo individual.

À amiga Fernanda Arruda Dutra, sempre presente de todas as maneiras, e ao colega Rafael Oliveira, companheiro desta jornada, sempre encorajadores e disponíveis para a discussão de temas polêmicos.

Ao PPGD da UNISINOS,

À Equipe da biblioteca do Tribunal de Justiça do estado do Rio Grande do Sul, em especial a Jaque, que sempre foram mais do que disponíveis, incansáveis no auxílio prestado na busca e seleção de material.

Agradecimentos especiais aos meus pais, Neiro e Maria Regina, sempre incentivadores de meus projetos, apoiando e dando condições para a realização destes. Aos dois Andrés, que ao meu lado foram peças fundamentais para a realização deste sonho: ao André Luis Callegari, por sempre apoiar e acalentar este sonho, incentivando e compartilhando os momentos difíceis do desenvolvimento deste trabalho; ao André da Motta Callegari, que não pode ainda dimensionar a grandeza deste esforço, mas que sempre aceitou a necessária ausência e as horas de convívio que dele foram roubadas, e que um dia compreenderá este exemplo.

Ao professor Dr. Lenio Luiz Streck, amigo, seguro e constante no apoio, e a cuja pertinácia e paciência devo o despertar de meu interesse pelo tema abordado nesta tese.

Prefácio

Na condição de Magistrado, portanto, como alguém incumbido do dever de bem decidir, em outras palavras, de bem fundamentar (motivar) a decisão, e atuando simultaneamente como Professor e Pesquisador na área dos direitos e garantias fundamentais, não há como não me sentir honrado pela possibilidade que me foi concedida pela Professora Doutora Cristina Reindolff da Motta, de, mediante este breve prefácio, quem sabe contribuir para a difusão de uma obra que aborda, com proficiência, a difícil, atual e relevante temática da motivação das decisões judiciais, no caso, focando as decisões na esfera cível. O texto, ora submetido ao crivo da comunidade jurídica, corresponde à tese doutoral apresentada pela autora no âmbito do Doutorado em Direito da UNISINOS, sob a competente e inspiradora orientação do eminente colega e amigo Professor Lenio Luiz Streck, um dos expoentes da teoria do direito, da hermenêutica jurídica e do direito constitucional do Brasil.

Quanto ao objeto da obra, embora não seja o caso de avançar com comentários que apenas teriam o efeito de aborrecer o leitor ávido de fazer contato imediato com o texto da autora, importa apenas recordar que o dever de motivação das decisões judiciais, acompanhado da sanção de nulidade em caso de violação, a despeito de encontrar a sua sede textual no artigo 93, IX, da Constituição Federal de 1988, integra os elementos essenciais do direito à adequada e célere, portanto efetiva prestação jurisdicional, além de ser condição de possibilidade do contraditório e da ampla defesa. Mesmo que sobre o tema já se tenham vertido "rios de tinta", constata-se, todavia, que seguem existindo aspectos carentes de maior atenção e desenvolvimento, especialmente com o nível de profundidade que uma tese de doutorado, como é o caso da que ora se está a prefaciar, pode oferecer. A autora, mediante recurso ao marco teórico da hermenêutica jurídico-constitucional e da teoria dos direitos fundamentais, certamente logrou êxito em agregar valor ao debate sobre o tema, seja pela perspectiva de análise, arrancando de uma análise jurisprudencial rica e capaz de demonstrar diversas facetas do problema e de sua dimensão, seja pela construção consistente e bem articulada que forma o corpo do texto, resultando num leque de conclusões que assumem um tom propositivo.

Além disso, importa sublinhar, a obra dialoga, com habilidade e acuidade, com representativa literatura e busca, no âmbito de uma tradição hermenêutica, mas sem perder de vista as exigências de uma teoria dos direitos fundamentais constitucionalmente adequada, contribuir para a construção de uma teoria e prática da adequada motivação das decisões cíveis, ciente de que um dos mais nobres, mas nem sempre devidamente valorizado, direitos fundamentais, é o direito a decisões judiciais constitucionalmente adequadas, na senda da obra referencial de seu prestigiado orientador.

Last but not least, o que se almeja é que tanto a autora como sua obra encontrem a merecida receptividade no meio acadêmico e no meio judiciário, servindo de estímulo para uma práxis decisória pautada pela adequada motivação. Os direitos fundamentais e o direito-dever à efetiva prestação jurisdicional têm muito a ganhar.

Porto Alegre, agosto de 2011.

Ingo Wolfgang Sarlet
Titular da Faculdade de Direito e do Programa de Mestrado e
Doutorado em Direito da PUCRS. Juiz de Direito em Porto Alegre
e Professor da Escola Superior da Magistratura (AJURIS).

Sumário

Apresentação – *Lenio Luiz Streck* 15
Introdução 19
1. O estado da arte da fundamentação no Brasil 25
2. Processo e Constituição 37
   2.1. Mutações do processo à luz da evolução social 38
      2.1.1. O liberalismo processual 38
      2.1.2. O socialismo jurídico 42
      2.1.3. O socialismo jurídico no Brasil 46
      2.1.4. O protagonismo científico 50
      2.1.5. O socialismo processual 54
      2.1.6. O processo à luz do constitucionalismo do século XX 56
   2.2. Aplicação da Constituição 60
      2.2.1. O processualismo brasileiro – o problema da instrumentalidade 69
   2.3. A fundamentação como controle de constitucionalidade 71
3. Discricionariedade *versus* democracia: a questão da resposta correta/adequada ... 77
   3.1. Caráter antidiscricionário da hermenêutica filosófica 81
   3.2. A hermenêutica filosófica e a resposta correta/adequada:
      os marcos de um caminho 90
      3.2.1. A gênese da resposta correta: a integridade do direito como superação
         da discricionariedade positivista 90
      3.2.2. A resposta correta para além de Dworkin: Lenio Streck e o direito
         fundamental à resposta constitucionalmente correta/adequada 94
   3.3. Súmulas 101
      3.3.1. Súmula vinculante 108
      3.3.2. Derivações da súmula vinculante? 109
4. Fundamentação como Direito Fundamental 115
   4.1. Evolução 116
      4.1.2. Direitos fundamentais e suas dimensões 122
   4.2. A fundamentação como direito fundamental misto 134
   4.3. Prestação jurisdicional não fundamentada: a fragilização do Estado
      Democrático de Direito 141
Conclusão 147
Referências bibliográfica 157

Apresentação

A partir da revolução copernicana proporcionada pelo constitucionalismo do segundo pós-guerra, os estudos acerca da interpretação do direito passaram a estar no topo das preocupações dos juristas do mundo todo. As mais diversas correntes jusfilosóficas passaram a se ocupar do fenômeno da indeterminabilidade do direito e das condições acerca de como se interpretam os novos textos que configuram esse nova topografia do direito.

Se no século XIX vimos o predomínio da razão, com o positivismo exegético em França e suas variações na Alemanha (jurisprudência dos conceitos) e na Inglaterra (jurisprudência analítica), o século XX foi o século da vontade. Na virada do século XIX para o século XX e nas primeiras décadas deste, floresceram as diversas posturas que buscaram "libertar" o direito das amarras da razão. Assim, desde a jurisprudência dos interesses, o movimento do direito livre, a jurisprudência dos valores, o realismo jurídico, o postivismo normativista kelseniano até as contemporâneas discussões sobre o(s) neoconstitucionalismo(s), a temática é (foi sempre) muito similar: definitivamente, o juiz não é mais a boca da lei; a lei não carrega o direito, e texto e norma são coisas diferentes. Mais ainda, corre o lema de que passamos a viver "a era dos princípios", ficando assentado que o direito não é mais um sistema de regras, e, sim, um sistema de regras e princípios.

Entretanto, a pergunta que não vem recebendo uma resposta adequada é: o que resultou disso? Veja-se que, em um país como o Brasil, esse neoconstitucionalismo ou a "era dos princípios" (e as inúmeras variações dessas temáticas) proporciona(ra)m um panprincipiologismo, espécie de "estado de natureza hermenêutico" em que a cada dia "inventam-se" novos princípios. O elenco é interminável. Trata-se, na verdade, de uma "bolha especulativa de princípios", que pode acarretar uma espécie de "subprime hermenêutico". Numa palavra: tudo isso foi forjando um sistema jurídico fracionário e fracionado.

Dizendo de outro modo: se conseguimos superar o "mito da razão plenipotenciária" do exegetismo formalista, na verdade caímos em uma armadilha, porque colocamos em seu lugar nada mais, nada menos, do que o *voluntarismo judicial*. No campo do processo penal, isso pode ser facilmente constatado pela permanência do velho inquisitivismo. Mesmo que o projeto do novo Código de Processo Penal aponte para o modelo acusatório, uma coisa o *establishment* jurídico parece que não "permitiu" alterar: o protagonismo judicial, visível através do "livre convencimento". As consequências disso todos sabemos: o poder de oficio dos juízes e a discricionariedade.

No campo do direito processual civil, o velho instrumentalismo permanece fazendo suas vítimas mesmo depois de passada uma década do século XIX e mais de quatro lustros desde a promulgação da Constituição de 1988.

Pois é neste ponto que assume relevância o livro de Cristina Motta Callegari, que tenho o prazer de apresentar à comunidade jurídica. A preocupação central da obra, com o sugestivo título de *A motivação das decisões cíveis como condição de possibilidade para resposta correta/adequada*, é exatamente com essa falta de resposta aos dilemas da superação da razão pela vontade. Por isso, Cristina aponta suas baterias para o cerne da controvérsia, o ponto de estofo do problema: *a decisão judicial*. Como se decide? Qual é o "estado d'arte" da "motivação judicial" em *terrae brasilis*? Uma a uma, o livro vai respondendo a essas indagações.

O conjunto de minirreformas que atravessa(ra)m o processo civil nestes mais de vinte anos reforça(ra)m aquilo que busca(va)m combater: o problema da efetividade e o acesso à justiça. Paradoxalmente – e o livro de Cristina aponta certeiramente para esse problema – *quanto mais reformamos o CPC, mais complexizamos o problema da efetividade jurisdicional*. Por isso, *A motivação das decisões cíveis como condição de possibilidade para resposta correta/adequada* aposta no combate ao discricionarismo. Mas, fundamentalmente, mais do que superar o "problema da discricionariedade", *a questão reside na fundamentação das decisões*.

Portanto, a motivação-fundamentação não é simples adereço da decisão. E decisão judicial não é escolha. É responsabilidade política, que demanda uma *accountabillity* hermenêutica. Na especificidade, o livro deixa claro aquilo que venho propalando de há muito: *o cidadão tem o direito não apenas a uma decisão (resposta) motivada, mas, sim, a uma decisão que contemple uma resposta adequada a Constituição*. Essa resposta adequada nada mais é do que uma resposta correta, entendida, evidentemente, a partir dos aportes da hermenêutica filosófica. Não se trata de uma resposta única; a decisão correta não é uma "verdade apodítica". Não! Trata-se de uma decisão que, ao estilo proposto por Dworkin, na simbiose que faço do jusfilósofo norte-americano com a hermenêutica gadameriana, na busca de compreender o direito da comunidade política em sua melhor luz.

Vale lembrar que a tese da única resposta correta (*one right answer*) nos termos propostos por Dworkin é uma tese sobre a controvérsia jurídica e a necessidade de se proceder a um inquérito crítico das possíveis interpretações para o caso concreto na perspectiva de se projetar aquela que, de melhor maneira, consegue representar o direito da comunidade política.

O livro de Cristina – na esteira das obras que se embasam nos aportes da hermenêutica – agrega à comunidade jurídica esse valor que deve ser caro à democracia: buscar responder ao grande dilema da contemporaneidade: *como se decide*. De que modo podemos controlar as decisões dos Tribunais? Nesse sentido, sua leitura se torna indispensável, porque, em tempos de pospositivismo e de intensas reformas no campo do direito processual civil, não mais é suficiente ficar apostando nas velhas superações do racionalismo formalista ou pensar que a "ponderação de valores" é a descoberta do século. Mais do que a "era dos princípios" e dos "voluntarismos", *esta é a era da democracia!* E isso implica controle e responsabilidade política dos juízes e tribunais. E quem ganha com isso é a sociedade. E a cidadania. Boa leitura a todos.

Lenio Luiz Streck
Professor titular da UNISINOS,
Doutor e Pós-Doutor em Direito, Procurador de Justiça.

Introdução

O legislador constituinte de 1988 elencou a motivação como norma geral a ser aplicada quando de qualquer decisão. A motivação, em realidade, apresenta função dúplice, uma vez que é limite ao julgador e direito fundamental do jurisdicionado. Nesse sentido, a motivação serve como remédio tanto para a arbitrariedade quanto para a discricionariedade.

A necessidade, imposta pela própria Constituição, da motivação das decisões como instrumento processual de garantia do princípio constitucional e como forma de se chegar a uma resposta correta/adequada para o caso está traduzida no artigo 93, inciso IX, da Constituição do Brasil, bem como reprisada no rol do artigo 5º, quando trata da necessidade da fundamentação da prisão.

A fundamentação da decisão é condição imperiosa para que haja manifesta validade na decisão tomada pelo Judiciário, sendo que a sua ausência gera afronta ao princípio constitucional, que é basilar para a compreensão do Judiciário como instrumento de realização do direito.

O direito fundamental à fundamentação extirpa a possibilidade de a população ficar à mercê de um Judiciário sem critérios, visto que não só garante/impõe limite ao julgador, mas também possibilita controle externo das partes e dos demais cidadãos em relação às decisões proferidas.

Entretanto, a razão precípua dessa necessidade de fundamentação reside justamente no fato de esta ser capaz de revelar os aspectos norteadores que levaram a decisão para determinado sentido. Desse modo, a fundamentação considera o julgador como sendo membro de um Estado comprometido, revelando o seu agente como responsável e, com isso, evidenciando que a decisão para determinado caso é a correta.

Sob esse aspecto de Estado comprometido transparece a prevalência dos direitos do cidadão, dado que reflete na decisão, ainda que de forma transversa, a garantia da isonomia, princípio também de destaque na Constituição e no próprio Estado Democrático de Direito.

A necessidade de fundamentação da decisão tem dúplice função no Estado Democrático de Direito: ao mesmo tempo garante ao cidadão proteção contra algum eventual excesso do julgador e infunde limitação aos poderes desse julgador. É, portanto, direito fundamental do cidadão e do jurisdicionado, que serve de controle externo à decisão exarada.

Pode-se extrair da Constituição Federal que a fundamentação é blindagem antipositivista, de importância capital ao processo civil contemporâneo, que não se faz mais do juiz para o império, mas que fundamentalmente tem de resguardar o papel das partes.

Ocorre que a evolução do processo como um todo e as alterações legislativas que cada momento social impôs ao processo acabaram por influenciar sobremaneira a atividade da jurisdição e da motivação. Em primeiro lugar, o socialismo jurídico, com as tentativas de implementação da celeridade e da oralidade, marcou o processo pelos princípios da imediatidade e da própria irrecorribilidade das interlocutórias.

Em segundo lugar, o protagonismo científico apresentou o juiz como figura central do processo em que este poderia decidir segundo o que lhe parecesse mais justo. E, por fim, o socialismo processual revelou a busca de abertura ao acesso ao Judiciário, simplificando o procedimento e majorando ainda mais o poder do juiz.

Todas essas circunstâncias trouxeram diversas e sérias consequências à maneira de julgar. O amplo acesso ao Judiciário e o processo desenvolvido à luz do constitucionalismo incrementam a profusão de demandas agora também permeadas pelas garantiais fundamentais que se contrapõem ao magistrado, o qual deverá julgar com base em uma diversidade de normas e com a celeridade almejada pelo jurisdicionado.

A modernidade, apesar de instituir a necessidade de fundamentação – afastando-se do modelo anglo-saxão até então vigente, em que esta era desnecessária, tendo em vista que o papel do magistrado e sua condição de oficial do Rei, naquela sociedade, não sofria qualquer imposição legal de justificar-se –, gerou também um afastamento do caso em si para se privilegiar a introdução de método capaz de solver o caso posto em juízo.

Assim, apresentou-se a criação de diversas leis, no sentido de oferecer pronta resposta às novas hipóteses que se apresentavam, bem como a criação de um método capaz de solução do litígio, de forma rápida e profilática, que por certo não perpassava a análise do caso concreto, o que coincide plenamente com as ideias de Habermas, no sentido de deixar de analisar o caso concreto em virtude da separação que este faz entre discurso de fundamentação prévia e discurso de aplicação.

Paradoxalmente, a hermenêutica filosófica, defendida por Gadamer,[1] apresenta a necessidade do caso concreto como condição de possibilidade para a interpretação/aplicação do direito. É exatamente por intermédio

---

[1] GADAMER, Hans-Georg. *Verdade e método*. Petrópolis: Vozes, 1999. p. 482.

da interpretação que se pode chegar à resposta correta para o caso. Nessa seara, a motivação da decisão demonstraria o *iter* realizado pelo julgador, não só justificando a decisão para o caso, mas também revelando o percurso estabelecido para a conclusão apresentada.

Somente na hipótese de se compreender o fundamento revelado ante aquele caso concreto é que pode ter certeza de ter chegado o julgador à resposta correta para o caso, pois esta assim é capaz tanto de demonstrar ao cidadão as razões que levaram o Judiciário a se pronunciar de uma forma ou de outra quanto de fundamentalmente reconhecer a historicidade para a fusão de horizontes.

Objetivamente, a necessidade que se põe à frente, hoje em dia, é da segurança jurídica e/ou da segurança através do Judiciário. O cidadão, tendo em vista a complexidade social e a evidente falta de alternativa, rompidos todos os parâmetros previamente estabelecidos, busca no âmbito judiciário amparo aos seus anseios, confiante de que o seu problema é, sim, um problema fundamental. Justamente por isso, espera que o Judiciário passe a analisá-lo, não obstante todas as tendências da sociedade contemporânea, sob uma lupa, sendo capaz de evidenciar cada fato que constitui o todo ali trazido.

Entretanto, como se sabe, isso já não mais é possível, tendo em vista que, com o afastamento imposto pelo tecnicismo, justificado ainda pelas teorias da argumentação, a única solução é a decisão através da aplicação ou não da norma, ou mesmo através de casos paradigmáticos, ideia esta última que exaspera a questão tão amplamente debatida da súmula vinculante.

Não obstante a complexidade, a individualidade (sobre)existe. Devido à ambivalência do Estado Moderno e das lutas apresentadas entre o privado e o público, entre o positivismo e o relativismo, torna-se necessário estabelecer um parâmetro no qual o cidadão possa basear-se para recorrer ou não ao Judiciário, recorrer ou não de uma decisão que ele julgue incorreta. A fundamentação utilizada para a decisão deve não só ser respeitada, como principalmente evidenciada, para que se mostre norteadora do julgador e da própria sociedade.

Um Judiciário que ofereça decisões coerentes apresenta-se como poder respaldado, podendo até mesmo vir a influenciar a diminuição do número de demandas ou de recursos, uma vez que a fundamentação, em se evidenciando, serve como embasamento concreto para que o cidadão saiba o que pode esperar do Judiciário como prestação jurisdicional. Enquanto o Judiciário assemelhar-se a uma loteria, em que litigar pode significar ganhar ou perder, tão somente de acordo com o decisionismo de um julgador, estar-se-á à mercê dessa situação. A possibilidade de jogar-se à *alea* e por casualidade vencer pode ser evidenciada em uma decisão que não se prende ao caso em si.

Tudo leva a crer que um Estado Democrático hígido não pode compactuar com uma motivação arraigada a conceitos prévios, deixando de lado a fundamentação do caso como cerne essencial do problema levado ao Judiciário. O fato de se ter uma resposta prévia para tudo representa inclusive um caminho perigoso a trilhar, tendo em vista que esse afastamento constante do caso concreto gera uma propagação de decisões equivocadas, que ignoram as suas peculiaridades e cuja condição de sentido modifica-se, dependendo do contexto em que está inserido.

É evidente a dificuldade de compreensão, por mais culto que seja o cidadão, de como pode uma situação ser julgada de uma forma ou de outra, sendo que o único subsídio para que o julgamento seja favorável dependa de uma inclinação pessoal do julgador. Deve haver critérios que levem o julgador a tomar a decisão correta para o caso concreto, critérios estes que independam da opção pessoal do juiz, mas que sejam basilares como referência para a tomada de decisão. Caso contrário, seria aceitar a discricionariedade.

Assim, o objetivo geral deste trabalho é analisar a problemática gerada pela hipercomplexidade social refletida no processo e por sua evolução na modernidade através da introdução de um método que acabou por afastar o julgador do caso concreto. Tenta-se demonstrar que o positivismo imbricado ao processo da modernidade – entre outros aspectos relevantes, tais como as teorias argumentativas ou mesmo a hipercomplexidade social – colaborou para o afastamento do julgador em relação ao caso concreto, gerando decisões engessadas e incorretas.

Assim, analisa-se o dever de motivar, que evidencia um processo protetivo e ao mesmo tempo garantidor dos direitos, mas que na modernidade vem sendo realizado de uma maneira que impede a real proteção e efetividade do processo. Analisa-se ainda o meio através do qual se pode evidenciar a concludente solução da resposta correta ao caso, sendo que tal meio se pauta na interpretação através da hermenêutica filosófica.

Defende-se a necessidade da motivação como meio de assegurar a efetivação do Estado Democrático de Direito, propiciando a garantia de outros princípios também constitucionais, como o da igualdade e do devido processo legal, e também a existência de uma resposta correta/adequada para o caso apresentado. Para que se chegue a ela, o julgador deverá apresentar a fundamentação de sua interpretação no círculo hermenêutico.

Neste trabalho, argumenta-se que a fundamentação é, na verdade, direito fundamental misto, pois, além de direito fundamental de primeira dimensão, é direito fundamental social, tendo em vista a repercussão que sua inexistência pode causar tanto no âmbito social quanto no âmbito das garantias da justiça. Ademais, entende-se que, em sendo a resposta correta/adequada um direito fundamental do cidadão, também o é na medida em que representa faces de uma mesma moeda. Por essa razão, a matriz teórica utilizada é a hermenêutica filosófica, analisada por Gadamer na obra *Verdade e método* (1999), visto que as ideias ali descritas servem de base à tese pretendida.

A proposta de apresentar a fundamentação como garantia essencial é feita a partir da aplicação integrada em qualquer processo interpretativo do direito. A defesa da compreensão do direito sob a ótica da hermenêutica filosófica evidencia a necessidade constante da fundamentação: ao estar circunscrita ao círculo hermenêutico, esta garante à sociedade a segurança necessária para a manutenção do Estado Democrático de Direito. Com isso, a fundamentação da decisão do caso concreto demonstrará que a resposta dada ao jurisdicionado é a correta ou, se se quiser, a resposta adequada à Constituição.

Sem se distanciar do foco da proposta de garantia da motivação da decisão como direito fundamental e como instrumento tanto da efetividade da norma constitucional quanto da garantia do Estado Democrático de Direito, o trabalho está dividido em quatro capítulos. O primeiro capítulo analisa o estado da arte da fundamentação no Brasil, demonstrando a insuficiência de motivação nas decisões tomadas nas mais diversas instâncias de jurisdição, ou mesmo a inconsistência da fundamentação existente – que, na maioria das vezes, baseia-se em decisões paradigmáticas não só para decidir, mas também para fundamentar.

O segundo capítulo apresenta a evolução do processo civil e da Constituição, dando ênfase às influências históricas sociais que impingem a alteração da norma processual. Com isso, é demonstrada a preponderância das ideias iluministas e socialistas na formação do liberalismo processual, do socialismo jurídico, do protagonismo judicial, do socialismo processual e do constitucionalismo, razão pela qual se intitulou tal capítulo como Processo e Constituição.

O terceiro capítulo submerge especificamente na hermenêutica filosófica e na aplicação da Constituição não só como norma fundamental, mas como sendo aplicada em primeiro plano, de acordo com a hermenêutica filosófica, para que se demonstre ao jurisdicionado que se chegou à decisão correta/adequada para o caso concreto.

Nesse sentido, para um melhor entendimento/enfrentamento de toda essa problemática, procede-se a uma discussão sobre o papel do direito (e, portanto, da Constituição) e da jurisdição constitucional no Estado Democrático de Direito, assim como das condições que possibilitem a implementação/concretização dos direitos fundamentais sociais a partir desse novo paradigma de direito e Estado.

Trata-se de demonstrar que a garantia da fundamentação, hermeneuticamente compreendida (Gadamer-Dworkin-Streck), constitui uma "blindagem"[2] contra o principal problema exsurgido do positivismo de matriz hartiana-kelseniana: a discricionariedade que acaba se transformando em arbítrio judicial racionalista.

O processo, ao longo de sua evolução, incorporou as necessidades modernas do cientificismo e da necessidade do método. Entretanto, a existência de um método, para o direito processual, não tem sido experiência das mais pródigas, tendo em vista um afastamento do caso concreto em detrimento da uniformização das decisões. Em razão disso, propõe-se o abandono desse método – entendido como momento supremo da subjetividade – e o emprego da hermenêutica filosófica para que seja possível demonstrar que se está diante da decisão correta ao caso apresentado.

O quarto capítulo analisa os direitos fundamentais e suas características, mostrando as dimensões dessas instâncias. Procede-se dessa maneira porque se acredita não só na classificação da fundamentação como direito fundamental, ainda que esteja em *loci distinctus* na Constituição, mas também na sua classificação como direito fundamental misto, por ter caráter tanto de direito fundamental de primeira dimensão quanto de direito fundamental social. Aborda-se ainda a questão da fragilização do Estado Democrático de Direito, quando há a prestação jurisdicional não fundamentada, maculando inclusive uma série de outros preceitos fundamentais.

---

[2] A ideia de blindagem é proposta por Lenio Streck, em adaptação às reflexões de Gadamer e Dworkin.

1. O estado da arte da fundamentação no Brasil

Por certo, não se pretende esgotar o tema do estado da arte no Brasil, justamente pela considerável diversidade de hipóteses que este pode demonstrar. Em um país onde há mais de 13.726 juízes[3] e 1.038 cursos de Direito,[4] é praticamente impossível retratar com fidedignidade a proliferação e a manifestação da fundamentação ou de sua ausência frente ao amplo espectro que se abre.

Assim, o que se pretende é trazer um escorso, com alguns pontuais exemplos, sejam doutrinários, sejam jurisprudenciais, do que se imagina ser o mais significativo e evidente no âmbito da realidade que se apresenta. Trata-se de um conjunto de decisões que simbolizam ou metaforizam o estado da arte.

Hodiernamente, a totalidade das sociedades impõe a necessidade de fundamentação. Embora possa soar pouco crível, houve um tempo em que tal imposição não subsistia em todos os ordenamentos.[5] Quando o Estado ainda era comandado pelo poder do rei, e a justiça era privada – isto é, do rei e para o rei –, esta recaía sobre as vontades desse rei, o qual, como represente de Deus na Terra, era detentor não só do poder de decisão, mas também de decidir corretamente.

Mesmo a Inglaterra, que até hoje não possui uma Constituição escrita, faz valer a imposição da necessidade de fundamentação de qualquer decisão. Com efeito, na tradição jurídica anglo-saxônica, nenhum texto legal impunha de modo geral ao juiz inglês a obrigação de motivar suas decisões: por ser um oficial do rei, não se poderia exigir dele que prestasse contas e apresentasse as razões de suas decisões. Assim, a necessidade de motivação acabou fundada em uma antiga jurisprudência que remonta ao princípio do século XVIII.[6]

---

[3] Disponível em: http://www.amb.com.br/index.asp?secao=quem_somos. Acesso em: 24.03.09.

[4] Disponível em: http://noticias.uol.com.br/educacao/ultnot/ult105u5043.jhtm. Acesso em: 24.03.09.

[5] Esta é a concepção apresentada até hoje, representando o poder absolutista do rei, que afirmava *"le estat ces't moi"*.

[6] ORDÓÑES SOLÍS, David. *Jueces, derecho y política: los poderes del juez en una sociedad democrática.* Navarra: Thomson Aranzadi, 2004. p. 98.

No Brasil, a Carta Política impõe a necessidade da motivação[7] das decisões. A motivação, em realidade, apresenta função dúplice, uma vez que é limite ao julgador e direito fundamental do jurisdicionado. Trata-se de direito fundamental, visto que está elencado na Constituição Federal. É, na verdade, um *plus* hermenêutico por interpretação do artigo 93, inciso IX, da Constituição Federal.

Tanto é assim, que o Tribunal Europeu de Direitos Humanos já reconheceu a motivação como sendo direito fundamental, havendo farta jurisprudência nesse sentido (sentenças de 9 de dezembro de 1994 [TEDH 1994,4] Ruiz Torija e Hiro Balani/ Espanha, § 29 e § 27; de 19 de fevereiro de 1998 [TEDH 1998, 3] Higgins y outros/ França, § 42; de 21 de janeiro de 1999 [TEDH 1999, 1], Garcia Ruiz/ Espanha, § 26).[8] Portanto, a motivação serve como remédio – e tal questão será melhor deliberada na sequência deste trabalho – tanto para a arbitrariedade quanto para a discricionariedade.

A necessidade, imposta pela própria Constituição, da motivação das decisões como instrumento processual de garantia do princípio constitucional e como forma de se chegar a uma resposta correta/adequada para o caso está traduzida no artigo 93, inciso IX, da Constituição do Brasil[9] e reprisada no rol do artigo 5º, quando trata da necessidade da fundamentação da prisão.

A fundamentação da decisão é condição imperiosa para que haja manifesta validade na decisão tomada pelo Judiciário, sendo que a sua ausência gera afronta ao princípio constitucional, que é basilar para a compreensão do Judiciário como instrumento de realização do direito.

A motivação das decisões judiciais está ligada ao princípio democrático e à exigência de uma aplicação igualitária do direito. Já se tornou lugar comum considerar que a motivação das sentenças constitui um avanço obtido pelos revolucionários do século XVIII frente ao poder absoluto do *ancién regime*.[10] [11]

---

[7] Ainda que haja posicionamentos que distingam fundamentação de motivação, tais como o de Andrés Ibañez (*La argumentación y su expresión em la sentencia: lenguaje forense, estúdios de derecho judicial 32/2001*. Consejo General Del Poder Judicial. Madrid: 2000. p. 23), este não é o caso de Hernandez Colomer (*La motivación de las sentencias sus exigências contitucionales y legales*. Valencia: Tyran Lo Blanche. 2003. p. 35), que defende a equivalência dos termos. Na presente tese, tais termos serão utilizados indistintamente como sinônimos, afastando essa dualidade de posicionamentos.

[8] ORDÓÑES SOLÍS, David. *Jueces, derecho y política: los poderes del juez en una sociedad democrática*. Navarra: Thomson Aranzadi, 2004. p. 100.

[9] Artigo 93, inciso IX, da CF: "todos os julgamentos dos órgãos do Poder Judiciário serão públicos, e fundamentadas todas as decisões, sob pena de nulidade (...)".

[10] ORDÓÑES SOLÍS, David. *Jueces, derecho y política: los poderes del juez en una sociedad democrática*. Navarra: Thomson Aranzadi, 2004. p. 98.

[11] A expressão *ancién regime* aqui utilizada refere-se ao regime absolutista de cada uma das sociedades à sua época, já que cada sociedade rompeu com o absolutismo em períodos distintos, mas com

A necessidade de fundamentação das decisões é de tal modo taxativa que não mais se contesta sua capital necessidade e sua absoluta previsão. A razão precípua dessa necessidade de fundamentação reside justamente no fato de esta ser capaz de revelar os aspectos norteadores que levaram a decisão para determinado sentido. Desse modo, a fundamentação considera o julgador como sendo membro de um Estado compromissado, revelando o seu agente como responsável e, com isso, evidenciando que a decisão para determinado caso é a correta.

Sob esse aspecto, transparece a prevalência dos direitos do cidadão, uma vez que reflete na decisão, ainda que de forma transversa, a garantia da isonomia, outro princípio de destaque na Constituição e no próprio Estado Democrático de Direito.

A Constituição deve representar, portanto, uma blindagem antipositivista[12] de importância capital ao processo civil contemporâneo, que não se faz mais do juiz para o império, mas que fundamentalmente resguarda o papel das partes. O estado da arte da fundamentação, entretanto, distingue-se de certa forma dessa utópica descrição ou preleção legal.

Não obstante, passadas duas décadas, a realidade que se verifica é de ausência (ou deficiência) de fundamentação nos moldes defendidos pelo legislador constituinte. Pela diversidade de situações cotidianas impostas, a fundamentação é deficiente ou foge às necessidades sociais. Inúmeros são os casos que demonstram tais características, devido à falta de fundamentação suficiente, seja quando o julgador remete ao parecer do *parquet* ou mesmo à decisão de primeiro grau, seja quando decide mas-

---

movimentos semelhantes, marcados pelos mesmos traços de revoluções sociais. Na Inglaterra, por exemplo, tal ruptura iniciou-se deveras mais cedo, em razão de abusos de poder do próprio monarca. Com base na ideia de que o rei representava o poder de Deus na Terra e que, em razão disso, suas decisões não precisavam ser fundamentadas, este passou a decidir de modo arbitrário. Assim, foi iniciado um processo que em 1215 culminou com a assinatura da Carta Magna do Rei John Lackland, ou João Sem Terra, apelido que lhe foi dado em virtude de seu pai, o Rei Henrique II, não lhe ter deixado terras (bens) na partilha da herança. A Carta Magna estabelecia uma série de direitos para a nobreza, os quais foram posteriormente estendidos para toda a população, entre eles a impossibilidade de criação de novos tributos sem que a nobreza fosse consultada e, fundamental para esta tese, a impossibilidade de algum cidadão livre ser preso por agentes do rei sem que as razões dessa prisão fossem investigadas. A base estabelecida pela Carta de João Sem Terra deu origem a outras posteriores garantias na Inglaterra, como o *Bill of Rights* em 1689, e influenciou outras nações, tais como a França em sua revolução ou mesmo os Estados Unidos no texto de sua Constituição, promulgada em 1787 na Filadélfia, Pensilvânia.

[12] Os juristas acreditavam que, ao condensar as decisões em verbetes, conseguiriam abarcar a realidade a partir de conceitos. Por isso, não precisariam fundamentar suas decisões, pois estas se autojustificariam, desde que aplicado o verbete. Como se vê, a necessidade de fundamentação imposta pela Constituição cria impedimento para que se aplique o direito sem que se analise o caso concreto, obrigando o julgador a observar as circunstâncias que o levaram a aplicar ou não dada solução a determinado caso concreto posto *sob judice*. STRECK, Lenio Luiz. Súmulas, vaguezas e ambiguidades: necessitamos de uma "teoria geral dos precedentes"? *Direitos Fundamentais & Justiça*, Revista do Programa de Pós-Graduação, Mestrado e Doutorado em Direito da PUCRS, Porto Alegre, ano 2, n. 5, p. 162-185, out./dez. 2008.

sivamente baseado em um paradigma que nem sempre coincide com o caso concreto em tela.

Massiva é a jurisprudência empregada para evidenciar o relatado. Uma decisão que refira: "Sendo assim, para evitar tautologia, adoto como razões de decidir os fundamentos do despacho que concedeu o pedido liminar (fls. 61/64) *in verbis*"[13] e, logo após, passa o julgador tão somente à transcrição *in verbis* como relata, sendo que ao final da mera transcrição da decisão do juízo *a quo* limita-se a referir: "Portanto, havendo afronta à literalidade dos dispositivos legais, a ordem deve ser concedida. ANTE O EXPOSTO (*sic*), julgo procedente o *Habeas Corpus*, para tornar definitiva a liminar e conceder a ordem".[14]

A total ausência de fundamentação, o que gera a violação expressa do texto constitucional (e também infraconstitucional), é fato que se revela no dia a dia forense. A ação executiva promovida sob a égide da Lei nº 11.382/2006, contrariando o artigo 739-A do Código de Processo Civil, que determina a não atribuição do efeito suspensivo aos embargos do executado como regra geral, mas sim tão somente nos casos em que se mostrarem relevantes os seus fundamentos e em que o prosseguimento da execução possa manifestamente causar grave dano de difícil reparação ao executado, também revela carência de fundamentação.

Ora, em relação ao regime dos embargos, a execução foi totalmente alterada pela nova lei. Antes, a regra era da suspensão do ato executivo. Todos os embargos sempre eram recebidos com efeito suspensivo, provocando a imediata paralisação do processo executivo (art. 739, § 1º, do Código de Processo Civil, em seu texto primitivo). Com a reforma da Lei nº 11.382/2006, a regra é justamente em sentido contrário: "Os embargos do executado não terão efeito suspensivo" (art. 739-A, *caput* do Código de Processo Civil). Os embargos, de tal sorte, não afetarão a sequência dos atos executivos.[15]

O magistrado que, ao receber os embargos, decide "Recebo os embargos e suspendo a execução ao embargado"[16] não respeita a regra vi-

---

[13] BRASIL. Tribunal de Justiça do Estado do Rio Grande do Sul. Habeas Corpus. Processo nº 70027834829. Oitava Câmara Cível. Rel. Des. Rui Portanova. Julgado em 19.02.2009. Publicado no DJ em 27.02.09.

[14] BRASIL. Tribunal de Justiça do Estado do Rio Grande do Sul. Habeas Corpus. Processo nº 70027834829. Oitava Câmara Cível. Rel. Des. Rui Portanova. Julgado em 19.02.2009. Publicado no DJ em 27.02.09.

[15] THEODORO JÚNIOR, Humberto. *A reforma da execução do título extrajudicial*. Rio de Janeiro: Forense, 2007. p. 194.

[16] BRASIL. Tribunal de Justiça do Estado do Rio Grande do Sul. Embargos à Execução. Processo nº 067/1.06.0002345-6. Comarca de São Lourenço do Sul. Decisão em 22.11.07. Publicado no DJ em 07.02.08.

gente nem justifica atribuição de efeito suspensivo, que não é mais regra. Poder-se-ia dizer que ele não respeita a regra vigente (constitucional e infraconstitucional), pois não fundamenta sua decisão e atribui um efeito que, de regra, não existe. Como se vê, além do ferimento ao texto infraconstitucional, restou desatendido o preceito constitucional, ainda que da mínima maneira almejada.

Entretanto, se o magistrado tivesse fundamentado sua decisão, teria cumprido ambas as regras (constitucional e infraconstitucional), pois a legislação prevê que o juiz poderá, a requerimento do embargante, atribuir efeito suspensivo aos embargos quando, sendo relevantes seus fundamentos, o prosseguimento da execução manifestamente puder causar ao executado grave dano de difícil ou incerta reparação, desde que a execução já esteja garantida por penhora, depósito ou caução suficientes. Assim, se houvesse fundamentado sua decisão, evidenciando as hipóteses para a concessão da medida, o magistrado teria cumprido os dois preceitos.

Da mesma maneira decidiu o magistrado da 5ª Vara da Fazenda Pública da Comarca de Porto Alegre quando o julgado, em incidente de impugnação ao valor da causa, limitou-se a lavrar singela decisão que referiu o seguinte: "Vistos. Indefiro o benefício da gratuidade judiciária. Intimar. Em 14/01/2009. Sérgio Luiz Grassi Beck, Juiz de Direito".[17]

Melhor sorte não logra, entretanto, o jurisdicionado que está à mercê da decisão monocrática da negativa de seguimento do agravo de instrumento, facultada pela Lei nº 10.352/01, de acordo com o artigo 527, inciso I, do Código de Processo Civil. O legislador inseriu no texto de lei a possibilidade de negativa de seguimento do referido recurso nas hipóteses do artigo 557 do Código de Processo Civil. Por esse motivo, muitas das decisões monocráticas de negativa de seguimento vêm eivadas de ausência de fundamentação, impedindo que até mesmo o jurisdicionado possa, em determinadas situações, manejar algum recurso contra a referida decisão, por desconhecer o motivo exato pelo qual o seu recurso não foi sequer apreciado.

Note-se que o texto do artigo 557, do Código de Processo Civil reza que: "O relator negará seguimento a recurso manifestamente inadmissível, improcedente, prejudicado ou em confronto com súmula ou com jurisprudência dominante do respectivo tribunal, do Supremo Tribunal Federal, ou de Tribunal Superior (...)".[18] Os tribunais vêm demonstrando,

---

[17] BRASIL. Tribunal de Justiça do Estado do Rio Grande do Sul. Impugnação ao Valor da Causa. Processo nº 10600102037. 5ª Vara da Fazenda Pública de Porto Alegre. Sergio Grassi Beck. Julgado em 14.01.09. Publicado no DJ em 23.01.09.

[18] Artigo 557 do Código de Processo Civil.

em diversas ocasiões, a aplicação do referido diploma legal sem atendimento ao capitulado no artigo 93, inciso IX, da Constituição Federal, tendo em vista que na decisão, apesar de referir que aplicam a hipótese do texto do referido artigo 557, deixam de explicitar em razão de qual dos motivos referendados pela lei negam seguimento ao recurso.

Situação semelhante ocorre quando o relator, ao decidir, diz que o recurso é manifestamente improcedente, sem, contudo, explicitar os motivos pelos quais, naquele caso concreto, o recurso é manifestamente improcedente. Nesse sentido, veja-se a decisão exarada nos autos do agravo de instrumento n° 70028787380, na qual decidiu o relator:

> Nego seguimento ao agravo, pois se mostra manifestamente improcedente. Conforme entendimento unívoco deste Colegiado, nas demandas envolvendo revisão de contratos bancários, aplica-se o princípio da inversão do ônus da prova, consagrado pelo artigo 6º, inciso VIII, do Código de Defesa do Consumidor, a fim de facilitar a defesa dos direitos do consumidor. Outrossim, cumpre salientar que não se pode exigir do consumidor, parte hipossuficiente, a juntada de documentos que, por vezes, nem são fornecidos pelas instituições financeiras.[19]

Conforme se vê, não há o que se dizer a respeito da existência de análise da manifesta improcedência do caso em concreto apreciado no processo, visto que o relator sequer menciona qualquer situação concreta do caso levado ao Judiciário.

Outra realidade inaceitável é o decisionismo, que deixa a sociedade à mercê, sem ter parâmetro de como será julgado determinado caso. Situação mais grave ainda se apresenta quando da hipótese de posicionamentos distintos para a mesma proposição. Essa discricionariedade do julgador não pode existir, pois a sociedade tem direito de saber como o juiz vai decidir. Não podemos voltar a Kelsen,[20] sob pena de cairmos na ordinariedade de decisionismos.

Kelsen defendeu, como se sabe, a possibilidade de o juiz decidir, no âmbito de uma moldura, da forma que melhor entender. Tal modo de proceder, entretanto, representa discricionariedade do positivismo, visto que o juiz é solipsista e julga para si. A discricionariedade de Kelsen está baseada em uma relação sujeito-objeto que usa a linguagem como um terceiro elemento, e não como condição de possibilidade. Nas concepções da hermenêutica, o ser não detém a linguagem, pois é a linguagem que detém o ser, já que a linguagem é a casa do ser.[21]

---

[19] BRASIL. Tribunal de Justiça do Estado do Rio Grande do Sul. Agravo de Instrumento n° 70028787380. Rel. Desa. Ana Lúcia Carvalho Pinto Vieira Rebout. 1ª Câmara Cível Especial. Julgado em 16.06.09. Publicado no DJ em 22.06.09.

[20] KELSEN, Hans. *Teoria pura do direito*. 6.ed. São Paulo: Martins Fontes, 1998. p. 390.

[21] STRECK, Lenio Luiz. *Hermenêutica Jurídica em Crise*. Porto Alegre: Livraria do Advogado, 2005. p. 220.

O fato de cada juiz decidir de uma maneira distinta sobre o mesmo tema gera uma insegurança social contra o direito dos jurisdicionados de saber como decide o Judiciário em determinado caso.

Essa situação ocorre nos mais diversos tribunais e graus de jurisdição. Duas câmaras mantêm posicionamento absolutamente discrepante para a mesma hipótese. Outra não é a conjectura quando o Tribunal de Justiça do Rio Grande do Sul decide, de maneira antagônica, a respeito da hipótese de revisão de contratos do Sistema Financeiro de Habitação, reconhecendo, por vezes, a legalidade da aplicação da Tabela Price e, por vezes, a sua ilegalidade.

A 9ª Câmara Cível do Tribunal de Justiça do Estado do Rio Grande do Sul decidiu pela ilegalidade da Tabela Price quando se manifestou na apelação cível nº 70027173988, referindo que: "Em relação à Tabela Price, evidente a iniqüidade de que se reveste tal método de estipulação e cobrança de juros, o que foi sufragado recentemente no Egrégio Superior Tribunal de Justiça".[22] Não obstante, a 10ª Câmara Cível adota um posicionamento completamente antagônico ao decidir sobre a mesma matéria. Tome-se como exemplo a apelação cível nº 70027747377, que refere:

> Com efeito, o Sistema da Tabela Price, cuja utilização vem expressamente determinada no instrumento contratual acostado ao feito (cláusula sexta – fl. 23), é sistema de amortização largamente utilizado, como também o é o Sistema Hamburguês, instituído pelo SFH (SAC – Sistema de Amortização Constante), além do SAM, ou Sistema de Amortização Misto, que traduz uma composição dos demais. Nada há de ilegal na incidência dos mencionados sistemas, senão a observação no sentido de se estão ou não sendo corretamente aplicados no cálculo da amortização do débito.[23]

Não é crível nem adequado para a sociedade que os dois posicionamentos possam prevalecer. O próprio Superior Tribunal de Justiça adota um posicionamento divergente, aplicando-se casuisticamente seu "entendimento" e lançando a sorte aos jurisdicionados. Bom exemplo pode-se demonstrar no voto do Recurso Especial em que a relatora Eliana Calmon refere que o entendimento do Superior Tribunal de Justiça converge para a aplicação da doutrina *tempus regit actum*, de acordo com o julgamento da corte especial, mas decide distintamente. No caso em comento, refere a Ministra que:

> Discute-se nos autos qual o recurso cabível – apelação ou agravo de instrumento – contra sentença que decidiu embargos à execução, prolatada e publicada já na vigência da Lei

---

[22] BRASIL. Tribunal de Justiça do Estado do Rio Grande do Sul. Apelação Cível. Processo nº 70027173988. 9ª Câmara Cível. Relator. Desembargador Odone Sanguiné. Julgado em 18.02.2009. Publicado no DJ em 03.03.2009.

[23] BRASIL. Tribunal de Justiça do Estado do Rio Grande do Sul. Apelação Cível nº 70027747377. 10ª Câmara Cível. Julgado em 18.12.2008. Publicado no DJ em 03.02.2009.

11.232/2005, que alterou a execução de título judicial. A recorrente interpôs agravo de instrumento, não conhecido pelo Tribunal de origem sob o fundamento de que o recurso cabível na hipótese era a apelação. No nosso sistema processual, vige a doutrina do isolamento dos atos processuais, com a finalidade de aplicação da lei no tempo, conforme positivado no art. 1.211 do CPC. Este código rejerá o processo civil em todo o território brasileiro. Assim, quando este entra em vigor deve ser aplicado em todo o território nacional, desde logo aos processos pendentes. Com a vigência da Lei 11.232/2005, a defesa do devedor passou a ser feita por impugnação, prevendo o Código de Processo Civil o cabimento de agravo de instrumento contra a decisão que a rejeita, de acordo com o disposto em seu art. 475-M, § 3º.[24]

Não obstante, a nobre Ministra alega que a hipótese trazida nesse julgamento específico é distinta, porque se trata de embargos à execução interpostos anteriormente à entrada em vigor da lei em comento, rejeitados por sentença prolatada em 15 de outubro de 2006 e publicada em 20 de novembro desse mesmo ano, quando já vigia a Lei nº 11.232/05.[25]

A rigor, por força da doutrina do isolamento dos atos processuais, deveria ser aplicada a norma do artigo 475-M, § 3º, do Código de Processo Civil, que prevê o cabimento de agravo de instrumento na hipótese. Observe-se que decidiu nesse sentido a Quarta Turma do Superior Tribunal de Justiça:

PROCESSUAL CIVIL. EXECUÇÃO. IMPUGNAÇÃO. RECURSO CABÍVEL. DIREITO INTERTEMPORAL.

1 - Em tema de direito processual intertemporal prevalece "o chamado isolamento dos atos processuais, pelo qual a lei nova, encontrando um processo em desenvolvimento, respeita a eficácia dos atos processuais já realizados e disciplina o processo a partir de sua vigência (Amaral Santos).

2 - O recurso cabível contra a decisão que resolve a impugnação, na fase executiva do processo, é, como regra, o agravo de instrumento, conforme o art. 475-M, §3º, do Código de Processo Civil, acrescentado pela Lei nº 11.232/2005. *O fato de, no caso concreto, ter havido o manejo de embargos do devedor, ainda sob a vigência do anterior regramento, não faz concluir pelo cabimento de apelação só porque proferida a decisão que o resolve já quando em vigor o mencionado dispositivo. Aplicação do art. 1.211 do Código de Processo Civil (tempus regit actum).*

3 - Recurso especial conhecido e provido para determinar ao Tribunal de origem o julgamento do agravo, conforme entender de direito.[26]

---

[24] Artigo 475–M do Código de Processo Civil: "A impugnação não terá efeito suspensivo, podendo o juiz atribuir-lhe tal efeito desde que relevantes seus fundamentos e o prosseguimento da execução seja manifestamente suscetível de causar ao executado grave dano de difícil ou incerta reparação. (...) § 3º A decisão que resolver a impugnação é recorrível mediante agravo de instrumento, salvo quando importar extinção da execução, caso em que caberá apelação".

[25] BRASIL. Superior Tribunal de Justiça. Recurso Especial nº 1033447/PB 2008/00386563. Segunda Turma. Relatora Ministra Eliana Calmon. Julgado em 10.02.2009. Publicado no DJU em 05.03.2009.

[26] BRASIL. Superior Tribunal de Justiça. Recurso Especial nº 1043016/SP. Relator Ministro Fernando Gonçalves. Quarta Turma. Julgado em 12.06.2008. Publicado no DJE em 23.06.2008.

Outras tantas foram as decisões do Superior Tribunal de Justiça sobre o mesmo tema[27] que, consoante o Informativo de Jurisprudência nº 379 desse mesmo órgão, a Corte Especial pacificou a questão ao analisar o Recurso Especial nº 1044693/MG, decidindo por maioria, sendo que um dos votos foi o da própria Ministra Eliana Calmon. Em tal situação, o recurso cabível é a apelação, considerando que todo o procedimento executório transcorreu sob a égide da lei antiga. Porém, sob o argumento que teria reconhecido a existência de dúvida objetiva e a ausência de erro grosseiro na interposição de agravo de instrumento ao invés de apelação, isso autoriza que se aplique o princípio da fungibilidade recursal em hipóteses semelhantes. Assim, restou por prover o recurso, cassando o acórdão recorrido e determinando que o tribunal de origem apreciasse o agravo de instrumento.[28]

Como se vê, para essa hipótese, houve uma abertura do paradigma para os casos em que houver "dúvida razoável", sem que se saiba, contudo, o que é de fato dúvida razoável. Não há o que a defina; nem mesmo na decisão em comento há qualquer comentário que expresse a justificativa para o caso em tela. Demonstra-se na decisão da Ministra Eliana que havia um entendimento e que, a partir da decisão da corte especial, se passou a ter outro entendimento. Pergunta-se então: seria isso a dúvida razoável?

A questão que é trazida evoca justamente a necessidade da fundamentação para que não reste na sociedade a dúvida razoável. Não parece salutar, em nenhum sentido, que reste à comunidade jurídica ou à sociedade em geral qualquer dúvida razoável ou a incerteza criada por essa lacuna ao decidir. Mencionar que há dúvida razoável sem analisar no caso *in concreto* em que ela consiste deixa sem referência para o que seja uma dúvida razoável.

O mesmo ocorre quando o Supremo Tribunal Federal declara o ferimento do devido processo legal. Não obstante mencione o princípio em si, jamais o conceituou, deixando a comunidade sem definição do que seria esse princípio[29][30][31] e criando, assim, o que se pode chamar de zona *gris*

---

[27] BRASIL. Superior Tribunal de Justiça. Recurso Especial nº 963977/RS. Rel. Ministra NANCY ANDRIGHI, Terceira Turma. Julgado em 26.08.2008. Publicado no DJ em 05.09.2008.

[28] BRASIL. Superior Tribunal de Justiça. Recurso Especial nº 1033447/PB 2008/00386563. Segunda Turma. Relatora Ministra Eliana Calmon. Julgado em 10.02.2009. Publicado no DJU em 05.03.2009.

[29] BRASIL. Supremo Tribunal Federal. Recurso de Habeas Corpus, HC 78097/SP. Segunda Turma. Relator Ministro Carlos Velloso. Publicado na Ata nº 51, DJU 06.08.99, p. 0000006.

[30] BRASIL. Superior Tribunal de Justiça. Recurso de Habeas Corpus nº 8873/SP; BRASIL. Superior Tribunal de Justiça. Recurso Ordinário em Habeas Corpus. Relator Ministro José Arnaldo da Fonseca. Quinta Turma. Publicado no DJ em 22.11.1999, p. 00166. Data da decisão 21.10.1999.

[31] BRASIL. Superior Tribunal de Justiça. Recurso Especial nº 95933/DF; BRASIL. Superior Tribunal de Justiça. Recurso Especial nº 1996/0031430-6. Relator Ministro Waldemar Zveiter. Terceira Turma. Publicado no DJU em 11.10.1999, p. 00068.

na decisão. Com isso, não se tem clareza quanto à definição conceitual do que pode ser extremamente relevante para o jurisdicionado, como os casos supracitados.

Contudo, isso não deveria causar surpresa aos jurisdicionados, quando estes já conhecem os padrões adotados pela magistratura, ao se depararem com entrevistas, tais como a do Ministro do Supremo Tribunal Federal Ricardo Lewandowski, que afirmou o seguinte: "o juiz tem que decidir tecnicamente, de acordo com a sua consciência, e no recesso de seu gabinete sem ouvir o povo".[32]

A doutrina[33][34][35] também justifica esse comportamento decisionístico toda vez que menciona que o juiz deve participar ativamente do resultado do processo, uma vez que ele tem interesse no deslinde do feito.[36] É evidente que o ideal é haver um magistrado vinculado ao processo, que busque o resultado deste. Entretanto, conforme os parâmetros de jurisdição e a possibilidade de fundamentação nos moldes atuais, pode-se deslocar essa jurisdição para uma jurisdição dirigida a algum interesse, ou voltada às crenças do próprio julgador, que é humano e certamente se julgará imbuído em sua historicidade. Desse modo, com a fundamentação no estado em que hoje se encontra e com a viabilidade de decisões discrepantes acerca do mesmo tema, possibilita-se não a igualdade defendida pela doutrina supracitada, mas sim a desigualdade e a insegurança jurídica, uma vez que se está ratificando a possibilidade de dizer qualquer coisa sobre qualquer coisa.

Melhor sorte não logrou a sociedade com a inserção da possibilidade de decisão através da súmula vinculante na Emenda Constitucional nº 45/04.[37] A ideia de súmula vinculante, introduzida no Brasil, gera, muitas

---

[32] Disponível em: http://www.conjur.com.br/2009-mai-19/juiz-decidir-acordo-consciencia-lewandowski. Acesso em: 20.05.09.

[33] BARBOSA MOREIRA, José Carlos. *A função social do processo civil moderno e o papel do juiz e das partes na direção e na instrução do processo.* REPRO 37/146. São Paulo: Revista dos Tribunais. p. 146.

[34] BEDAQUE, José Roberto dos Santos. In CRUZ E TUCCI, José Rogério (coord.). *Garantias constitucionais do processo civil: homenagem aos dez anos da Constituição Federal de 1988.* São Paulo: Revista dos Tribunais. 1998. p. 171.

[35] DINAMARCO, Candido Rangel. *A instrumentalidade do processo.* 12.ed. São Paulo: Malheiros, 2005. p. 47

[36] BEDAQUE, José Roberto dos Santos. In: CRUZ E TUCCI, José Rogério (coord.). *Garantias constitucionais do processo civil: homenagem aos dez anos da Constituição Federal de 1988.* São Paulo: Revista dos Tribunais, 1998. p. 171.

[37] A EC nº 45/04 alterou o texto de lei da Constituição Federal do Brasil de 1988 para que, em seu artigo 103-A, *caput*, restasse prevista a possibilidade de uma súmula ter eficácia vinculante nas futuras decisões, aduzindo o seguinte: "o Supremo Tribunal Federal poderá, de ofício ou por provocação, mediante decisão de dois terços dos seus membros, após reiteradas decisões sobre matéria constitucional, aprovar súmula que, a partir de sua publicação na imprensa oficial, terá efeito vinculante em relação aos demais órgãos do Poder Judiciário e à administração pública direta e

vezes, a falsa impressão ao juiz e ao jurisdicionado da presença de fundamentação na decisão, como se a coisa pudesse ser em si mesma, como se a súmula fosse a fundamentação da decisão e dela própria, o que é um falácia.

A maior parte das decisões que se mostram "fundamentadas" elenca, na realidade, inúmeras decisões "paradigmáticas" na tentativa de justificar a decisão, sem que haja a menor referência de similaridade ou de aproximação analítica entre o caso em julgamento com o que pretensamente se estaria comparando. Há, portanto, um maior distanciamento da decisão paradigmática, visto que não há nenhuma aproximação.

Vive-se um momento de decisões com base em precedente quando nem o nosso sistema nem os nossos juristas ou julgadores estão preparados para atender aos preceitos impostos pelo *common law*. Paradigmaticamente, vive-se sob a égide do sistema romano germânico, mas tenta-se implementar a decisão pelo precedente, que é tipicamente do *common law*. A vinculação do caso novo em julgamento com o caso paradigmático só pode ocorrer através da tradição[38] e, para tanto, torna-se necessária a interpretação, o que sabidamente não se faz quando da aplicação da súmula vinculante, que "vincula" a matéria semelhante como se fosse um "ímã", não havendo a análise profunda e a comparação dos casos: o presente e o que deu origem à súmula. Segundo Streck, "A petrificação do sentido – pois é isso que o efeito vinculante provoca – impede o aparecer da coisa na sua singularidade, que só é nomeável a partir da temporalidade".[39]

Nelson Nery Júnior assevera a necessidade pragmática da fundamentação, referindo ainda que fundamentar significa que o juiz deve dar as razões, de fato e de direito, que o levaram a tomar dada decisão, que o convenceram a decidir a questão de determinada maneira. Nesse sentido, seriam nulas as decisões genéricas em que o magistrado afirmasse: "Segundo os documentos e as testemunhas ouvidas nos autos, o autor tem razão, motivo por que julgo procedente o pedido"; ou "Presentes os pressupostos legais, concedo a liminar"; ou ainda "Ausentes os pressupostos legais, denego a liminar", e assim sucessivamente.[40]

---

indireta, nas esferas federal, estadual e municipal, bem como proceder à sua revisão ou cancelamento, na forma estabelecida em lei". BRASIL. Emenda Constitucional nº 45, de 31 de dezembro de 2004. Disponível em: http://www.planalto.gov.br/ccivil_03/constituicao/Emendas/Emc45/htm. Acesso em: 24.12.2009.

[38] STRECK, Lenio Luiz. Súmulas, vaguezas e ambiguidades: necessitamos de uma "teoria geral dos precedentes? In: *Direitos Fundamentais & Justiça*. Revista do Programa de Pós-Graduação Mestrado e Doutorado em Direito da PUCRS, ano 2, n. 5, out./dez. 2008. POA, HS Editora, 2008.

[39] STRECK, Lenio Luiz. *Jurisdição constitucional e hermenêutica: uma nova crítica do direito*. Porto Alegre: Forense, 2004. p. 647.

[40] NERY JR., Nelson. *Princípios do processo civil na Constituição Federal*. 4.ed. São Paulo: Revista dos Tribunais, 1997. p. 170.

O estado da arte demonstra, portanto, uma realidade ainda distante da concepção de fundamentação pretendida pelo legislador, seja por "falha do sistema", seja pela profusão de demandas levadas diariamente ao Judiciário em busca de tutela jurídica. Fato é que, em discurso afinado, mas em execução dissonante, o jurisdicionado e a sociedade viram-se à mercê de decisões injustificadas ou até mesmo de decisionismos. Isso gera uma pseudossegurança jurídica que revela tão somente uma completa insegurança na busca do direito pretendido.

2. Processo e Constituição

É inegável a influência do aspecto social no direito, mormente na maneira de decidir. O histórico social influencia diretamente na decisão do julgador, uma vez que esse histórico faz parte, para fins de interpretação, do direito e do caso em si.

Da mesma forma, é irrefutável a análise da existência de paradigmas[41] que devem ser rompidos. Nesse contexto, há que se salientar que dois paradigmas históricos têm plena influência no direito e nas decisões tomadas, quais sejam o Estado liberal burguês, inaugurado pela Revolução Francesa, e o Estado social, consolidado pelas revoluções e evoluções do final do século XIX, que levaram inclusive à promulgação da Constituição de Weimar.[42][43]

A evolução do processo civil mostrou através do tempo uma alteração de processo como instrumento da jurisdição, concepção apresentada por Carnelutti[44] como mero instrumento técnico de resolução de conflitos de interesse para uma hipótese de instrumento neutro de estrutura democratizante de participação dos interessados.[45]

A alteração coaduna-se com as mudanças sociais que se refletiram nas alterações dos *codex* então existentes. A transição do Estado absolutista para o Estado liberal afasta a ideia do *le etat c'est moi*, passando à concepção de um Estado que deve ter autoridade, com base nas ideias contratualistas de Hobbes, Locke, Rousseau, Kant e Rawls.[46] Da burguesia e do proletariado à república, este é um processo que se repete ao

---

[41] Paradigmas são padrões ou *standards*. Para efeitos da presente tese, neste capítulo, trata-se de modelos que servem como parâmetros fixados anteriormente e que servirão de substrato no futuro.

[42] CATTONI DE OLIVEIRA. Marcelo. *Direito Constitucional*. Belo Horizonte: Mandamentos, 2002. p. 58.

[43] A Constituição de Weimar foi promulgada em 1919. GUEDES. Marco Aurélio Peri. Os direitos fundamentais nas constituições alemãs de 1919 (Weimar) e 1949 (Bonn). *Revista da Faculdade de Direito Candido Mendes*, Rio de Janeiro, v. 12, n. 12, p. 129-145, dez. 2007.

[44] CARNELUTTI, Francesco. *Instituciones del proceso civil*. Tradução castelhana de Santiago Sentís Melendo, v. I. Buenos Aires: El Foro, 1959. p. 30.

[45] FAZZALARI, Elio. Diffuzzione del processo i compiti della dottrina. *Rivista trimestrale di Diritto i procedura civile*, Milano, Giuffrè, n. 3, p. 861-880, 1958.

[46] PEREZ LUÑO, Antonio Enrique. *Los derechos fundamentales*. 6.ed. Madrid: Tecnos, 1995. p. 31.

longo do Estado moderno, permeando outras alterações ao longo do tempo.[47] Do Estado liberal surge o Estado social, que indubitavelmente influencia o processo civil. Não há como conceber que a transição social não influencie o direito e o processo. Aceitar um processo estagne é negar a possibilidade de o próprio Estado evoluir. É negar que as pessoas e a sociedade se modificam ao longo do tempo.

2.1. Mutações do processo à luz da evolução social

2.1.1. O liberalismo processual

A Revolução Francesa inaugurou uma nova fase e, com ela, surgiu também uma nova fase processual, com práticas que revelam um liberalismo processual pontuado por marcantes características. O processo era eminentemente escrito e pertencia às partes. A figura do juiz era relegada a outro plano, pois este só tomava contato com as provas e o processo quando fosse julgado. Resta demonstrar, então, que havia uma supervalorização do princípio do dispositivo. Portanto, o papel das partes era fundamental na busca de seus direitos.

Nessa época, havia um grande número de normas formalistas de origem distinta, o que fazia com que a doutrina processual fosse caótica. Por outro lado, quanto melhor fosse o advogado, maiores eram as chances de êxito. As normas eram usadas pelos advogados em favor de seus clientes.[48][49] Esse tecnicismo, acompanhado por um excesso de formalismo, acabou por agravar a tramitação processual,[50] esvaziando a função diretora do juiz.

À mercê da condição processual pelos advogados das partes, o juiz somente revelava sua função quando da decisão, sem tomar conhecimento prévio do processo ou das provas. Assim, surgiu a expressão "o que não está nos autos não está no mundo". Visto que o juiz desconhecia tais elementos, nenhuma ingerência teria para conhecê-los, dada essa exasperação do princípio do dispositivo, o que não era trazido aos autos pelas partes. O liberalismo processual, portanto, evidencia um protagonismo

---

[47] Considera-se que o Estado moderno ainda existe, mesmo que eivado de modificações, já que o formato "território, povo e poder" subjaz. Não obstante as estruturas educacional, judiciária e econômica não sejam eficazes, elas permanecem as mesmas.

[48] TARUFFO, Micheli. *La giustizia civile in Italia dal'700 a oggi*. Bologna: Il Mulino, 1980. p. 7.

[49] Estranhamente, a realidade atual permanece a mesma. A legislação processual opera em uma profusão de normas, sendo que o advogado, ou mesmo o juiz, que melhor as dominar poderá fazer uso delas para pender o processo em favor de seus interesses.

[50] TARUFFO, Micheli. *La giustizia civile in Italia dal'700 a oggi*. Bologna: Il Mulino, 1980. p. 14.

processual das partes, em virtude da dimensão de sua atuação no processo, seja por iniciar, provar ou mesmo impulsionar a ação.[51]

Na segunda metade do século XVIII, com os preceitos iluministas, surgem as codificações. O abando do absolutismo e a inauguração do Estado liberal não trazem novidades ao campo legislativo, vindo somente a reunir as leis esparsas já existentes, simplificando, assim, a sua análise e a sua utilização pelo operador do direito. Inaugura-se, então, a tendência às codificações e surgem, por exemplo, os códigos: Saxão, de 1622; a *ordonnance civil* francesa, de 1667; o *Justizreform* prussiano, de 1781; o *Corpus Iuris Fridericianum*, de 1781.[52] Não foi diferente com o código napoleônico, que era mais uma codificação da prática vigente dos tribunais do que uma formulação elaborada e técnica de estudiosos.[53]

O *Justizreform* prussiano de 1781 continha peculiaridades que o distinguiam sobremaneira dos demais, pois privilegiava a posição do juiz e visava à decisão rápida dos fatos incertos. O processo ganhou a partir de então diversas inovações, tais como o arrependimento do réu, a defesa da sociedade e a defesa dos direitos subjetivos. Esse modelo processual, entretanto, durou apenas 46 anos. Com base nele, o juiz poderia ignorar as alegações de fato das partes quando o interesse da justiça prevalecesse. Esse modelo foi criado para melhor adequar os processos aos valores do Estado.[54] A tradição do originário processo comum – da tradição italiana – dos séculos XIII a XV ao processo prussiano foi a passagem de uma ordem isonômica a uma ordem assimétrica, visto que houve uma redução do que conhecemos por princípio do contraditório e do *jus* natural.[55]

O princípio do contraditório atual prima pela simetria e defende a necessidade de ouvir a parte contrária a respeito do que é exposto no processo como forma de buscar da verdade dos fatos. O referido ordenamento prussiano deu lugar a um procedimento com ótica mecânica de contraposição de teses (dizer e contradizer). Porém, não era um direito de todos os cidadãos, sendo reservado a uma determinada casta social. Logo, o que se conhecia por contraditório não pode ser comparado ao contraditório atual, pois hoje tal princípio está baseado nos direitos fundamentais, inerentes a qualquer cidadão, o que inexistia antigamente.

---

[51] AROCA, Juan Montero. *Los princípios políticos de la nueva ley de enjuiciamiento civil*. Valencia: Tirant lo Blanch, 2001. p. 45.

[52] Trata-se de exemplos de codificações que vieram a ser reunidas no intuito de facilitar a operacionalidade de tantas normas esparsas existentes.

[53] DENTI, Vittorio; TARUFFO, Micheli. Il profile storico. In: DENTI, Vittorio. *La giustizia civile*. Bologna: Il Mulino, 2004. p. 13.

[54] DAMAŠKA. Mirjam R. *I volti della giustizia e del potere: analisi comparistica del processo*. Bologna: Il Mulino, 1991. p. 333.

[55] PICARDI, Nicola. *La giurisdizione all'abba del terzo millennio*. Milano: Giuffrè, 2007. p. 114.

A própria ideia de isonomia não podia ser – e nem era – aplicada da maneira como o é atualmente.[56] A rigidez excessiva da forma na regra não dava espaço para interpretações, enquanto a regra da isonomia era utilizada indistintamente, reconhecendo a igualdade formal entre as partes. Como consequência, havia maior disparidade entre as partes frente à evidência de hipossuficiência de uma das partes no processo.

O princípio da igualdade era, na verdade, o princípio da igualdade formal. Na prática, traduzia-se por uma igualdade entre as partes que as livrava das forças econômicas. Isso gerava uma impossibilidade de compensação de desigualdades – tanto sociais quanto econômicas – e criava uma desigualdade ainda maior que, segundo as concepções do próprio princípio, são impossíveis de resolver.

Paradigmaticamente, entretanto, essa diferença crucial do princípio do contraditório e sua redução convergem para o que hoje se tem como o processo, haja vista que contribuiu para uma bilateralidade da audiência, aproximando-se do que atualmente se conhece por contraditório.

Essa evolução, contudo, não se deu uniformemente. O Brasil, por exemplo, em vez de protagonizar o seu processo de evolução, acabou por importar a "evolução europeia", inclusive pelo fato de ser colônia, o que atribuiu ao processo brasileiro várias características do processo comum europeu.[57] As partes e os advogados são senhores do processo e, com maestria, podem melhor utilizá-lo, tirando maior proveito da ação em razão de deter o conhecimento sobre o sistema dúbio gerado devido à quantidade excessiva de normas.

O processo comum europeu tinha como principais características o monopólio do procedimento escrito, todas as petições e as comunicações eram escritas. Surpreendentemente, toda a colheita de prova era também por escrito e levada aos autos. O juiz não tinha contato com a testemunha, por exemplo, apenas recebendo o depoimento dessa para quando fosse proferir a decisão. Isto se dava em razão da imediatidade da prova. A coleta e o exame das testemunhas eram feitos por terceiros. O sistema de provas era tarifário (sistema da prova legal).[58] Devido à ausência do juiz,

---

[56] Foi com a Constituição de Weimar que se alterou o paradigma atinente à isonomia: a antiga aplicação literal da igualdade às partes. A nova doutrina propugnou estender a igualdade ao conteúdo jurídico-material do mandato legal, tendo como seu primeiro defensor explícito Julius Hatschek em 1922. Segundo ele, seria necessário levar a cabo uma reinterpretação do princípio da igualdade que transcende seu entendimento clássico como mera realização da igualdade. MANCEBO, Luis Villacorta. Princípio de igualdad y legislador: arbitrariedad y proporcionalidad como limites (probablemente insuficientes). *Revista de Estúdios Políticos*, Nueva época, Madrid, n. 130, p. 35-75, octubre/diciembre 2005.

[57] TARUFFO, Micheli. *La giustizia civile in Italia dal'700 a oggi*. Bologna: Il Mulino, 1980. p. 31.

[58] O sistema de prova legal teve origem no processo bárbaro, tendo sido utilizado nos séculos XI a XIV, tal como o italiano. Nesse sistema, cada tipo de prova tinha um valor predeterminado e inalterável; o

o procedimento se dá de maneira descontínua e fragmentada, não em uma cadência dos atos processuais. Com isso, os processos eram muito mais demorados e podiam se alongar por anos.

O Estado de Direito, um Estado liberal em seu verdadeiro sentido, conforme alerta Canotilho:

> Limita-se à defesa da ordem e da segurança públicas ("Estado polícia", "Estado Gendarme", "Estado Guarda Nocturno"), remetendo-se os domínios econômicos e sociais para os mecanismos da liberdade individual e da liberdade de concorrência. Neste contexto, os direitos fundamentais liberais decorriam não tanto de uma declaração revolucionária de direitos, mas do respeito de uma esfera de liberdade individual.[59]

Em razão disso, a legislação previa princípios técnicos – e agora liberais – (liberalismo processual), quais sejam: a igualdade formal dos cidadãos,[60] a escritura (mantida da fase pré-liberal) e o princípio do dispositivo. Todos esses elementos visavam à imparcialidade e a um comportamento passivo por parte do magistrado. Além disso, o processo tinha concepção privatística como mero instrumento de resolução de problemas/conflitos entre as partes. O papel do Judiciário circunscrevia-se à aplicação das normas, não havendo possibilidade de interferir nas funções políticas do Legislativo.[61]

Com o exaurimento do modelo instaurado pelo liberalismo processual, instalou-se a busca de nova e melhor técnica processual. Tal necessidade trouxe contribuições para a alteração do processo até então conhecido, na tentativa de superar antigos equívocos. Oskar Von Bülow, Franz Klein e Anton Menger idealizaram o processualismo social, que surgiu com vistas a oferecer um novo horizonte interpretativo.[62] Justamente por isso, não causa estranheza que a visão do processo denominado liberalismo processual "evolua" a uma fase socializadora, chamada socialização processual.[63]

---

juiz, por sua vez, não ponderava as provas, limitando-se a aplicar a lei aos casos particulares. Assim, as provas não eram ponderadas, mas sim contadas pelo juiz, como em uma operação matemática, já que os valores estavam previamente determinados. PORTO, Sérgio Gilberto. Prova: teoria e aspectos gerais no processo civil. *Revista Estudos Jurídicos*, ano XVII, n. 39, UNISINOS, São Leopoldo, p. 5-32, 1984.

[59] CANOTILHO. José Joaquim Gomes. *Direito constitucional e teoria da constituição*. Coimbra: Almedina, 2002. p. 97.

[60] Convém recordar que nessa época, no Brasil (diga-se Brasil Império), o voto, por exemplo, era censitário.

[61] DAMAŠKA. Mirjam R. *I volti della giustizia e del potere: nanlisi comparistica del processo*. Bologna: Il Mulino, 1991. p. 82.

[62] NUNES, Dierle José Coelho. *Processo jurisdicional democrático: uma análise crítica das reformas processuais*. Curitiba: Juruá, 2008. p. 77.

[63] WASSERMANN, Rudolf. Der Soziale zivilprozeß: zur theorie und práxis dês zivilprozesses im sozialen Rechsstaat. Neuwied, Darmstad: Luchterhand, 1978. p. 45. APUD in NUNES, Dierle José

2.1.2. O socialismo jurídico

Com a intenção de romper com o modelo processual existente, significativas mudanças foram implementadas, embora sem que tivessem o condão para solucionar a técnica processual. Isso se devia ao fato de o socialismo jurídico considerar o direito como instrumento de transformação social. A sociedade jurídica critica a lógica liberal da liberdade de jogo das forças políticas e econômicas, defendendo uma maior intervenção legislativa com a reestruturação de alguns institutos processuais.

A nova dimensão conferida a esse processo e as novas atribuições dadas ao magistrado afastam o processo das concepções liberais até então existentes, principalmente do juiz como espectador do processo, e inaugura nova posição ao juiz: a de protagonista frente ao processo. Surge então o protagonismo processual, que acaba levando o processo para o centro de uma sociedade como reparador político e econômico dessa sociedade.

Consequentemente, ocorre um aumento da ingerência do Estado-juiz, com a adoção de sua direção durante todo o *iter* processual, conjugada com a aplicação técnica dos princípios da imediatidade, da identidade física e da concentração. O princípio da oralidade, trazido como inovação já no código de Napoleão, é defendido como técnica processual.[64] Entretanto, apesar da louvável tentativa de agilização processual com a oralidade e a concentração dos atos, na prática se verifica outra realidade, com a manutenção dos atos cartorários e a prevalência das petições escritas como forma de argumentação.

Tornou-se fundamental a nova concepção da necessidade de um processo mais voltado à oralidade. Os recursos passam a ser limitados, sendo somente aceitos quando da decisão definitiva do processo. A relação do juiz passa a ser direta e imediata com as partes e as provas, as quais passam a ser livremente apreciadas.[65]

O juiz passa a ter maiores poderes, especialmente os oficiosos, de modo a propiciar uma engenharia social direcionada e predisposta pelo Judiciário. Tais concepções pressupõem a existência de uma magistratura com amplos conhecimentos humanísticos, filosóficos e econômicos, capaz de captar valores uniformemente compartilhados pela sociedade em determinado momento histórico (comunitarismo) e aplicá-los em pers-

---

Coelho. *Processo jurisdicional democrático: uma análise crítica das reformas processuais.* Curitiba: Juruá, 2008. p. 39.

[64] NUNES, Dierle José Coelho. *Processo jurisdicional democrático: uma análise crítica das reformas processuais.* Curitiba: Juruá, 2008. p. 55.

[65] OLIVEIRA, Carlos Alberto Álvaro de. *Do formalismo do processo civil.* 3.ed. rev., atual. e aum. São Paulo: Saraiva, 2009. p. 55.

pectiva social. Ocorre que nem mesmo essa ordem concreta de valores que seria necessária resolveria os problemas de legitimidade na aplicação jurídica existente, tanto naquela época quanto atualmente.[66]

Como se vê, o juiz passa a ter papel preponderante na atividade judicial, dirigindo o processo e mantendo sua marcha rápida e regular.[67] Esse reposicionamento do magistrado e do processo faz com que o trabalho do juiz seja maior e extenuante, corroborando para um problema que se faz presente ainda atualmente, qual seja, a massificação das decisões. Como bem diz André Tunc:

> É difícil crer que uma corte que produz 35.000 decisões por ano, com uma proporção de 100 decisões por magistrado (como o caso da Corte de Cassação italiana), possa agir com o mesmo cuidado que um tribunal prolator de apenas 50 decisões, com proporção de 5 por magistrado, como o caso da Grã Bretanha.[68] (tradução livre)

À medida que se aumenta a frequência do processo, o Estado deve passar a vê-lo como um fenômeno de massa *(Massenerscheinung)* e adaptar-se para conduzi-lo de maneira a chegar a um resultado rapidamente, baseado na verdade, que pode ser investigada de ofício. Assim, o processo não fica nas mãos das partes, tal como acontecia no liberalismo processual, mas sim nas mãos dos juízes. Com isso, também se altera a finalidade do processo civil: a tutela do provável direito não resta desfavorecida, porém não conduz mais à indiferença estatal em relação à atividade das partes.[69]

O berço de tais concepções é o império austro-húngaro, onde Anton Menger, Franz Klein e Oskar Von Bülow moveram o curso da história processual.[70] Anton Menger, jurista com altíssima influência socialis-

---

[66] NUNES, Dierle José Coelho. *Processo jurisdicional democrático: uma análise crítica das reformas processuais.* Curitiba: Juruá, 2008. p. 57.

[67] OLIVEIRA, Carlos Alberto Álvaro de. *Do formalismo do processo civil.* 3 ed. rev., atual. e aum. São Paulo: Saraiva, 2009. p. 55.

[68] TUNC, André. Coclusions: La cour Suprême Idéale. *Revue internationale de droit comparé,* n. 1, p. 433-471, janvier-mars 1978. *(Il est difficile de croire qu'une jurisdicion qui rend 35000 décisions par na et ou nombre dês causes jugées, à celui dês magistrats est de 100 puisse statuer avec même soin qu'une cour em Suède, ou de 5, comme em Grande-Bretagne.)* O que diria Tunc ao tomar conhecimento de que atualmente, no Tribunal de Justiça do Estado do Rio Grande do Sul, em uma sessão de julgamento com três desembargadores, são levados a julgamento cerca de 400 processos por semana?

[69] BAUR, Fritz. Funktionswandel dês Zivilprocess?, in Beiträge zur gerichtverfassung und zum Zivilprocessrecht, cit., p. 179-180. Apud in OLIVEIRA, Carlos Alberto Álvaro de. *Do formalismo do processo civil.* 3.ed. rev., atual. e aum. São Paulo: Saraiva, 2009. p. 54.

[70] Não obstante o berço de tais concepções ser o império austro-húngaro, e num tempo tão distante, as preocupações trazidas por André Tunc há quase 30 anos ainda se fazem presentes. O desembargador Vladimir Passos de Freitas, em entrevista concedida ao Conjur, assinala as mesmas preocupações, traçando um perfil quase chocante da realidade do Judiciário: "Na ânsia de dar a resposta em tempo hábil, o juiz passou a transformar-se. Adaptou-se à informática, o que é bom. Mas ela não deu a solução. Daí partiu para a delegação de tarefas. As assessorias cresceram. Sendo insuficientes, passou-se a recorrer a servidores, estagiários ou trabalhadores voluntários. Projetos de decisões, sentenças ou votos nos Tribunais passaram

ta, cuja crença é a de que a burguesia exerce seu domínio através do direito,[71] faz duras críticas ao sistema liberal e defende uma reatribuição de papel ao juiz, que passaria a ter ainda dupla função: no âmbito extraprocessual, ele teria o papel de educador, ensinando aos cidadãos o direito vigente para que conhecessem os próprios direitos; no âmbito processual, ele deveria ser protetor da classe (parte) mais pobre.[72] Anton Menger evidentemente reconhecia que, para essa ideia surtir o efeito desejado, deveria haver uma readequação da função dos tribunais. Ciente das dificuldades impostas por sua nova construção, sugeriu a nomeação de advogados que deveriam defender os pobres. Tais advogados, para assumir essa defesa, deveriam ser pagos pelo Estado e não poderiam assumir outras causas.[73]

É inegável a percepção da semelhança da atual defensoria pública, que no Brasil surgiu em 1950, pioneiramente no estado de São Paulo e a seguir no estado do Rio Grande do Sul, somente três anos após a publicação da referida obra na Argentina. Ocorre que, no Brasil, o impedimento para outras causas que não fossem da defensoria sobreveio somente na década de 1990, estabelecendo, de fato, uma figura semelhante àquela que fora idealizada por Anton Menger. Este não era uma voz solitária e viu, inclusive em outros países, a aplicação de suas ideias na defesa dos pobres.

Entre 1887 e 1906, surgiu na França o juiz Magnaud, que ficou conhecido como "o juiz bom". Ele exerceu jurisdição em Chateau-Thierry, e suas sentenças socializadoras[74] serviram de base para as linhas teóricas que veem na escolha dos juízes a melhoria do sistema jurídico. Além disso, Magnaud aplicava o direito com uma visão humanitária e sentimental. É dele a decisão que absolve do furto a mãe desempregada – que ainda que buscasse emprego não o conseguia – que tinha de sustentar

---

a ser ferramentas indispensáveis. (...) Não há mais tempo para ler os processos. E projetos legítimos, como a Meta 2 do CNJ, obrigam que a celeridade seja ainda maior. Sentenças ou votos passam a ser genéricos, uma chapa comum que se adapta aos casos. Um relatório que nada diz em concreto, motivação com doutrina e jurisprudência, mas que não enfrenta a prova, e uma parte dispositiva que decide a lide. Equívocos, por isso mesmo, tornam-se cada vez mais comuns. (...) Preocupado, pensei: a tendência será os mais dedicados baterem em retirada? Teremos cada vez mais delegação de jurisdição? Será este o sistema que conquistamos depois de 20 anos de democracia? Vale a pena esse acesso à Justiça sem limites que acaba inviabilizando-a? Acharemos solução para o problema ou estaremos, em 2020 (para não falar em mais 50 anos), a falar dos mesmos problemas? O fato é que a mecanização do Judiciário chegou e todos, de uma forma ou de outra, direta ou indiretamente, dela são vítimas". Disponível em: http://www.conjur.com.br/2010-abr-18/segunda-leitura-mundo-judiciario-alterou-papel-atores. Acesso em: 18.04.2010.

[71] FERREIRA, Adriano Assis. *Questão de classes*. São Paulo: Editora Alfa-Omega, 1999. p. 48.

[72] MENGER. Anton. *El derecho civil y los pobres*. Buenos Aires: Atalaya, 1947. p. 64. e 69.

[73] MENGER. Anton. *El derecho civil y los pobres*. Buenos Aires: Atalaya, 1947. p. 69.

[74] LEYRET, Henry. *Les Jugements du président Magnaud: réunis et commentés*. Paris: P.V. Stock éditeur, 1900. p. 11.

sozinha uma criança de dois anos e que, em razão disso, furta para dar-lhe o que comer.[75]

A redação da ÖZPO, na Áustria de 1895, esteve sob o encargo de Franz Klein, advogado e jurista que era discípulo de Anton Menger, quem muito o influenciou. A ÖZPO tinha características altamente autoritárias e antiliberais, limitando a liberdade das partes e sendo o juiz o senhor do juízo. Previa um processo ordinário estrito e secreto, cuja proposição da ação dependia da autorização do juiz,[76] a quem é dada maior liberdade, inclusive na investigação dos fatos, como modo de melhor ajudar a parte hipossuficiente.

Tais características, entretanto, não eram absolutamente originais, haja vista que a legislação kleiniana nasceu quando da vigência do *regolamento giuseppino*, de Giuseppe II, de 1871, um monumento do despotismo iluminado do século XVIII,[77] tendo esse sistema sido mantido ainda na reforma de Klein.[78] Dessa maneira, como o processo representava para Klein o meio de pacificação social, era inevitável a instituição estatal de bem-estar social.[79]

Como se vê, o processo passa a ser encarado distintamente, inclusive atribuindo-se a ele outra relevância social. Segundo as premissas do socialismo jurídico, não há mais lugar para a concepção do juiz liberal e espera-se do magistrado outra postura frente ao processo e à sociedade. A ideia de um processo ágil e rápido – ainda que se admita a possibilidade de eventual erro – faz-se presente pelo caráter de bem público da instituição Judiciário. A sociedade busca uma solução rápida para dirimir seus litígios no âmbito de um pensamento econômico e quantitativo.[80]

É fato que a contribuição de Klein ao processo civil redirecionou os rumos do direito processual mundial, apresentando novas concepções

---

[75] LEYRET, Henry. *Les Jugements du président Magnaud: réunis et commentés*. Paris: P.V. Stock éditeur, 1900. p. 15.

[76] CIPRIANI, Franco. Nel centenario del regolamento di Klein (Il processo civile tra libertà e autorità). *Rivista di Diritto Processuale*, Padova, CEDAM, p. 969-1004, 1995.

[77] CIPRIANI, Franco. Nel centenario del regolamento di Klein (Il processo civile tra libertà e autorità), *Rivista di Diritto Processuale*, Padova, CEDAM, p. 969-1004, 1995.

[78] CIPRIANI, Franco. Nel centenario del regolamento di Klein (Il processo civile tra libertà e autorità). *Rivista di Diritto Processuale*, Padova, CEDAM, p. 969-1004, 1995. (*Converrà ricordare che il Regolamento di Klein non nacque, come Minerva, dalla testa Giove, ma nell'Impero austro-ungarico del 1985, nel quale il punto di partenza non era rappresentato né dal códice napoleônico del 1806, né dal nostro c.p.c. del 1865, né dalla ZPO tedesca del 1877, ma del Regolamento giudiziario di Giuseppe II, del 1871, um monumento del dispotismo iluminato del XVIII secolo.*)

[79] KLEIN, Franz. Zeit-und Geistesströmungen im prozesse. Frankfurt am Main: Vittorio Klostermann, 1958. p. 25. APUD in NUNES, Dierle José Coelho. *Processo jurisdicional democrático: uma análise crítica das reformas processuais*. Curitiba: Juruá, 2008. p. 83.

[80] SPRUNG, Rainer. Os fundamentos do direito processual austríaco. Revista de Processo, São Paulo, *Revista dos Tribunais*, n. 17, p. 138-149, jan./mar. 1980.

até então não abordadas. Contudo, na opinião de Rainer Sprung, o grande mérito de Klein é:

> (...) a compreensão sociológico-econômica da instituição processual e na orientação das instituições processuais singulares aos fins mencionados. Das normas processuais modernas, o processo austríaco foi o primeiro que tomou a sério a efetivação do conhecimento de que o processo seria uma manifestação social das massas e deveria ser organizado como instituição de bem público.[81]

Resta claro que Klein antecipa uma nova conjuntura, conseguindo ver além de seu tempo a função dos processos e o rumo que estes passam a tomar a partir das mudanças ocorridas por meio do socialismo jurídico.

2.1.3. O socialismo jurídico no Brasil

No Brasil, o Código de Processo Civil de 1939 manifesta uma preocupação teórica e técnica em estruturar procedimentos orais. A tentativa de implementação do princípio da oralidade é evidente, tal como o era na ÖZPO (austríaca, de 1895) e na ZPO de 1933.[82] A sociedade brasileira, envolta no clamor do populismo de Getúlio Vargas, capta para si as figuras estrangeiras processuais.

Embora nas relações entre Estado/Povo o tratamento seja paternalista, nas relações entre Judiciário/Cidadão jurisdicionado ele é clientelista, haja vista que se vislumbra o jurisdicionado como sendo hipossuficiente e necessitando da atuação assistencial do Estado para reivindicar seus direitos e interesses. Ocorre que o Brasil historicamente não possui um Estado social nos moldes europeus nem uma concepção publicística na pragmática estatal – é fato que estava prevista na lei, mas também o é que não era realmente aplicada –, o que acaba por nortear de maneira bastante peculiar essa tentativa de implementação do clientelismo a partir da Constituição de 1946.

A partir da explanação de motivos do Código de Processo Civil de 1939, é possível evidenciar características defendidas por Franz Klein. O Ministro da Justiça Francisco Campos,[83] figura proeminente do Estado Novo, já havia demonstrado suas tendências integralistas quando da elaboração da Constituição de 1937, na qual predominou o Poder Exe-

---

[81] SPRUNG, Rainer. Os fundamentos do direito processual austríaco. Revista de Processo, São Paulo, *Revista dos Tribunais*, n. 17, p. 138-149, jan./mar. 1980.

[82] A ZPO é de 1877 e tem fortes características liberais. Entretanto, sofreu reformas nos anos de 1909, 1924 e 1933. Na reforma de 1933, sofre as influências das ideias do socialismo processual de Franz Klein.

[83] O anteprojeto do código de Processo Civil de 1939 foi um trabalho apresentado por Pedro Batista Martins, advogado, e revisto pelo então Ministro da Justiça Francisco Campos, por Guilherme Estellita e por Abgar Renault, transformando-se então no Código de Processo Civil de 1939.

cutivo até mesmo sobre o Legislativo. Afirma Luiz Antonio da Costa Carvalho:

> Dois são os aspectos com que se apresenta esse diploma legislativo, sendo dois os sentidos sob os quaes deve ser considerado – político ou nacional e técnico-jurídico. E através desses dois aspectos ou sentidos que tem o Código de Processo Civil que se reflete nitidamente o pensamento, o alto pensamento político, que orientou a sua construção e se distingue meridianamente o espírito que informou a reforma processual brasileira.[84] (sic)

Não causa estranheza, portanto, o início da própria explanação de motivos do Código de Processo Civil, que já no primeiro parágrafo refere:

> (...) de um lado, a nova ordem política reclamava um instrumento mais popular e mais eficiente para distribuição da justiça; de outro, a própria ciência do processo, modernizada em inúmeros países pela legislação e pela doutrina, exigia que se atualizasse o confuso e obsoleto corpo de normas que, variando de Estado para Estado, regia a aplicação entre nós.[85]

A explicitação dos novos rumos dados à legislação processual civil é amplamente demonstrada, com referências claras às concepções de Franz Klein:

> As profundas transformações operadas em todos os campos da atividade humana, particularmente as transformações sociais e políticas, concorrem para manifestar a extensão dessa crise, pois levaram os benefícios da ordem jurídica a terrenos que a velha aparelhagem judiciária não estava aparelhada a alcançar. O processo em vigor, formalista e bizantino, era apenas um instrumento das classes privilegiadas, que tinham lazer e recursos suficientes para acompanhar os jogos e as cerimônias da justiça, complicados nas suas regras, artificiosos na sua composição e, sobretudo, demorados nos seus desenlaces.[86]

Assim, nada mais singelo do que embasar a legislação processual nos fundamentos do totalitarismo, do paternalismo e do populismo, bem como justificá-la com as lições do emérito processualista italiano que havia elaborado um projeto semelhante anos antes:[87] Giuseppe Chiovenda. Tal projeto defendia a superioridade de um processo marcado pelo princípio da oralidade e por outros princípios técnico-processuais como base para uma melhor técnica processual.

Nesse sentido, propôs alguns princípios, a saber: a necessidade da imediatidade entre o juiz e a parte, para que este melhor conhecesse a prova sobre a qual iria julgar; a identidade física do juiz; a irrecorribili-

---

[84] CARVALHO, Luis Antonio da Costa. *O espírito do código de processo civil: estudo crítico-analítico do Decreto-Lei nº 1.608, de 18 de setembro de 1939*. Rio de Janeiro: Gráfica Labor, 1941. p. 11.

[85] CAMPOS, Francisco. Exposição de Motivos. In: ALCKMIN, José G. Rodrigues. *Carteira do advogado: código de processo civil*. São Paulo: Max Limonad, 1955. p. 15.

[86] CAMPOS, Francisco. Exposição de Motivos. In: MINGUZZI, Rubens B. *Código de processo civil e legislação correlata: como se acham em vigor*. São Paulo: Resenha Tributária, 1972. p. 3.

[87] A reforma do Código de 1920.

dade das interlocutórias, princípio que foi aceito e utilizado no processo trabalhista, mas que não teve respaldo na legislação processual civil; a concentração do exame da causa em um só período de debate a ser desenvolvido em audiência una ou no menor número de audiências possíveis e próximas; o aumento dos poderes do juiz com o princípio do autoritário.[88]

O Código de Processo Civil de 1939 estabeleceu um sistema denominado "oralidade concentrada", pois não era totalmente oral. Mantinham-se escritas a petição inicial, a reconvenção e a contestação, sendo que somente a fase de instrução tinha a predominância da oralidade. Esse sistema abrangia os cinco princípios já mencionados: a predominância da palavra falada, a imediatidade, a identidade física do juiz, a concentração da causa e a irrecorribilidade das decisões interlocutórias.[89]

Refere Pontes de Miranda sobre o Código de Processo Civil de 1939:

> Quanto aos princípios fundamentais do processo, o Código de Processo Civil tentou síntese entre o princípio do dispositivo e o inquisitivo. Em relação ao direito anterior, pendeu para esse. No tocante à oralidade, representa a antítese, injustamente "impopular" no Brasil, em relação a tese anterior (processo escrito).[90]

Sabe-se que o princípio da oralidade, por exemplo, até hoje não restou efetivamente implementado, uma vez que segue a predominância de um processo escrito.[91] O artigo 435 do Código de Processo Civil, apenas para ilustrar, determina a necessidade de apresentação da quesitação dos esclarecimentos que o perito deverá prestar para que sejam respondidos em audiência. Ora, desnecessária seria a apresentação de tal quesitação se o ato da audiência por si só imprime a oralidade, mostrando-se inócua tal apresentação. Similarmente, o artigo 454 do Código de Processo Civil fixa o prazo de 20 minutos para cada parte, prorrogável por mais 10 minutos, a critério do juiz, para os debates finais orais. Majoritariamente, porém, eles são substituídos por memoriais escritos.

Percebe-se, então, que essas são práticas que o Judiciário não logrou êxito em abandonar, evidenciando que a oralidade de fato não restou prestigiada. Athos Gusmão Carneiro afirma a esse respeito:

---

[88] NUNES, Dierle José Coelho. *Processo jurisdicional democrático: uma análise crítica das reformas processuais*. Curitiba: Juruá, 2008. p. 96.

[89] ROSA, Inocêncio Borges da. *Processo civil e comercial brasileiro*. Vol. I. Porto Alegre: Livraria do Globo, 1940. p. 77.

[90] PONTES DE MIRANDA, Francisco Cavalcanti. *Comentários do código de processo civil*. Tomo I, (arts. 1º-79, 2.ed., 5º-10º milheiros). Rio de Janeiro: Forense, 1958. p. XXXV.

[91] Nesse sentido, Fritz Baur observa o seguinte: "Nos países latino-americanos, a principal aspiração da doutrina e da prática, no processo civil, é a efetivação do princípio da oralidade, enquanto na área anglo-americana o debate oral central, com produção de provas, sempre foi e continua a ser o mais importante princípio processual". BAUR, Fritz. Transformações do processo civil em nosso tempo. *Revista Brasileira de Direito Processual*, Uberaba, v. 7, p. 57-68, 3º trimestre, 1976.

O código de 1939, embora as proposições contida em sua notável Exposição de Motivos, realmente não adotou o sistema oral, em sua pureza doutrinária. No processo sob o sistema da oralidade, a parte escrita, afora a função da documentação apresenta-se no simples caráter preparatório ao debate oral, ou seja contém o anúncio das declarações que serão feitas em audiência. (...) O processo brasileiro, todavia, continuou consagrando a regra de que as declarações fundamentais das partes contêm-se na inicial e na contestação, apresentadas não com a função de meros escritos preparatórios, mas como declarações de vontade, fixando em definitivo os lindes da pretensão e da resistência.[92]

Da mesma maneira, o princípio da irrecorribilidade das interlocutórias não se evidencia no Processo Civil brasileiro.[93] Esse princípio decorre do princípio da concentração da causa no tempo e visa a impedir que os julgamentos se dilatem. A ideia primordial é de um procedimento rápido, evitando os recursos protelatórios. Com isso, os direitos dos pleiteantes ficam amparados pelo fato de os incidentes ocorridos serem apreciados com o julgamento da substância.[94] É, portanto, consequência lógica da adoção do procedimento oral como sistema, compreendido procedimento oral como o conjunto de princípios que o constituem.

Para tornar-se realmente efetivo o princípio da oralidade, na medida em que ele se vincula ao princípio da concentração, é necessário impedir, tanto quanto possível, as contínuas interrupções no andamento do processo motivadas pelos recursos interpostos pelas partes contra as decisões tomadas pelo juiz sobre os incidentes surgidos na tramitação da causa. Contra tais decisões, ditas interlocutórias, em nome da preservação do princípio da oralidade, ou não se concede recurso algum, ficando a matéria aí decidida imune à preclusão de modo a ser apreciada eventualmente pelo tribunal do recurso interposto da

---

[92] CARNEIRO, Athos Gusmão. *Audiência de instrução e julgamento e audiências preliminares*. 11. ed. Rio de Janeiro: Forense, 2003. p. 5.

[93] É bem verdade que as alterações legislativas recentes tentaram mudar o panorama recursal do Processo Civil no Brasil. Entretanto, não obtiveram o êxito almejado, em parte devido à própria legislação e em parte devido aos aplicadores das leis. Até então não vigeu a irrecorribilidade das interlocutórias, estando previsto no artigo 522 do Código de Processo Civil o recurso de agravo de instrumento, o qual teria cabimento contra as decisões interlocutórias e devolveria à instância superior a matéria para ser apreciada. Com a alteração, em 1995, do artigo 558 do Código de Processo Civil que possibilitou a atribuição de efeito suspensivo à decisão agravada, a morosidade desse recurso ao processo sobrepujou. Com isso, a reforma de 2005 retirou a ordinariedade do agravo de instrumento e manteve-a somente para os casos de "lesão grave e de difícil reparação", trazendo assim para a tônica o recurso de agravo retido – para ser analisado pelo tribunal, o agravante requererá que o tribunal o conheça preliminarmente, por ocasião do julgamento da apelação, e caso a parte não o requeira expressamente, nas razões ou na resposta da apelação, sua apreciação pelo tribunal.

[94] O anteprojeto do novo Código de Processo Civil, entregue em 04 de fevereiro de 2010 ao Supremo Tribunal Federal, prevê como regra geral a vigência da irrecorribilidade das interlocutórias. Foi ressaltado pelo Ministro Luiz Fux que o que foi elaborado nesse primeiro momento foram novas teses, dos novos institutos que comporiam o novo código. A partir de agora, passarão a ser elaborados os dispositivos representativos dessas inovações. Disponível em: http://www.conjur.com.br/2010-fev-04/projeto-codigo-processo-civil-entregue-supremo. Acesso em: 05.02.2010.

sentença final,[95] ou se mantém a estrutura atual, possibilitando o manejo do agravo, seja ele retido ou de instrumento. Ressalte-se que a alteração legislativa de 2005, manifestou a tendência de diminuir a morosidade processual, tornando, como regra, o agravo retido e somente em situações específicas manifesta a aceitação do recurso de agravo de instrumento.

Outra consequência da adoção do processo majoritariamente oral é que, a partir de então, deverá haver a concentração dos atos em uma audiência ou no menor número de audiências possível. Levando-se em conta que o processo se conclui em uma ou poucas audiências, o breve espaço de tempo uma da outra, nas quais são produzidas as provas, são verificados os debates das partes e é proferido julgamento; que os prazos concedidos para a execução das diligências probatórias são acentuadamente reduzidos; que os atos culminantes do processo são realizados um em seguida a outro, quase imediatamente, sem perda de tempo, a lei prevê a máxima concentração processual possível, sendo inaceitável a reiterada interrupção do processo por meio de recursos de despachos ou decisões interlocutórias.

O anteprojeto defendia a restauração da autoridade no processo, combatendo o liberalismo processual, já que preconizava poderes efetivos ao juiz, atribuindo-lhe um papel ativo no processo.[96]

Apesar de o texto legal – note-se a apresentação dos princípios – defender uma socialização no plano teórico, nosso Estado foi estruturado conforme uma prevalência e maior preocupação com os interesses privados, desde o império até hoje. Por essa razão, o socialismo jurídico não se operou plenamente, e o que se operou apontava para as vicissitudes do sistema.

2.1.4. O protagonismo científico

Quase concomitantemente à época do lançamento das ideias de Klein na Áustria, Oskar Von Bülow, na Alemanha, trata o protagonismo científico como ícone de uma nova era para o processo.

Em 1868, com base nos já conhecidos trabalhos de Windscheid e Adolf Wach, Bülow inova o entendimento sobre o processo, apresentando a teoria que distingue o direito material do direito de ação. Passa então a defender que não pode existir um único direito material que não dis-

---

[95] BAPTISTA DA SILVA, Ovídio A. *Curso de processo civil*. Vol. I, 2.ed. Porto Alegre: Sergio Antonio Fabris, 1992. p. 54.

[96] CAMPOS, Francisco. Exposição de Motivos. In: ALCKMIN, José G. Rodrigues. *Carteira do advogado: código de processo civil*. São Paulo: Max Limonad, 1955. p. 19.

ponha de uma ação correspondente para protegê-lo, mas que pode haver direito de ação sem que o titular da ação seja, ao mesmo tempo, titular da pretensão de direito material. Assim, a ação passa a ser encarada sob uma nova perspectiva, deixando de ser um direito à decisão favorável para ser uma pretensão à decisão sobre o mérito.

Essa nova concepção de processo considera a figura do juiz como central, sendo que às partes é relegado um papel secundário, como meros colaboradores.[97] Defendia Oskar Von Bülow que no processo não havia relação jurídica processual, pois ela ia sendo construída, passo a passo, no decorrer do processo. Por outro lado, aceitava a existência de relação de direito material, ou relação jurídica privada que constituía a matéria para a discussão judicial, porque estava totalmente acabada. A outra, entretanto, somente surgia paulatinamente à medida que se desenvolvia o processo.[98]

Portanto, Bülow desvinculou o processo do direito material, elevando o processo a ciência autônoma. Talvez seu fruto mais discutido, porém, tenha sido, conforme refere Dierle Nunes:

> (...) a implementação de um protagonismo judicial, que conduz ao solipsismo judicial e ao esvaziamento do papel técnico e institucional do processo sob um discurso moderno de funcionalização do sistema jurídico.[99]

Se a Bülow foram lançadas críticas devido à sua defesa do protagonismo judicial, em que pressupunha a possibilidade de o juiz defender conforme mais lhe parecesse justo, com uma aplicação livre e subjetiva, criando direito, outros teóricos, ao longo da história, também mereceriam as mesmas críticas.[100]

Decidir conforme lhe pareça mais justo é aceitar a escolha de princípios e normas ao bel-prazer do juiz, com discricionariedade que causa espécie ao cidadão. Cabe salientar que o processo, nessa época, tinha a finalidade de preservação do bem comum.[101] [102]

---

[97] BÜLOW, Oscar Von. *La teoria de las excepciones procesales y los presupuestos procesales*. Traduccóin Miguel Angel Rosas Lichtschein. Buenos Aires: Ediciones Jurídicas Europa–América, 1868. *passim*.

[98] BÜLOW, Oscar Von. *La teoria de las excepciones procesales y los presupuestos procesales*. Traduccóin Miguel Angel Rosas Lichtschein. Buenos Aires: Ediciones Jurídicas Europa–América, 1868. *passim*.

[99] NUNES, Dierle José Coelho. *Processo jurisdicional democrático: uma análise crítica das reformas processuais*. Curitiba: Juruá, 2008. p. 100.

[100] Tais como Herbert Hart. HART, Herbert L.A. *The concept of law*. 2 ed. Oxford: Clarendon Press, 1997. p. 135.

[101] Na Alemanha de Hitler, o Código de Processo Civil não foi alterado durante a vigência do Nacional Socialismo. Ocorre que sua interpretação deveria estar "de acordo com o bem comum" e "sob os interesses do povo alemão". Sob esses argumentos, é sabido que, aos olhos do regime, o interesse do povo alemão era, sem sombra de dúvida, a concretização dos interesses nazistas. Notavelmente, a legislação processual ao tempo do nazismo coincide com aquela ao tempo do presidente Hindenburg, que antecedeu o regime. Talvez isso tenha ocorrido em razão da forma como era aplicada essa

Note-se que o artigo 48 da Constituição de Weimar previa amplos poderes ao governante:

> Art. 48: Se no Reich alemão houver alteração ou perigo grave da segurança e ordem pública, o presidente do Reich pode adotar as medidas necessárias para o restabelecimento da segurança e ordem públicas, intervindo, em caso de necessidade, com o auxílio das forças armadas. Para este propósito, pode suspender temporariamente, total ou parcialmente, os direitos fundamentais estabelecidos nos arts. 114, 115, 117, 118, 123, 124 e 153.

Como se vê, o presidente do Reich tem legitimidade para, em caso de exceção, adotar medidas voltadas à garantia da existência do próprio Estado, visto que, nessa época, havia um grande medo da aniquilação do Estado alemão. A Alemanha, quando perdeu a guerra, teve de aceitar uma série de limitações, como as de ordem territorial e de defesa. Por razões óbvias, não se defendem as ações de Hitler, mas há que se dizer que "sob o ponto de vista estritamente normativo, ocorrendo as hipóteses do enunciado, nada impedia – ou vedava – que o presidente do Reich fizesse valer tal preceito normativo".[103]

Nessa época, o juiz aplicava o direito com base na vaga legislação existente e, em razão dessa inexistência de "concretude" na norma, justificava-se a "necessidade" de o juiz criar. Seguindo nessa linha da discricionariedade, Ernst Forsthoff ressalta que assim se possibilita o completo controle jurisdicional da administração, mormente após 1945, quando esta passou a ter como *slogans* a atuação do direito, a discricionariedade e a liberdade de decisões.[104]

Nas palavras de Mauro Cappelletti:

---

legislação ao interesse do povo alemão. NUNES, Dierle José Coelho. *Processo jurisdicional democrático: uma análise crítica das reformas processuais.* Curitiba: Juruá, 2008. p. 86. *passim.*

[102] No que tange às práticas do regime Nazista, Gustav Radbruch argumenta: "Não devem passar despercebidos – mormente após esses doze anos de regime – as terríveis consequências que podem trazer consigo, para a segurança jurídica, o conceito de arbitrariedade legal e a negação da natureza de direito das leis positivas. Devemos esperar que um direito semelhante restará como um extravio irrepetível e uma confusão do povo alemão, mas para todos os casos possíveis nos armamos com a superação fundamental do positivismo, que debilitou toda a capacidade defensiva frente ao abuso da legislação nacional socialista a fim de evitar o regresso de um Estado de ilegalidade semelhante" (tradução livre). (*No debe pasarse por alto – precisamente después de esos doce años – las terribles consquencias que puede traer consigo, para la seguridad jurídica, el concepto de arbitrariedad legal, y la negación de la naturaleza de derecho semejante de las leyes positivas. Nosotros debemos esperar que um derecho semejante permacerá como irrepetible extravio y uma confusion del pueblo alemán, pero para todos los casos posibles nos hemos armado con la superación fundamental del positivismo, que debilito toda la capacidad defensiva frente al abuso de la legislación nacionalsocialista, a fin de evitar el regreso de un estado de Ilegalidad semejante*). RADBRUCH, Gustav. *Relativismo y derecho.* Trad. Luis Villar Borda. Bogotá: Temis, 1992. p. 37.

[103] SILVA, Frederico Silveira e. O decisionismo de Carl Schmitt e sua relação com a discricionariedade e a medida provisória. *Revista CEJ*, Brasília, ano XI, n. 39, p. 36-43, out./dez. 2007.

[104] FORSTHOFF, Ernst. *Stato di diritto in transformazione.* Milano: Giuffrè, 1973. p. 177.

É sabido que, com a passagem do Estado liberal para o Estado social de direito, as tarefas do magistrado e dos aparelhos administrativos se multiplicaram. Mas a ampliação destes aparelhos determinou, para além e contra as intenções, um incremento dos poderes do juiz.[105]

Complementa essa ideia Nicola Picardi, dizendo:

O fenômeno resulta acelerado, sobretudo pela patologia de uma legislação oscilante entre a inflação em alguns setores e a inatividade de outros.[106]

E acrescenta ainda Giuliani no tocante às soluções dadas pela jurisprudência ante a profusão de normas colidentes:

A pluralidade das regulações normativas termina, pois, por provocar uma redução de efetividade. Foi salientado também como a atividade jurídica consiste em uma *ars combinatoria* de leibniziana memória; o aumento no número de regras comporta, assim, um desenvolvimento exponencial das possibilidades de combinações; quanto mais regras, maior a possibilidade de antinomias e de contradições internas no ordenamento. Além disso, a aceleração progressiva do *ius superveniens* termina por transferir para a jurisprudência tarefas consideradas próprias da legislação: da determinação da lei no tempo (ab-rogativos e retroativos) à própria organização das fontes do direito.[107]

Com base nessa hipótese, corre-se o risco de que a decisão criativa e discricionária seja, na realidade, uma escolha arbitrária e subjetiva. Isso não se apresenta como uma eventualidade retórica, mas sim como uma possibilidade presente diariamente na prática jurídica. Devido a uma série de fatores, essa possibilidade torna-se bastante provável no dia a dia, eis que inúmeros fatores poderiam influenciar a criação do magistrado.[108]

Assim, o magistrado extrapola sua função de interpretador do direito e passa à condição de criador do direito, verdadeiro legislador dos tribunais, manifestando-se sobre matérias necessárias, mas que não seriam de sua competência, e reafirmando assim o protagonismo judicial.

Em nosso sentir, o protagonismo judicial vai de encontro ao que entendemos como a busca da decisão correta para o caso, haja vista que este aposta na individualidade e na subjetividade, em lugar da pluralidade e da intersubjetividade, como o paradigma hermenêutico. Segundo as concepções apresentadas por Bülow, o juiz, ao decidir, poderia legitimar suas compreensões prévias, sendo instado a decidir inclusive "criando".

---

[105] CAPPELLETTI, Mauro. *Juízes legisladores?* Trad. Carlos Alberto Álvaro de Oliveira, do original *Giudici legislatori?* Porto Alegre: Fabris, 1998. p. 25.

[106] PICARDI, Nicola. *Jurisdição e processo*. Organizador e revisor técnico da tradução Carlos Alberto Alvaro de Oliveira. Rio de Janeiro: Forense, 2008. p. 5.

[107] GIULIANI, A. Le disposizione sulla legge in generale: gli articoli da 1 a 15. In: *Tratatto de diritto privato*. Tomo I. Torino: (sine ed), 1998. p. 470.

[108] TARUFFO, Michele. Legalidade e justificativa da criação judiciária do direito. *Revista da Esmape*, Recife, v. 6 n. 14, p. 431-456, jul./dez. 2001.

(...) Com esta afirmação, não se quer dizer coisa diversa: que o Estado autoriza o juiz a realizar determinações jurídicas não contidas no direito posto pelo legislador, mas sim por ele buscada, em um certo sentido inventada, determinação que a lei não escolheu e muito menos desejou.[109]

Com se vê, mediante tais concepções, aduzidas seja pelo socialismo jurídico – em que o juiz tem maiores poderes, pois se torna o destinatário da prova, e o processo corre segundo a sua condução, processo este que se torna mais célere e ágil em razão da implementação da oralidade e de seus consectários, tais como a concentração dos atos, a imediatidade entre o juiz e as partes, a irrecorribilidade das interlocutórias, com a possibilidade recursal somente após a decisão (sentença) –, seja pelo protagonismo judicial – em que o juiz pode decidir de acordo com o que entende ser correto, ainda que seja *contra legem* –, tem-se totalmente redelineado o panorama judicial, que abandona, em tese, o antigo cenário para dar lugar ao socialismo jurídico, implementando, assim, uma nova era.

2.1.5. O socialismo processual

Com a formação dessas novas concepções, as quais serviram de base ao período posterior à Segunda Guerra Mundial, surge nos países do leste europeu um novo movimento que é contrário à aplicação das diretrizes que visavam a uma melhoria social até então defendidas. Passa-se a defender a técnica processual como forma de justiça social.

A ideia é de que todos os cidadãos, até mesmo os menos instruídos, sejam capazes – e efetivamente o façam – de ingressar com demandas e de se defender no processo (inclusive pessoalmente). Assim, a nova proposta é de que se simplifique o processo. Para tanto, é necessária a simplificação do procedimento e a majoração dos poderes do juiz, especialmente no campo instrutório.

Como consequência dessas premissas, o juiz, que tem poderes majorados para a instrução do feito, tem a possibilidade de recorrer às provas que entender pertinentes para firmar o seu convencimento. Isso se assemelha consideravelmente ao que hoje conhecemos por princípio do inquisitório, que permite ao juiz determinar a realização das provas que julgar pertinentes na busca da verdade. Não é o caso de o juiz substituir as partes em seu dever de provar, mas sim a possibilidade de ir em busca do que considerar pertinente caso não esteja totalmente convencido com as provas que foram apresentadas pelas partes.

---

[109] BÜLOW, Oskar Von. Gesetz und Richteramt. Juristiche Zeitgeschichte. Berlin: Berliner Wissenchafts, 2003. v. 10. p. 37. *Apud* In NUNES, Dierle José Coelho. *Processo jurisdicional democrático: uma análise crítica das reformas processuais*. Curitiba: Juruá, 2008. p. 105.

Seja em virtude do socialismo jurídico, do socialismo processual ou mesmo do protagonismo judicial, passa-se a aceitar decisões não congruentes com o conjunto probatório e inclusive com a lei. A ideia central, porém, parece estar no acesso à justiça, cujas ideias basilares conhecidas hoje são as mesmas que foram defendidas desde o Projeto de Florença.[110]

O acesso à justiça, abandonado o conceito de direito de ação e assentado o de direito à sentença, segundo o Projeto de Florença, defendia basicamente quatro aspectos primordiais: a assistência judiciária gratuita integral, a garantia de uma tutela efetiva dos interesses difusos ou coletivos para a proteção do consumidor e do meio ambiente, a simplificação dos procedimentos e a utilização de meios privados ou informais de solução de conflitos.

O direito ao acesso efetivo à justiça ganha particular atenção na medida em que o *Welfare State* procura armar os indivíduos de novos direitos substantivos em sua qualidade de consumidores, empregados ou mesmo cidadãos.[111] Com isso, o Estado evolui do âmbito de Estado Social para o de Estado Democrático de Direito, por meio do qual protege os direitos de terceira dimensão, ou seja, os interesses difusos.[112]

Não há como pensar nessas ideias sem remontar à história processual brasileira. Apesar de o Brasil não ter participado da elaboração do projeto de Florença, é bem verdade que os objetivos propostos pelo projeto foram implementados no Brasil quase todos de maneira concomitante.[113] Isso se deve ao fato de que, em meados da década de 1990, foram instituídas a Constituição Federal de 1988, que prevê expressamente o acesso à justiça, a Lei nº 9.099/95, que cria os Juizados Especiais, a Lei nº 8.078/90, denominada de Código de Defesa do Consumidor, que trata justamente do interesse de coletividades ou da defesa dos interesses do consumidor, e a Lei nº 9.605/98, que disciplina os crimes ambientais.

Em uma palestra em 1966, Fritz Baur propõe um novo modelo de procedimento, reconhecendo que apenas a oralidade preconizada pelo socialismo jurídico não havia sido suficiente para tornar célere o processo. Isso ocorria em virtude de que, além das inúmeras possibilidade de se apresentar razões por escrito (ainda remanescentes), não dependia somente dos juízes (ou das partes) a efetiva prestação jurisdicional, con-

---

[110] CAPPELLETTI, Mauro. *Acesso à justiça*. Trad. Ellen Gracie Northfleet. Porto Alegre: Fabris, 1988. *passim*.

[111] CAPPELLETTI, Mauro. *Acesso à justiça*. Trad. Ellen Gracie Northfleet. Porto Alegre: Fabris, 1988. p. 11.

[112] PELEGRINI, Flaviane de Barros Magalhães. Disponível em: http://www.fmd.pucminas.br/Virtuajus/1_2004/O%20PARADIGMA%20DO%20ESTADO%20DEMOCRATICO%20DE%20DIREITO.pdf. Acesso em: 25.12.09.

[113] Faz-se referência aqui à concomitância de aplicação no Brasil, e não ao Projeto de Florença em si.

quanto a matéria posta em causa e o número de processos levados ao Judiciário faziam enorme diferença.

> Jogar a culpa por esta realidade somente nos juízes e nos advogados seria desconhecer as dificuldades objetivas e subjetivas. Quanto às dificuldades objetivas, podemos referir especialmente a cada vez mais forte complicação da questão matéria e de direito sobre a qual cabe decidir. A questão, a meu ver, está na resposta à pergunta: existe uma possibilidade no âmbito do direito processual de se forçarem as decisões mais rápidas sem levar a um rompimento com a qualidade da sentença do juiz tanto em sua materialidade quanto em sua juridicidade?[114]

Baur defende, ao contrário do que já havia feito outrora, que o juiz não pode ser o centralizador e a principal figura processual, tendo de dividir esse lugar também com as partes.

As ideias de Baur foram postas em prática pelo Juiz Rolf Bender, do Tribunal de Sttutgard, vindo a ser conhecidas como "o modelo de Sttutgard".[115] Tratava-se de um modelo processual dividido em duas fases: na primeira, as partes peticionariam com a inicial, a defesa, a manifestação e as provas, enquanto o juiz definiria as provas necessárias e pertinentes; caso fosse possível, poder-se-ia pôr fim ao litígio por meio de um acordo ainda nessa fase. Na segunda fase, caso a primeira fosse superada sem êxito no acordo, seria realizada uma audiência com a presença de todas as partes, testemunhas e inclusive peritos, mesmo que estes já tivessem feito a entrega do laudo. Esses procedimentos tinham por objetivo garantir que, na audiência, pudessem concentrar-se todos os atos.[116]

O modelo de Sttutgard pressupõe juízes ativos. Apesar disso, o alargamento do campo de atividades do juiz não representa transformar o processo em um todo de atos carentes de forma entregue completamente ao julgador, uma vez que seu papel contém nítidos contornos legislativos.[117] Tal implementação teve reflexos em vários outros ordenamentos, tais como na Inglaterra, em Portugal e também no Brasil, conforme referido.

2.1.6. O processo à luz do constitucionalismo do século XX

A evolução proporcionada pelo Projeto de Florença trouxe influências para o Brasil. Ocorre uma mudança de paradigma na comunida-

---

[114] BAUR, Fritz. *Wege zu einer Kozentration der mündlichen Verhandlung im Prozes*. Berlim: Walter de Gruiter & Co., 1966. p. 6. *Apud* NUNES, Dierle José Coelho. *Processo jurisdicional democrático: uma análise crítica das reformas processuais*. Curitiba: Juruá, 2008. p. 118.

[115] BENDER, Rolf. *Access to justice*. Vol. II. Mauro Cappelletti and John Weisner, Book II. Edited b, Milan: Dott A. Giuffrè Editore, 1979. p. 435.

[116] BENDER, Rolf. *Acess to justice*. Vol II. Mauro Cappelletti and John Weisner, Book II. Edited b, Milan: Dott A. Giuffrè Editore, 1979. p. 435.

[117] BAUR, Fritz. O papel ativo do Juiz. *REPRO*, ano VII, n. 27, p. 186-199, jul.set. 1992.

de jurídica, atribuindo-se maior ênfase ao estudo do Direito Processual Civil como ramo autônomo. Nesse sentido, o estudo do Direito Processual Civil e suas consequências passam a ter maior relevância, adquirindo inclusive caráter metajurídico, com a influência dos âmbitos político, econômico e social ao processo civil, o que na Europa já havia ocorrido. Essa nova perspectiva, denominada de instrumentalismo processual, tem o juiz como solipsista e possibilita, segundo Flaviane de Magalhães Barros,[118] "uma fundamentação para além da argumentação das partes".

A tendência – não só nacional, mas também internacional – é a implementação de direitos tidos como fundamentais nas constituições, as quais passam a incorporar as promessas de modernidade. Afirma José Casalta Nabais que:

> (...) visando a instituição ou fundação de regimes constitucionais suficientemente fortes no respeitante à proteção dos direitos e liberdades fundamentais. Isto é, de regimes que se opusessem duma maneira plenamente eficaz a todas e quaisquer tentativas de regresso ao passado totalitário. Era, pois, necessário exorcizar um passado dominado por deveres, ou melhor, por deveres sem direitos. Foi isso o que aconteceu no século vinte. Mais precisamente nos finais dos anos 40 na Itália e na República Federal da Alemanha, depois nos anos setenta na Grécia, Portugal e Espanha, e já nos anos oitenta no Brasil. E isto para não referirmos outros países, como os libertados do comunismo, já na década de noventa.[119]

O constitucionalismo é, na verdade, um movimento social, político e jurídico em que se limita, através da Constituição, o poder. Para tanto, há o elenco de um grande número de normas e garantias no texto constitucional.

O constitucionalismo pode ser resumido na ideia de limitação do poder. Ou seja, o elemento unificador de todas as experiências constitucionais é a pretensão e a criação de instrumentos que oferecem limites ao exercício do poder político. Uma vez que a fundamentação das decisões pode ser entendida como um mecanismo de limitação do exercício da jurisdição – como a jurisdição pode decidir sobre a aplicação do direito aos casos concretos, desde que de forma fundamentada –, há uma ligação indissociável entre o constitucionalismo e o Estado Democrático de Direito. Carmen Lúcia Antunes da Rocha, sobre essa nova concepção de Direito do Constitucionalismo moderno, assevera que este: "traz em seu pólo central a entronização dos direitos fundamentais como o grande di-

---

[118] BARROS, Flaviane de Magalhães. A fundamentação das decisões a partir do modelo constitucional de processo. *Revista do Instituto de Hermenêutica Jurídica*, Porto Alegre, v. I, n. 6, p. 131–148, 2008.

[119] NABAIS, José Casalta. A face oculta dos direitos fundamentais: os deveres e os custos dos direitos. *Revista de Direito Público da Economia (RDPE)*, Belo Horizonte, ano 1, n. 1, p. 153–181, jan./mar. 2003.

ferencial de tudo quanto até então se conceba e se positivara como ordem jurídica".[120]

Não é demais recordar que a disposição de princípios sempre existiu nas constituições escritas a partir da primeira constituição da época liberal, proclamada ao final do século XVIII na república norte-americana e logo após na França, com a grande revolução. Basta lembrar a carta dos direitos, agora genericamente incluída nos textos constitucionais.[121] O primeiro pós-guerra trouxe já uma Constituição mais analítica, enquanto o segundo pós-guerra implementou uma Constituição que defende os direitos fundamentais de terceira dimensão, protegendo direitos como ao meio ambiente, à copropriedade do patrimônio comum do gênero humano e à paz. Posteriormente, há uma Constituição com textos longos e deveras analíticos, que acabam contendo várias normas de cunho ordinário. É na Constituição que depositamos promessas e programas a serem cumpridos.

O legislador constituinte reconheceu uma série de direitos sociais e um largo contingente de direitos fundamentais,[122] que no Brasil foram recebidos como cláusulas de esperança após um período de quase 20 anos de autoritarismo, iniciado em 1964 com o golpe militar. Entretanto, tais direitos não excluem outras garantias que não estejam expressas na Carta Política. Trata-se de um rol aberto que pode ser integrado por outros princípios adotados por ela e por tratados internacionais.[123] A Constituição brasileira de 1988, no artigo 5º, § 2º, dispõe que os direitos e as garantias que ali estão expressamente elencados não excluem os que não estão.[124] Segundo Michele Taruffo:

> A Constituição brasileira de 1988 insere-se ao título daquela que se pode definir como a fase madura de um dos mais importantes fenômenos que caracterizaram a evolução da

---

[120] ROCHA, Carmen Lúcia Antunes. O constitucionalismo contemporâneo e a instrumentalização para a eficácia dos direitos fundamentais. *Revista Trimestral de Direito Público*, n. 16, p. 39-58, 1996.

[121] CRISAFULLI, Vezio. La Constituzione e le sue disposizione di principio. Milano: Dott A. Giuffré, 1952. p. 28. *(Non è superfluo ricordare preliminarmente che dispozioni di principio sono sempre esistite nelle Constituzioni scritte, a partire dalle prime Contituzioni dell'epoca liberale proclamate sulla fine secolo XVIII nelle repubbliche nord-americane e subito doppo in Francia, con la gande rivoluzioni: basta pensare alle «Carte dei diritti» allora generalmente preposte ai testi constituzionali veri i propi ma formanti in realtà, malgrado ogni distinzione formale ed intrinseca, tutt'uno com essi.)*

[122] SARLET, Ingo Wolfgang. Os direitos fundamentais sociais e os 20 anos de Constituição. *Revista do Instituto de Hermenêutica Jurídica*, Porto Alegre, n. 6, p. 167, S.D.

[123] SAMPAIO, José Adércio Leite. *A constituição reinventada pela jurisdição constitucional*. Belo Horizonte: Del Rey, 2002. p. 706.

[124] SAMPAIO, José Adércio Leite. *A constituição reinventada pela jurisdição constitucional*. Belo Horizonte: Del Rey, 2002. p. 706.

justiça civil a partir da metade do século XX, ou seja, a "constitucionalização" das garantias fundamentais do processo.[125] (tradução livre)

Assim, a Constituição de 1988 tem, antes de tudo, um valor simbólico, porque foi o ponto culminante do processo de restauração do Estado Democrático de Direito e da superação de uma perspectiva autoritária, onisciente e não pluralista de exercício do poder, timbrada na intolerância e na violência. Ao reentronizar o Direito e a negociação política na vida do Estado e da sociedade, ela removeu o discurso e a prática da burocracia tecnocrático-militar que conduziria a coisa pública no Brasil por mais 20 anos.[126]

Relativa e especificamente ao direito processual civil, a carta brasileira contempla o princípio do devido processo legal, o princípio do juiz natural, o princípio da competência privativa da União para legislar sobre o processo civil e o princípio da abertura de competência concorrente para que os estados pudessem legislar sobre procedimentos, podendo, assim, melhor adaptar suas peculiaridades locais. Muito embora tais princípios possam não ser efetivamente inovações constitucionais, é fato que, a partir da Constituição de 1988, passam a ter maior notoriedade e aplicação. A doutrina volta-se a eles e passa a atribuir-lhes crucial relevância não só por sua característica, mas também por seu *locus* na Constituição vigente.

Passam a ter maior relevância as constituições, relevância esta que outrora, no século XIX, fora dada aos Códigos.

O constitucionalismo do século XX também trouxe influências ao processo civil, contribuindo para uma percepção de processo como instrumento técnico neutro. Assim, ele revela uma faceta importante no processo democrático, já que o processo civil é o meio de solução da lide, estando impedida a autotutela ou mesmo a estabilização da relação processual por terceiro não competente.[127]

A influência constitucional é evidenciada fundamentalmente pelos princípios constitucionais nela destacados, com aplicação direta no processo civil das garantias constitucionais como devido processo legal, isonomia, contraditório, acesso à justiça, juiz natural, inafastabilidade do

---

[125] TARUFFO. Michele. Le garanzie fondamentali della giustizia civile nel mondo globalizzato. *RDTC*, v. 17, p. 117-130, jan./mar. 2004. (*La Constituzione brasiliana del 1988 si inserisce a pieno titolo in quella che si puó definire come la "fase matura" di uno dei più importanti fenomeni che hanno caratterizzzato l'evoluzione della giustizia civile a partire dalla mettà del secolo XX, ossia la "constituzionalizzazione" delle garanzie fondamentali del processo.*)

[126] BARROSO, Luís Roberto. *O direito constitucional e a efetividade de suas normas: limites e possibilidades da Constituição brasileira*. 4.ed. Rio de Janeiro: Renovar, 2000. p. 285.

[127] A expressão "terceiro não competente", ora utilizada, faz referência direta ao princípio do juiz natural, mormente no que tange à justiça material, que afiança independência e imparcialidade ao juiz.

controle jurisdicional (direito de ação), proibição da prova ilícita e duplo grau de jurisdição, mas também por determinações que não são reconhecidas como específicas ao processo civil, mas que sem estas, ele não subsiste, tal como a determinação da necessidade de fundamentação.

A mesma evolução que proporcionou essas garantias e transformações impôs outras consequências não só ao direito, mas também à sociedade, que passa a dispor de um judiciário com autonomia e imparcialidade, o que se reflete nas decisões dele provenientes. Dessa maneira, o cidadão vislumbra um papel democrático do Judiciário, comprometido com o Estado e com a Constituição. A credibilidade que lhe é atribuída reflete-se na postura do cidadão e em sua expressiva busca pela jurisdição, o que convergiu na procura de resultados práticos, inaugurando o que se conhece por processo de resultados. Ocorre que o processo de resultados caminha lado a lado com a busca de resultados pragmáticos que levam a um distanciamento da Constituição e dos seus princípios,[128] bem como do próprio caso concreto.

2.2. Aplicação da Constituição

O texto constitucional, por ser hierarquicamente superior, vincula todo e qualquer texto infraconstitucional a si, tornando-se balizador referencial para todas as aplicações de seu conteúdo. Dessa maneira, não só a lei infraconstitucional fica vinculada à constitucional, mas também seu aplicador e o legislador.[129]

Sob esse aspecto, não há como negar que o processo esteja diretamente vinculado à Constituição e que ela atinja força normativa. Porém, esta não é a única consequência de tal relação, já que todos os atos do Estado e dos poderes públicos não mais poderão distanciar-se dela.[130]

Tem-se, desta feita, no âmbito do processo, uma constitucionalização dos textos do Código de Processo Civil – ou ao menos se deveria ter essa aplicação do Código de Processo Civil voltada para a Constituição, de acordo com os objetivos do Estado Democrático de Direito estabelecidos na Carta Magna.

---

[128] NUNES, Dierle José Coelho. *Processo jurisdicional democrático: uma análise crítica das reformas processuais*. Curitiba: Juruá, 2008. p. 40.

[129] STRECK, Lenio Luiz. *Hermenêutica constitucional em crise*. Porto Alegre: Livraria do Advogado, 2005.p. 256

[130] CANOTILHO, José Joaquim Gomes. *Direito constitucional*. Coimbra: Almedina, 1996. p. 956.

É através do processo que efetivamente se realiza o direito. O direito material resta à mercê da instrumentalidade que lhe oferece o processo, respaldado pelas garantias sociais que a Constituição prevê.

A imposição constitucional da necessidade de fundamentar a decisão está cercada de uma série de circunstâncias que a justificam. A renúncia à ideia iluminista do método e do método para decidir, deixando de lado inclusive o período ditatorial pelo qual o Brasil passou, dá lugar à determinação de que sejam proferidas decisões fundamentadas.

Portanto, a fundamentação não é trazida ao ordenamento como faculdade alcançada ao julgador, mas como ônus determinante para a prolação de decisão. Não há que se falar em discricionariedade do juiz quanto à aplicação da norma constitucional, mas sim de efetiva cominação diretriz ao julgar.

É por isso que José Joaquim Calmon de Passos refere que a Constituição insculpe o princípio da legalidade, o qual visa a proteger a cidadania, e que por essa razão atribui-se relevância ao dever de fundamentar quando é proferida a decisão.

> Decidir sem fundamentar é incidir no mais grave crime que se pode consumar num Estado de Direito Democrático. Se a fundamentação é que permite acompanhar e controlar a fidelidade do julgador tanto à prova dos autos como às expectativas colocadas pelo sistema jurídico, sua ausência equivale à prática de um ilícito e sua insuficiência ou inadequação causa de invalidade. E desta exigência não pode fugir nem mesmo os que se tornam "a voz da constituição", que, incapacitada de comunicar-se diretamente, está condenada a ser mero boneco ventríloquo.[131]

A motivação é princípio constitucional. Ao mesmo tempo em que através dela se pode chegar à decisão correta, mantém-se a isonomia, além de ser instrumento de controle constitucional concentrado e difuso. Considerando-se que as normas processuais se destinam à garantia de prestação jurisdicional devida, justa e equânime, abonando aos cidadãos a efetividade da norma e da busca do direito, a motivação das decisões outorga não só a legitimidade e o controle da decisão, mas sobretudo constitui-se em instrumento processual adequado e necessário à garantia da decisão correta, fundamental à sociedade, mormente ao Estado Democrático de Direito. De acordo com Lenio Streck:

> Na medida em que um texto somente é válido se estiver em conformidade com a Constituição, tem-se no texto constitucional, entendido em sua materialidade, o horizonte de sentido que servirá para esta conformação hermenêutica. Em sendo a Constituição compreendida

---

[131] CALMON DE PASSOS, José Joaquim. O magistrado, protagonista do processo jurisdicional? *Revista Brasileira de Direito Público (RBDP)*, Belo Horizonte, ano 7, n. 24, p. 9-17, jan./mar. 2009.

enquanto um "constituir", os textos infraconstitucionais necessariamente precisam passar por esse banho de imersão constitucional.[132]

Superado o conceito da escola tradicional de que princípio é o critério ou a diretriz basilar de um sistema jurídico, que se revela numa disposição hierarquicamente superior do ponto de vista axiológico em relação às normas, sendo linhas mestras de acordo com as quais se deverá nortear o intérprete quando este se deparar com situações que imponham antinomias jurídicas, há de se reconhecer sua elevação à condição de norma, haja vista seu caráter deontológico, o que gera obrigação.

Paulo Bonavides assevera, acerca dos princípios, que:

> Tudo quanto escrevemos fartamente acerca dos princípios, em busca de sua normatividade, a mais alta de todo o sistema, porquanto quem os decepa arranca as raízes da árvore jurídica, se resume no seguinte: não há distinção entre princípios e normas, os princípios são dotados de normatividade, as normas compreendem regras e princípios, a distinção relevante não é, como nos primórdios da doutrina, entre princípios e normas, mas entre regras e princípios, sendo as normas o gênero, e as regras e os princípios a espécie.[133]

Corriqueiramente, os princípios são vistos, no âmbito do regramento jurídico, como estabelecedores das bases do sistema e como elo de ligação entre a finalidade de atingir resultados e o conhecimento jurídico. É por essa razão que são considerados como verdadeiras normas jurídicas de natureza anterior e hierarquicamente superior às normas comuns.[134] Assim, no embate entre regras, o princípio surge como capaz de solucionar a dicotomia, como se fora hierarquicamente superior ou anterior.

Afirma Vezio Crisafulli:

> Princípio é, com efeito, toda norma jurídica, enquanto considerada como determinante de uma ou de muitas outras subordinadas, que a pressupõem, desenvolvendo e especificando ulteriormente o preceito em direções mais particulares (menos gerais), das quais determinam, e (sic) portanto resumem, potencialmente, o conteúdo: sejam, pois, estas efetivamente postas, sejam, ao contrário, apenas dedutíveis do respectivo princípio geral que as contém. (tradução livre)[135]

Não se verifica, entretanto, estudo aprofundado acerca dos princípios que manifeste os diferentes modos por meio dos quais estes podem

---

[132] STRECK, Lenio Luiz. *Jurisdição constitucional e hermenêutica.* 2.ed. Rio de Janeiro: Forense. 2004. p. 596.

[133] BONAVIDES, Paulo. *Curso de direito constitucional.* 22.ed. São Paulo: Malheiros, 2008. p. 288.

[134] KELSEN, Hans. *Teoria pura do direito.* São Paulo: Martins Fontes, 2000. p. 181.

[135] CRISAFULLI, Vezio. La Constituzione e le sue disposizione di principio. Milano: Dott A. Giuffré, 1952. p. 15. *(Principio è, infatti, ogni norma giuridica, in quanto considerata come determinante di una più altre, subordinate, che la pressupogono sviluppandone e specificandone ulteriormente il precetto in direzzione più particolari. E si dicono per antonomasia principi generali quelli comuni a una serie nemerosa di norme particolari [meno generali], delle quali determinano, e pertanto riassumono potenzialmente , il contenuto: siano poi, queste, effettivamente poste, siano invece soltanto desumibili dal rispettivo principio generale che le contine.)*

ser concebidos,[136] seja com uma função meramente epistemológica, seja com a função de solucionar os problemas pela insuficiência do modelo exegético conceitual, tornando-se, assim, pautas de orientação. Reconhece-se, então, que os princípios institucionalizam o mundo prático, instaurando um novo modelo para pensá-los, o qual revela que a decisão judicial está estruturada em uma relação co-originária entre princípios e moral.[137]

Justamente por isso, os princípios servem de horizonte de sentido, sendo condição de sentido de algo. Logo, no direito, ordenam de forma harmônica e coerente o sentido das normas, não necessitando, portanto, de positivação. Os princípios devem ser entendidos como norma devido a um duplo fator: a norma é, conforme Alexy,[138] tanto gênero e espécie quanto regras e princípios. Contudo, tal distinção é semântica e tem caráter pragmático, conforme refere Dworkin.[139]

Afirma-se que os princípios são introduções ao mundo prático porque, de algum modo, são as condições de possibilidade das regras. Por isso, sempre há um princípio em qualquer decisão que a sustente. As regras, portanto, são abertas, cabendo aos princípios fechá-las. É por esse motivo que se diz na hermenêutica que as regras são porosas, e que os princípios fecham essas regras abertas. Veja-se, por exemplo, o caso do furto. A regra do furto não compreende todas as espécies de furto que existem. Assim, é só na prática, quando ele ocorre, que se define a regra e a sua aplicação, surgindo como efetivo mecanismo de fechamento da norma. Ele determina que se deva decidir daquela maneira. Há nele um caráter deontológico, pois, se fosse aberto, o julgador teria discricionariedade para optar pela decisão, o que é uma inverdade.[140]

Em função disso é que Lenio Streck[141] e Dworkin[142] defendem, no contexto do pós-positivismo, não só que há conteúdo normativo no prin-

---

[136] PONTES DE MIRANDA, Francisco Cavalcanti. *Sistema de ciência positiva do direito*. 2.ed. Tomo IV. Rio de Janeiro: Editor Borsoi, 1972. p. 221. Para esse autor, os princípios não são regras gerais e abstratas, nem a forma que molda o sistema jurídico, mas sim aquisições indutivas, conhecimento assente e verficado da matéria social. Os princípios jurídicos são vagos e mutáveis, alterando-se de acordo com as condições sociais em que se apresentam. Se forem apresentados pelo legislador textos que não correspondem a princípios, mas a concepções, haverá uma perturbação do meio, pois a dedução em que se aplica o preceito pressupõe indução legislativa.

[137] STRECK, Lenio Luiz. *Verdade e consenso: constituição, hermenêutica e teorias discursivas*. Rio de Janeiro: Lumen Juris, 2006. p. 498.

[138] ALEXY, Robert. Direitos fundamentais no estado constitucional e democrático de direito. *Revista da Faculdade de Direito da UFRGS*, n. 16, p. 203-214,1999.

[139] DWORKIN, Ronald. *Uma questão de princípio*. 2.ed. São Paulo: Martins Fontes, 2005. p. 135-268.

[140] ver STRECK, Lenio Luiz. *Verdade e Consenso*. 3. ed. Rio de Janeiro, Lumen Juris, 2009, posfácio.

[141] STRECK, Lenio Luiz. *Verdade e consenso: constituição, hermenêutica e teorias discursivas*. Rio de Janeiro: Lumen Juris, 2006. p. 499.

[142] DWORKIN, Ronald. *Uma questão de princípio*. 2.ed. São Paulo: Martins Fontes. 2005. p. 135-268.

cípio, mas também que este fecha a interpretação, trazendo-lhe um limite e definindo que se deva decidir de determinada maneira.

Como se vê, resta assim superada a conceituação pura e simples da escola clássica que defenderia, na eventualidade de uma colisão de princípios, a solução através da ponderação.[143] A ponderação é, na verdade, um álibi do julgador que se protege ou se esconde nela sem demonstrar o porquê de a decisão ser tomada desta ou daquela maneira, restando uma crença de que primeiro se interpreta a lei para depois aplicá-la. Até onde se sabe, não há interpretação prévia da lei, uma vez que a aplicação ocorre na própria interpretação, conforme a hermenêutica gadameriana.

Para Robert Alexy, a solução da colisão de direitos fundamentais deve ser analisada sob a ótica da ponderação. Segundo ele, a ponderação é o terceiro princípio da proporcionalidade do direito constitucional alemão. O primeiro é o princípio da idoneidade do meio, usado para alcançar o resultado com ele pretendido. O segundo é o princípio da necessidade desse meio, de acordo com o qual um meio não é necessário se existir outro menos interventor; o terceiro, o qual deve ser utilizado nesses casos, é o princípio da proporcionalidade em sentido estrito ou da proporcionalidade, sendo aquele que propiciaria a solução do conflito ou da colisão de direitos fundamentais.[144] Como se vê, isso está completamente distante das ideias da interpretação hermenêutica.

A Constituição pátria foi pródiga em explicitar os princípios fundantes do Estado Democrático de Direito. São, portanto, as normas constitucionais que estabelecem inúmeras garantias ao cidadão, entre elas a própria garantia ao processo, sendo este igualmente permeado de outras tantas garantias a fim de resguardar bens maiores, tais como a liberdade e a igualdade.

Sendo o processo também uma garantia, é fundamental avaliar os desafios de uma fundamentação racional do direito. Tal princípio passa pela necessidade de adequação da fundamentação ao projeto constitucional de processo.[145] Aos juízes, em sociedades modernas como a nossa, fica

---

[143] CANOTILHO, José Joaquim Gomes. Princípios: entre a sabedoria e a aprendizagem. *Boletim da Faculdade de Coimbra*, v. LXXXII, p. 1-14, 2006. Sobre o tema dos princípios, o autor afirma que "as normas são ou princípios, ou regras ou são preceitos determinados ou princípios indeterminados (indetermináveis). [(...)] As regras interpretam-se; os princípios concretizam-se. As regras adaptam-se aos modelos tradicionais de interpretação; os princípios apontam para os modelos de concretização e de ponderação". Esse posicionamento evidencia sua filiação à escola clássica, admitindo a ponderação de princípios, e não a sua interpretação.

[144] ALEXY, Robert. Colisão dos direitos fundamentais e realização de direitos fundamentais no estado de direito democrático. *Revista de Direito Administrativo*, Rio de Janeiro, v. I, p. 67-79, 1991.

[145] BARROS, Flaviane de Magalhães. A fundamentação das decisões a partir do modelo constitucional de processo. *Revista do Instituto de Hermenêutica Jurídica*, Porto Alegre, n. 6, p. 131, 2008.

reservada uma missão indispensável de proteção aos direitos fundamentais através da fundamentação.[146]

Há que se concordar com a ideia de Habermas, que sustenta que as decisões judiciais devem satisfazer critérios de segurança jurídica e aceitabilidade racional. Entretanto, seria evidente nosso distanciamento de sua fundamentação para explicar tal ideia. Defende ele que, no caso da hermenêutica jurídica, esta leva a sério a pretensão de legitimidade de decisões judiciais, de modo que se mediria a racionalidade de uma decisão pelos *standards* que representam os usos e costumes, todavia condensados em normas, por uma sabedoria jurisprudencial que antecede a lei, razão pela qual a indeterminação processual poderia reduzir-se gradualmente mediante referência a princípios. Esses princípios, contudo, só podem legitimar-se pela história dessa modalidade de direito e de vida em que o próprio juiz esteja inserido de maneira contingente.[147]

A premissa de Habermas é válida; porém, em nosso sentir, não por sua justificação. Com base em suas concepções, justificar-se-ia a criação de diversas leis no sentido de oferecer uma resposta pronta às hipóteses que se apresentem como novas, assim como a criação de um método capaz de solução do litígio, de forma rápida e profilática, que por certo não passa pela análise do caso concreto. Não se pode, no entanto, concordar com isso, pois significaria a concordância com a submissão do particular ao coletivo, avalizando-se a ideia de um positivismo legal a ser posto em prática através de uma aplicação dedutivista do intérprete, que extrairia da norma o seu correto sentido.

Justamente o que se defende é esta impossibilidade, haja vista que cada situação concreta e cada caso não estão previstos na generalidade da lei. Segundo Inocêncio Borges da Rosa:

> (...) se ponderar que o legislador, seja ele qual for, não pode prever todos os casos concretos que venham surgir em juízo. Tal previsão é impossível, em conseqüência da falibilidade humana, da limitação da Ciência, da relatividade das coisas e da mobilidade e complexidade da vida social. Além disto, não se deve fazer Lei casuística, porque esta, com o seu caráter de estabilização do direito, contraria a evolução jurídica e cria obstáculos à aplicação individualizada dos textos legais. (*sic*)[148]

Interpretar é sim concretizar a lei na sua aplicação em cada caso. A Constituição, como base dos anseios sociais, iniciadora, sob diversos

---

[146] ORDÓÑES SOLÍS, David. *Jueces, derecho y política: los poderes del juez en una sociedad democrática.* Navarra: Thomson Aranzadi, 2004. p. 63.

[147] HABERMAS, Jungen. *Faticidad y validez: sobre el Derecho y el Estado Democrático de Derecho en términos de teoria del discurso.* 2.ed. Madrid: Trotta, 2000. *passim.*

[148] ROSA. Inocêncio Borges da. *Processo civil e comercial brasileiro.* Vol. I. Porto Alegre: Livraria do Globo, 1940. p. 8.

aspectos, de estabelecimentos de garantias e preceitos, é base e deve ser aplicada, refratando suas normas em todo e qualquer processo. Dessa forma, suas garantias propagam-se em todos os processos e afiançam a aplicação da Constituição nos processos.

Todas as garantias estabelecidas na Constituição devem ser aplicadas de maneira evidenciada ao processo, uma vez que ela, justamente por ter sido concebida por um processo democrático, estabelece o Estado Democrático de Direito.

A fundamentação é tida como garantia fundamental, feita a partir da aplicação integrada em qualquer processo interpretativo do direito. A defesa da compreensão do direito sob a ótica da hermenêutica filosófica evidencia a necessidade constante da fundamentação, pois esta, que se dá no círculo hermenêutico, garante à sociedade a segurança necessária para a manutenção do Estado Democrático de Direito. Com isso, a fundamentação da decisão do caso concreto demonstra que a resposta dada ao jurisdicionado é a correta, ou se se quiser, a resposta adequada à Constituição.

Nesse sentido, a aplicação da Constituição não pode acontecer apenas como norma fundamental, mas sim em primeiro plano para que se mantenha o Estado Democrático de Direito. As noções de força normativa da Constituição e de Constituição compromissária, para Lenio Luiz Streck:

> Não podem ser relegadas a um segundo plano, especialmente em países em que as promessas de modernidade contempladas nos textos constitucionais carecem de uma maior efetividade. Neste sentido, para um melhor entendimento/enfrentamento de toda esta problemática, é necessária uma discussão sobre o papel do direito (portanto, da Constituição) e da jurisdição constitucional no Estado Democrático de Direito, assim como das condições que possibilitem a implementação/concretização dos direitos fundamentais sociais a partir desse novo paradigma de Direito e Estado. Indubitável a relevância do constitucionalismo.[149]

Outrossim, a aplicação da norma dirigente, de acordo com a hermenêutica filosófica, retoma a necessidade de fundamentação da decisão para que se demonstre ao jurisdicionado que se chegou à decisão correta/adequada para o caso concreto.

A Constituição federal, de em seu artigo 93, inciso IX, consagrou o princípio segundo o qual é imperativa a necessidade de fundamentação de toda a decisão judicial ao preconizar que "todos os julgamentos dos órgãos do Poder Judiciário serão públicos, e fundamentadas todas as decisões, sob pena de nulidade, podendo a lei limitar a presença, em determinados atos, às próprias partes e a seus advogados, ou somente a estes,

---

[149] Disponível em: http://www.leniostreck.com.br/midias/Artigo_Valladolid.doc. Acesso em: 05.10.05.

em casos nos quais a preservação do direito à intimidade do interessado no sigilo não prejudique o interesse público à informação (...)".[150]

Não há dúvida de que a fundamentação é princípio constitucional. Nesse sentido, José Joaquim Gomes Canotilho indaga:

> Mas o que deve entender-se por princípios consignados na Constituição? Apenas os princípios constitucionais escritos ou também os princípios constitucionais não escritos? A resposta mais aceitável, dentro da perspectiva principialista (...), é de que a consideração de princípios constitucionais não escritos como elementos integrantes do bloco da constitucionalidade só merece aplauso relativamente a princípios reconduzíveis a uma densificação ou revelação específica de princípios constitucionais positivamente plasmados.[151]

Para ser princípio constitucional, não cabem digressões acerca das normas. Ele deverá estar implícita ou explicitamente presente na Constituição, pois, do contrário, não o é. No presente caso está.

Fundamentação da decisão, entretanto, não é ato de vontade do julgador, não é um ato discricionário, mas sim uma imposição que é fixada pela Constituição e a qual ele deve cumprir. Então, o juiz, ao decidir, sempre decidirá algo, normalmente entre duas teses, sob a égide de uma lei que embasa a pretensão do autor e, além disso, terá de cumprir a determinação constitucional de seu dever de fundamentar. Deverá, portanto, expor os motivos que o levaram a determinada conclusão, o que deu causa para decidir-se em favor do pedido do autor ou sobre a defesa do réu.

> E motivar significa dar as razões pelas quais determinada decisão há de ser adotada, expor suas justificações. A racionalidade e, desta forma, a legitimidade da decisão perante os jurisdicionados decorrem da adequada fundamentação por meio das razões apropriadas.[152]

Não há exceção ao dever de fundamentação.[153] É certo que a imposição de fundamentar abarca qualquer tipo de decisão, seja ela definitiva, seja interlocutória. Como se vê, a imposição do comando basilar constitucional de fundamentar a decisão não difere entre a decisão mais simples da mais complexa, não toma qualquer parâmetro a não ser o da generalização da imposição do princípio de fundamentar. Conforme Nelson Nery Jr.:

> Fundamentar significa o magistrado dar as razões, de fato e de direito, que o convenceram a decidir a questão daquela maneira. A fundamentação tem implicação substancial e não meramente formal, donde é lícito concluir que o juiz deve analisar as questões postas a seu julgamento.[154]

---

[150] Constituição Federal do Brasil/88, artigo 93, inciso IX.

[151] CANOTILHO, José Joaquim Gomes. *Direito constitucional*. 5.ed. Coimbra: Almedina, 1992. p. 980.

[152] MENDES, Gilmar Ferreira et al. *Curso de direito constitucional*. São Paulo: Saraiva, 2007. p. 497.

[153] Salvo as próprias exceções em lei.

[154] NERY JR., Nelson. *Princípio do processo na Constituição federal: processo civil, penal e administrativo*. 9ª edição, revista, ampliada e atualizada. São Paulo: Revista dos Tribunais, 2009. p. 286.

Fundamentar é dever constitucional e condição de validade de qualquer decisão, seja ela qual for. Não importa o tipo de norma que embasará a decisão – se infraconstitucional ou constitucional – nem se a decisão terá como suporte princípios ou regras.[155] Estas, para a compreensão do direito como um sistema pleno, deverão ser subordinadas aos princípios, inclusive e essencialmente o da fundamentação. Desta feita, não está errado considerar os princípios como diretores de uma relação existente ou possível.

A motivação é justamente a garantia fundamental de que a decisão seja correta do ponto de vista constitucional e principiológico, pois ela explicita o caminho, a matriz de racionalidade da própria decisão e, por conseguinte, dirá se a decisão é materialmente autêntica ou não.

A regra constitucional e hierarquicamente superior à norma infraconstitucional é condição de sentido da norma infraconstitucional. No caso, a regra constitucional é geral e aplicável a qualquer espécie de decisão.[156] Mesmo os que negam a interpretação da norma através da hermenêutica filosófica têm de se render ao primado principiológico constitucional, seja por ser princípio, seja por ser constitucional; seja por sua posição hierárquica no topo, seja por sua posição na base da pirâmide hierárquica.

Para a escola clássica, não restaria sem resposta ainda a hipótese de antinomia entre princípios, porque a antinomia seria de fácil solução. Em havendo colisão entre princípios, deve haver uma ponderação, não para gerar o extermínio de um dos princípios em contradição, mas para que naquele determinado caso seja propiciado maior resultado.

Entretanto, para a hermenêutica, tal medida não é possível, tendo em vista que não se admite uma análise para dada aplicação. A aplicação ocorre na própria interpretação, extirpando, assim, a ponderação da aplicação dos princípios. Como se vê, a problemática trazida pela antinomia das normas ou teses resta absolutamente superada pela hermenêutica.

No que tange à antinomia entre o princípio da fundamentação e outro constitucional, há sempre que se sopesar o caráter social que tem a motivação, haja vista que ela possibilita o controle das decisões e assegura às partes e à sociedade quais são os parâmetros utilizados para decidir determinado caso concreto. Não há, até então, o desconhecimento de que a necessidade de fundamentação seja princípio constitucional. Assim, não se pode dar outra leitura qualquer senão a impossibilidade de decidir sem fundamentar.

---

[155] Emprega-se aqui a distinção que Dworkin faz entre princípios e regras.
[156] CANOTILHO, José Joaquim Gomes. *Direito constitucional*. Coimbra: Almedina,1996.

Ocorre, entretanto, que, não obstante conste na Constituição a imperatividade da fundamentação, dois fatores concorrem para o problema da motivação: primeiro, este não é um problema de todo enfrentado pela doutrina; segundo, quando o é, torna-se conexo à natureza e à estrutura da decisão judicial.[157] Isso ocorre porque a norma é ampla e, portanto, indeterminada, o que contribui para que tal princípio seja muito mais um princípio de congruência da legislação ordinária, quando em verdade poderia ter uma perspectiva mais ampla ao juiz, não no sentido formal de impor-lhe a obrigação de fundamentar a decisão, mas sim no sentido substancial de fixar os requisitos mínimos para que se diga que uma decisão está fundamentada.

Há, contudo, que se tomar cuidado, pois a imposição constitucional, apesar de não revelar explicitamente a necessidade de análise do caso concreto, não subsistirá de maneira hígida em relação a outros direitos fundamentais nela previstos, quais sejam, a isonomia, a igualdade e o próprio Estado Democrático de Direito, se não houver a fundamentação ante a análise do caso concreto.

2.2.1. O processualismo brasileiro – o problema da instrumentalidade

Causa espécie o rumo que o direito processual civil tomou ao se verificar que, com frequência, o direito civil sucumbe diante do formalismo. As normas processuais e seus rigorismos por vezes fazem com que a parte deixe de obter o bem da vida em razão do formalismo imposto pelas regras processuais. Há que se ter presente que "o processo civil serve à realização do direito material, decisivamente modelado por fatores políticos, ideológicos, históricos".[158]

O Tribunal Superior do Trabalho, por exemplo, ao ditar a Súmula 74,[159] criou regramento processual no verbete ao definir no inciso II que "A prova pré-constituída nos autos pode ser levada em conta para confronto com a confissão ficta (art. 400, I, CPC), não implicando cerceamento de defesa o indeferimento de provas posteriores". Ora o "novo"

---

[157] TARUFFO, Michele. *La motivazzione della sentenza civile*. Padova: CEDAM, 1975. p. 3.

[158] BAUR, Fritz. Transformações do processo civil em nosso tempo. *Revista Brasileira de Direito Processual*, Uberaba, 3º trimestre, v. 7, p. 57-68, 1976.

[159] BRASIL. Tribunal Superior do Trabalho. Enunciado nº 74 RA 69/1978, DJ 26.09.1978. Incorporada a Orientação Jurisprudencial nº 184 da SBDI-1 Res. 129/2005, DJ 20, 22 e 25.04.2005.
Pena de Confissão Trabalhista
I – Aplica-se a pena de confissão à parte que, expressamente intimada com aquela comunicação, não comparecer à audiência em prosseguimento, na qual deveria depor (ex-Súmula nº 74 RA 69/1978, DJ 26.09.1978).
II – A prova pré-constituída nos autos pode ser levada em conta para confronto com a confissão ficta (art. 400, I, CPC), não implicando cerceamento de defesa o indeferimento de provas posteriores (ex-OJ nº 184 Inserida em 08.11.2000).

regramento processual vai contra o próprio instituto da confissão que ele vem a regular. No caso da confissão, pode-se classificá-la de duas maneiras: expressa e ficta.

No caso da confissão expressa, não cabe prova em contrário, tendo em vista que a parte espontaneamente confessou o fato. Porém, a confissão ficta, que é um dos efeitos da revelia, faz com que se presumam os fatos alegados como verdadeiros, embora caiba a essa presunção prova em contrário. Ora, se isso é verdadeiro, e está na própria origem do instituto o cabimento de prova em contrário, como limitar essa prova àquela já trazida aos autos até a aplicação da pena de confissão? O impedimento de produção de prova em contrario é de fato cerceamento de defesa e tolhimento de direito. Portanto, a regra processual emanada do Tribunal Superior do Trabalho demonstra que o formalismo do processo sobrepõe-se ao direito subjetivo da parte e, nesse caso particular, ao próprio direito (instituto).

É antagônica a posição a que se elevou o direito processual, concebido como instrumentalizador do direito material e frequentemente tido como mecanismo e filtragem de recursos, por exemplo, e por que não dizer também de direitos. De acordo com Inocêncio Borges da Rosa:

> O Direito Substantivo ou Material é o direito em tese. A energia potencial, a faculdade de agir; (...) o direito adjetivo ou processual é o direito em atividade, é o meio com o qual a energia potencial, a faculdade de agir pode pôr-se concretamente em ação. Por isto, os Códigos de Processo trazem, em maior ou menor número, preceitos relativos a matérias tidas como de Direito Substantivo, pela necessidade que tem de regular-lhes o exercício e o modo de atuação a fim de poder aplicar a lei material, a fim de fazer o direito efetivo.[160] (*sic*) (grifo do autor)

Conforme referido, o direito processual tem sido usurpado como mecanismo e filtragem de recursos e, consequentemente, na ótica explicitada por Inocêncio Borges da Rosa,[161] também de direitos, ao impossibilitar a análise de determinada situação em razão de regra processual ou mesmo de súmula – v.g. Súmula 83 do Superior Tribunal de Justiça ou a súmula 7 do mesmo tribunal – ou ainda em virtude do artigo 526 ou do artigo 557 do Código de Processo Civil.[162]

Note-se que a inserção do artigo 526, parágrafo único, no ano de 2001, definindo "novo" requisito de admissibilidade para o agravo de instrumento, alterou sobremaneira a disciplina do referido artigo, uma

---

[160] ROSA. Inocêncio Borges da. *Processo civil e comercial brasileiro*. Vol. I. Porto Alegre: Livraria do Globo, 1940. p. 27.

[161] Vide citação referente à nota de rodapé nº 111.

[162] A citação desses dispositivos legais é meramente ilustrativa, lembrando-se que há vários outros que poderiam ser citados.

vez que a comprovada ausência da petição de comunicação de interposição de recurso passou a ser causa para a sua não admissibilidade, embora a doutrina[163] refira que tal inserção aconteceu no sentido de comunicar ao prolator da decisão agravada a interposição de recurso contra a mesma, ato que possibilitaria o juízo de retratação ao magistrado que proferiu a decisão agravada. Ocorre que a aplicação do texto vem sendo aplicada em sua literalidade,[164] negando admissibilidade do preceito. Há uma filtragem dos recursos no caso em apreço, sendo que a mera aplicação literal do dispositivo demonstra a falta de fundamentação.

2.3. A fundamentação como controle de constitucionalidade

O processo, mergulhado nas ideias racionalistas, incorporou as demandas modernas do cientificismo e da necessidade do método. Entretanto, a existência de um método, para o direito processual, não tem sido experiência das mais eficazes, tendo em vista um afastamento do caso em concreto em detrimento da uniformização das decisões. Desta feita, propõe-se o abandono do método e o emprego da hermenêutica filosófica para que se chegue a demonstrar que se está diante da decisão correta ao caso apresentado.

Ainda que não haja um conceito claro de fundamentação, sabe-se que ela apresenta dupla função: a função endoprocessual e a função extraprocessual, sendo seus destinatários tanto as partes processuais quanto a sociedade como um todo, tendo em vista o caráter erga omnes da decisão. A função extraprocessual, conforme explica Taruffo, assegura o controle do modo como o judiciário exercita o poder a ele atribuído.[165] A fundamentação, assim, é garantia da aplicação da norma constitucional e forma de controle constitucional difuso/concentrado. Além disso, é também meio de demonstrar que se está diante da resposta correta para o caso.

A necessidade da motivação das decisões mostra-se evidente para a ideia de garantia de proteção judicial efetiva, inclusive com eventual impugnação, passando por um processo de controle. Daí a necessidade de que todas as decisões sejam fundamentadas.[166]

---

[163] FRANZÉ, Henrique Barbante. *Agravo: frente aos pronunciamentos de primeiro grau no processo civil*. Curitiba: Juruá, 2006. p.175; THEODORO JR., Humberto. *Curso de direito processual civil*. Vol. I, 41.ed. Rio de Janeiro: Forense, 2004. p. 553.

[164] SANTA CATARINA. TJSC. Agravo de Instrumento. AI 128891 SC 2005.012889-1/0001.00. Rel. Sérgio Izidoro Heil. Terceira Câmara de Direito Civil. Julgado em 23.09.2005; STJ. REsp 595.649-SC, DJ 10.05.2004; STJ. REsp 594.930-SP. Rel. Min. Massami Uyeda. Julgado em 09.10.2007.

[165] TARUFFO, Michele. La fisionomia della sentenza in Italia. In: *La sentenza in Europa*. Padova: Cedam, 1988. p. 189.

[166] MENDES, Gilmar Ferreira *et al*. *Curso de direito constitucional*. São Paulo: Saraiva, 2007. p. 497.

Essa premissa de controle pela motivação radica uma razão posterior, que consiste no fato de que, se o que é julgado recai na lide e, portanto, é para as partes que litigam, ao fazer coisa julgada, projeta-se a todos os cidadãos. Isso se torna ainda mais evidente quando se trata de jurisprudência ou de súmula vinculante que determina precedentes de observância obrigatória.[167]

O ordenamento processual civil brasileiro entabula em seu artigo 535 a figura dos embargos declaratórios. Consoante se verifica no texto legal, é cabível a interposição de embargos declaratórios no prazo de cinco dias a partir da intimação da decisão – seja ela interlocutória, conforme preconiza Barbosa Moreira,[168] [169] seja ela terminativa (sentença ou acórdão) – nas hipóteses em que esta contenha obscuridade ou contradição e ainda quando for omitido algum ponto sobre o qual deveria pronuncia-se o juiz ou o tribunal.

Contudo, Adroaldo Furtado Fabrício ressalta que, para a interposição do incidente ou recurso[170] declaratório, "é necessário que, ainda que integralmente vitoriosa, a parte precisa ter alguma vantagem a extrair da

---

[167] RODRIGUEZ, Roger E. Zavaleta. *Razonamiento judicial: interpretación, argumentación y motivación de las resoluciones judiciales.* Lima: ARA Editores, 2007. p. 374.

[168] BARBOSA MOREIRA, José Carlos. *Comentários ao Código de Processo Civil.* Vol. 5, 7.ed. Rio de Janeiro: Forense, 1998. p. 535.

[169] Nesse sentido, decidiu o Superior Tribunal de Justiça no recurso de Embargos de Divergência em Recurso Especial: "É certo que qualquer despacho, mesmo ordinatório, pode conter obscuridade ou contradição (exemplo: despacho designando audiência para data passada). Por outro lado, não menos certo é que os recursos cabem somente nos casos previstos em lei". Argumentos de ordem prática também foram brandidos, entre eles, o das portas que se abrem à chicana, com a possibilidade de interposição de embargos declaratórios de cada decisão interlocutória, todos eles com efeito interruptivo para a interposição de outros recursos. Afirmou-se na ementa que "a interpretação meramente literal do art. 535 do CPC atrita com a sistemática que deriva do próprio ordenamento processual, notadamente após ter sido erigido em nível constitucional princípio da motivação das decisões judiciais" (BRASIL. Superior Tribunal de Justiça. Corte Especial. Ediv no REsp 159.317/DF. Rel. Min. Sálvio de Figueiredo Teixeira. Julgado em 25.04.99. *Revista de Processo*, São Paulo, n. 103, p. 327-335, jul./set. 2001).

[170] A doutrina diverge em relação a se os embargos são recursos ou incidentes. No sentido de que são recursos: Eduardo Talamimi, Sergio Shimura, Gilberto Gomes Bruschi e Nelson Nery Junior. No sentido de que são incidentes: Rômulo de Castro Souza Lima e Pontes de Miranda. TALAMINI, Eduardo. *Embargos de declaração: efeitos.* In: José Miguel Garcia Medina et al. (coord.). 2ª tiragem. São Paulo: Editora Revista dos Tribunais, 2008. p. 663. SHIMURA, Sergio. *Embargos de declaração.* In: José Miguel Garcia Medina et al. (coord.). 2ª tiragem. São Paulo: Editora Revista dos Tribunais, 2008. p. 856. BRUSCHI, Gilberto Gomes. Algumas questões controvertidas dos embargos de declaração. *Revista Autônoma de Processo*, Curitiba, n. 5, p. 61-76, jul./dez. 2008. LIMA, Rômulo de Castro Souza. A natureza jurídica dicotômica dos embargos declaratórios. Disponível em: http://www.buscalegis.ufsc.br/revistas/files/journals/2/articles/17120/public/17120-17121-1-PB.pdf.Acesso em 29.03.2010. PONTES DE MIRANDA, Francisco Cavalcanti; NERY JR., Nelson; NERY, Rosa Maria Andrade. *Código de processo civil comentado.* São Paulo: Revista dos Tribunais, 2010. Nota 1 ao artigo 535. p. 945.

nova resposta jurisdicional pleiteada: maior clareza, melhor completude ou mais rigorosa coerência interna do julgado".[171]

Em se tratando de sentenças e acórdãos, os embargos têm efeito interruptivo,[172] [173] o que retarda ainda mais o processo.[174] É cediça a larga utilização de tal meio para obter da decisão "o que não foi dito" tanto nas hipóteses de obscuridade quanto de contradição na decisão proferida.

Os embargos de declaração, segundo Nelson Nery Jr., têm a finalidade:

> (...) de completar a decisão omissa ou, ainda, de aclará-la, dissipando obscuridades ou contradições. Não têm caráter subsuntivo da decisão embargada, mas sim integrativo ou aclaratório. Como regra, não têm caráter substitutivo, modificador ou infringente do julgado. Não mais cabem quando houver dúvida na decisão.[175]

O que parece não ter sido analisado até o momento é que qualquer uma dessas hipóteses supracitadas representa ausência ou desacordo de fundamentação. Se isso é verdade, e realmente o é, somando-se ao fato de a fundamentação ser uma determinação constitucional, com previsão no próprio texto constitucional de penalidade de nulidade, tem-se que a decisão que carece de embargos declaratórios é nula e, portanto, não pode operar efeitos.[176] [177] Se é nula, não pode ser consertada nem emendada, já que não produz efeitos. Por ser nula, a decisão é ato que não é passível de convalidação.

---

[171] FABRÍCIO, Adroaldo Furtado. Embargos de declaração: Importância e necessidade de sua reabilitação. In: *Meios de impuganação ao julgado civil: estudos em homenagem a José Carlos Barbosa Moreira*. Rio de Janeiro: Forense, 2007. p. 47-96.

[172] CARNEIRO. Athos Gusmão. *Revista Síntese de Direito Civil e Processual Civil*, Porto Alegre, ano 10, p. 5-9, mar./abr. 2001. O autor defende que, para que os embargos declaratórios sejam dotados de efeito interruptivo, os mesmos não podem ser manifestamente improcedentes. Para ele, a atribuição de interruptivo depende do conhecimento dos embargos porque, caso o juiz declare o seu descabimento, afirmando visarem à reforma do julgado ou negando a existência de omissão, obscuridade ou contradição, está em verdade a rejeitar os embargos.

[173] Salvo nas hipóteses de embargos declaratórios das decisões do Juizado Especial, nos termos do artigo 50 da Lei nº 9.099/95, em que o efeito é suspensivo.

[174] Há dados estatísticos sobre o número de recursos processados no Tribunal de Justiça do Estado do Rio Grande do Sul, elaborados por esse próprio órgão e repassados aos desembargadores. Contudo, tal compilação não está à disposição de público externo, já que se trata, conforme referido pela biblioteca e pela direção, de dados internos do relatório anual.

[175] NERY JR., Nelson; NERY, Rosa Maria Andrade. *Código de processo civil comentado*. São Paulo: Revista dos Tribunais, 2010. p. 945.

[176] STRECK, Lenio Luiz. *Verdade e consenso: constituição, hermenêutica e teorias discursivas*. Rio de Janeiro: Lumen Juris, 2009. p. 348.

[177] "Por isso é que uma decisão mal fundamentada não é sanável por embargos (sic); antes disso, há uma inconstitucionalidade *ab ovo*, que a torna nula, írrita, nenhuma". STRECK, Lenio Luiz. *O que é isto? Decido conforme minha consciência?* Porto Alegre: Livraria do Advogado, 2010. p. 101.

Os atos nulos e, por essa razão, impedidos de ser convalidados, podem – e devem – ser conhecidos de ofício pelo juiz, pois tratam de matéria de ordem pública. O ato nulo é aquele que, embora contenha todos os elementos necessários para a sua existência, foi praticado com violação à ordem pública, aos bons costumes e à lei ou com inobservância da forma prevista em lei. Como se vê, seria o caso exato da decisão sem fundamentação ou com parca fundamentação. A necessidade de interposição de embargos declaratórios, nos termos que a lei propõe, evidencia que a decisão atacada pelos embargos declaratórios não está de acordo com a imposição constitucional. A decisão, portanto, é inconstitucional, porque fere o preceito do artigo 93, inciso IX, da Constituição.

Por certo se admite que algum erro material na decisão possa ser sanado através da figura dos embargos declaratórios. No entanto, o que se tem é que tal remédio é utilizado não só para essas situações, mas também para as hipóteses supramencionadas, ou seja, em conformidade com o enunciado do artigo 535 do Código de Processo Civil, mas em desacordo com a Constituição.

Aspecto interessante é que tramita no Senado o Projeto de Lei nº 138/2004 para a extinção dos embargos declaratórios, que foi apresentado pelo então senador Pedro Simon. Mais peculiar ainda é o que se depreende da leitura de tais proposições: ainda que fale em extinção dos embargos declaratórios, é fato que a lei reconhece como legítima a possibilidade de "pedido de correção", e que este tem as mesmas características que os embargos.

A ideia que concerne à proposta de mudança é dúplice: atribuição de tratamento isonômico a todos aqueles que buscam justiça e prestação jurisdicional mais breve, sem a supressão de qualquer garantia. O texto da proposta legislativa prevê alterações no Código de Processo Civil, com a supressão da previsão dos embargos declaratórios e a alteração do artigo 463, para em seu inciso II prever "por meio de pedido de correção", acrescentando ao artigo 463 as letras A, B, e C. Desta feita, o referido projeto apresenta a seguinte redação:

> Art. 463-A. Cabe pedido de correção quando:
> a) houver na decisão, na sentença ou no acórdão, manifesta obscuridade ou contradição;
> b) omitido ponto sobre o qual deveria ter-se pronunciado expressamente o juiz ou tribunal;
> c) o julgamento houver sido proferido com manifesto erro formal.
> § 1º Não cabe pedido de correção visando à reforma da decisão em seu mérito, ou ao reexame de questões jurídicas já decididas (art. 17, IV);
> § 2º A mesma parte não poderá apresentar segundo pedido de correção, sem prejuízo de a matéria poder ser renovada, como preliminar, no recurso que venha a interpor.

Art. 463-B. O pedido de correção será formulado no prazo de cinco dias e conterá indicação precisa do ponto obscuro, contraditório ou omisso, ou do erro formal cometido. Nos casos em que se alegue que o dispositivo foi contraditório ou omisso, será aberta vista à parte contrária por igual prazo.

Parágrafo único. O juiz apreciará o pedido em cinco dias; nos tribunais, o relator apresentará o pedido ao colegiado na sessão subseqüente, proferindo voto.

Art. 463-C. O pedido de correção interrompe o prazo para a interposição de recurso por qualquer das partes.

Parágrafo único. Quando o pedido for manifestamente protelatório, o juiz ou o tribunal, assim o qualificando, condenará a parte ao pagamento, em favor da parte contrária, de multa não excedente a cinco por cento sobre o valor da causa.

Art. 2º Ficam revogados os artigos 535, 536, 537 e 538 do Código de Processo Civil.[178]

Como se pode notar, esta é uma alteração *de loci*, haja vista que tanto o "pedido de correção" quanto os embargos declaratórios servem para o mesmo fim, e estes passariam a existir sob outra roupagem.

A falta de fundamentação fere um preceito fundamental, impedindo que se verifique a adequação da decisão. Veja-se, por exemplo, que o Supremo Tribunal Federal editou, sob o número 317, súmula com a seguinte redação: "São improcedentes os embargos declaratórios, quando não pedida a declaração do julgado anterior em que se verificou a omissão".

Ocorre que diversas decisões de tribunais brasileiros[179] demonstram que aquelas que aplicam a referida súmula são nulas, uma vez que, ao fazê-lo, deixam de fundamentar a decisão, limitando-se a mencionar que mantêm as razões de decidir da sentença de primeiro grau.

Ora, o acórdão é decisão que irá substituir a decisão de primeiro grau em sua íntegra. Desta feita, se menciona como razões de decidir os argumentos da sentença, com ou sem obscuridade, contradição ou omissão, ele não fundamenta. Assim, resta a decisão sem fundamentação e, portanto nula.

---

[178] Projeto de Lei nº 138/2004, em tramitação no Senado.

[179] BRASIL. Tribunal Regional Federal. 1ª Região. EMBARGOS DE DECLARAÇÃO NOS EMBARGOS INFRINGENTES NA AR: EDEIAR 25131 DF 94.01.25131-2. Relator(a): Juiz Vicente Leal. Julgamento: 27.06.1995. Órgão Julgador: Segunda Seção. Publicação: 02.06.1997 DJ p. 39187 Processual Civil. Embargos de Declaração em Embargos Infringentes em Ação Rescisória. Matéria Preclusa. Omissão. Inexistência. BRASIL. Tribunal de Justiça do Paraná. Embargos de Declaração Cível: EMBDECCV 1682026 PR Embargos de Declaração Cível 0168202-6/02. Relator(a): Dulce Maria Cecconi. Julgamento: 27.08.2001. Órgão Julgador: Oitava Câmara Cível (extinto TA). Publicação: 06.09.2001 DJ: 5958. BRASIL. Superior Tribunal de Justiça. Embargos de Declaração nos Embargos de Declaração no Recurso Especial: EDcl nos EDcl no REsp 447827 DF 2002/0088270-1. Relator(a): Ministro Felix Fischer. Julgamento: 19.05.2004. Órgão Julgador: T5 Quinta Turma. Publicação: DJ 14.06.2004, p. 265.

Logo, a ausência ou o defeito de fundamentação demonstra não apenas que a decisão é nula e está em desacordo com o texto constitucional, como também evidencia flagrante descompasso entre a legislação processual existente e aquela aplicada pelos tribunais nacionais com a Constituição vigente.

3. Discricionariedade *versus* Democracia: a questão da resposta correta/adequada

O presente capítulo aborda a questão da discricionariedade em contraponto com a democracia, tendo como desiderato a (necessidade de obtenção da) resposta correta. A decisão correta ao caso concreto deve estar baseada no direito como integridade, à margem da discricionariedade do decisor, que poderia, através do poder criador que lhe atribui a discricionariedade, decidir de acordo com a sua subjetividade.

Este é o ponto fulcral do problema da fundamentação e das razões pelas quais ela se transformou, no âmbito do Estado Democrático de Direito, em um direito fundamental do cidadão e em um dever (*have a duty*) fundamental do juiz/tribunal. A democracia, portanto, estará ligada umbilicalmente ao controle decisional. Fundamentação não quer dizer "qualquer fundamentação", assim como não se pode atribuir "qualquer significado a um determinado texto".

A decisão, a partir da hermenêutica filosófica, revela faceta completamente antidiscricionária, levando a resposta correta ao caso concreto.[180] Isso se deve ao fato de que o intérprete, ao decidir, deverá levar com conta os seus pré-juízos e a tradição.[181] Nesse contexto, conforme Antonio Henrique Perez Luño, é possível afirmar que a exigência de fundamentação racional:

> Não garante o acerto da decisão judicial. O Tribunal Constitucional adverte que o procedimento argumentativo contribui para que as decisões judiciais sejam elaboradas segundo pautas de racionalidade formal, mas sem que necessariamente o resultado dessas inferências racionais represente a justiça material. Como exemplo significativo desta orientação, pode valer quando se indica a decisão do tribunal Constitucional que diz que o direito a tutela judicial reconhecido no artigo 24.1 da Corte Européia, implica no direito de obter uma resolução fundada em direito em relação a pretensão formulada ao juiz competente, o qual

---

[180] Convém esclarecer que a hermenêutica filosófica não trata da resposta correta propriamente dita. A resposta correta aqui abordada é uma construção doutrinária advinda das teses de Lenio Streck, que faz uma imbricação da hermenêutica filosófica de Gadamer com o direito como integridade de Dworkin, o que pode ser visto especialmente na obra *Verdade e consenso* (STRECK, Lenio Luiz. *Verdade e consenso: constituição, hermenêutica e teorias discursivas*. Rio de Janeiro: Lumen Juris, 2009. p. 324).

[181] Vide item 3.1

deve aplicar de maneira motivada as normas jurídicas aplicáveis e resolver justificadamente a questão que se apresente. Entretanto, o artigo 24.1 D.E. não garante o acerto do órgão judicial enquanto solução do caso concreto.[182]

A fundamentação, pois, é a garantia que o indivíduo tem para saber se está frente a uma decisão correta ou não (adequada à Constituição), já que ela demonstra os motivos pelos quais uma decisão se aplica a determinado caso concreto. Não obstante, a inexistência de fundamentação é própria de regimes autoritários, em que não se pode fazer uso público das razões e decide-se de forma obscura.

Dizer que existe a resposta correta no direito não é o mesmo que dizer que só há única resposta correta. Ou seja, fornecer a resposta certa não significa obter a mesma resposta ou a mesma compreensão sobre um mesmo texto. A resposta correta só se dá no caso concreto. A resposta é correta em relação ao caso concreto. Ora, a fundamentação torna-se necessária justamente para demonstrar a correlação com o caso concreto ou para publicizar tal correlação. É ela que demonstra a análise do caso em si, que evidencia a aplicação correta do direito para aquela situação que é posta a julgamento. É ela que demonstrará que existe resposta correta no direito, ainda que não necessariamente seja a única.

Para que seja efetivo, o acesso à justiça implica, em sua substância, a necessidade da fundamentação exatamente para possibilitar ao cidadão o justo acesso a essa instância. De nada valerá poder ajuizar uma ação se não se puder saber o porquê da manifestação judicial em um ou outro sentido. As concepções dos julgadores da nossa sociedade, por vezes ainda sustentadas em ideias iluministas, justificam o juiz "boca da lei", que não tinha nenhum compromisso com a fundamentação.

Houve, assim, uma ruptura com o paradigma quando, sob a autoridade do Iluminismo, ocorreu um afastamento da vontade divina e, distintamente do que havia até então, surgiu uma visão racionalista. Essa reação foi a resposta direta ao Absolutismo, que se justificava pelo poder divino, metafísico. Com isso, passou-se a priorizar sempre uma resposta baseada na razão e na certeza. Toda questão deveria corresponder somente a uma solução, a qual estaria fundamentada em justificativas que pudessem ser comparadas ao resultado de uma equação matemática.

Decorreu disso a necessidade de conceituar ciência, "restringindo-o aos ramos do conhecimento destinados a medir, pesar e contar fez com que o direito se transformasse num conjunto sistemático de conceitos determinados, com pretensão à eternidade, desvinculando-o da

---

[182] PEREZ LUÑO, Antonio Enrique. Teoria de los derechos fundamentales y transformaciones del sistema constitucional. *Revista da Faculdade de Direito da Fundação Ministério Público*, Porto Alegre, n. 2, p. 43-61, 2008.

história".[183] Esta seria a maneira, através de conceitos sistemáticos, de o direito adquirir o *status* de "ciência". Tal situação, entretanto, levou à equivocada percepção de que a lei deveria aproximar-se da exatidão de uma equação matemática, enquanto a metodologia de seu estudo deveria equiparar-se a uma ciência "exata".[184][185]

Há que se diferenciar algumas hipóteses, quais sejam: a de inexistência de fundamentação, a de falta de fundamentação, a de fundamentação deficiente ou precária e a de discricionariedade e arbitrariedade na fundamentação. É bem verdade que a consequência é a mesma – a nulidade da decisão–,[186] mas ainda assim devem ser tratadas como hipóteses distintas.

Ter discricionariedade é estar livre de condições. Nesse sentido, teme-se que o poder do julgador passe a ser arbitrário. Dizer que o julgador tem liberdade para julgar não é o mesmo que dizer que ele não está atrelado a princípios, regras, faticidade e até mesmo historicidade. Significa dizer que ao julgar – atrelado a todos esses aspectos mencionados e inclusive a uma série de outros tantos – ele o fará com responsabilidade e adequação, no intuito de proferir a decisão correta para determinado caso concreto.

Por um lado, a necessidade de fundamentar é condição de possibilidade para a obtenção de um grau de equivalência (*fairness*) de uma decisão judicial. Por outro lado, a decisão não equânime não necessariamente será aquela que não está motivada. É possível que haja uma decisão fundamentada e que, apesar disso, seja não equânime.

A equanimidade da decisão, esta sim deverá atender a ditames específicos: se a decisão é coerente com as provas trazidas aos autos; se o pedido está devidamente fundamentado; se a norma aplicada ao caso tem relação com os fatos narrados na exordial, e assim sucessivamente. Tal verificação, entretanto, apenas poderá ser feita efetivamente a partir do caso concreto,[187] conforme se defendeu alhures, e no círculo hermenêuti-

---

[183] SILVA, Ovídio Baptista da. *Processo e ideologia: o paradigma racionalista*. Rio de Janeiro: Forense, 2004. p. 01.

[184] SILVA, Ovídio Baptista da. *Processo e ideologia: o paradigma racionalista*. Rio de Janeiro: Forense, 2004. p. 36.

[185] Não se pode olvidar que o primeiro curso de direito da história, fundado em Bolonha, era destinado ao estudo de casos, ao contrário do que foi adotado pelo pensamento moderno, baseado na dogmática e no racionalismo. Assim, em sua origem, os cursos de direito eram muito mais próximos do estudo da realidade do que atualmente. Na verdade, Bolonha discutia casos a partir dos textos romanos, e não a partir de casos encontrados na "faticidade" histórica da época, regida não pelo direito romano, mas sim pelo direito "germânico". Harold Berman fala em um "direito de textos" que dará origem aos glosadores. BERMAN, Harold. *Direito e Revolução. A formação da tradição jurídica continental*. São Leopoldo: Unisinos, 2006. p. 159-181.

[186] Vide subcapítulo 2.3.

[187] RODRIGUEZ, Roger E. Zavaleta. *Razonamiento judicial: interpretación, argumentación y motivación de las resoluciones judiciales*. Lima: ARA Editores, S.D., p. 404.

co.[188] É somente dessa maneira que se poderá verificar de fato se a decisão é adequada ou não, se é razoável e se está devidamente fundamentada.

A inserção da garantia da motivação das decisões, na CF/88, como garantia do cidadão, altera, ou ao menos deveria alterar, o paradigma iluminista do magistrado como "boca da lei", ideia esta apresentada por meio da metáfora de Montesquieu[189] de mero reprodutor do "sentido das normas", como se a aplicação do direito consubstanciasse mera dedução automática da lei (premissa maior) ao caso concreto (premissa menor). O intérprete passa a ser efetivo garantidor de direitos, já que a motivação é capaz de outorgar efetividade à norma.

Ao se decidir, há uma necessária "síntese hermenêutica", como diria Lenio Streck,[190] em que a parada entificadora só se dá em razão da aplicação, da interpretação. Interpretar é aplicar, já disse Gadamer. Esse "dar sentido", porém, deve ser realizado à luz da Constituição. Deve-se, pois, não só vislumbrar a Constituição como norma fundamental, mas também torná-la, via de regra, nesta e em outras circunstâncias, aplicável em primeiro plano para que se mantenha o Estado Democrático de Direito.

A capacidade de responder por suas decisões com razões públicas, gerais e suficientes, no marco de sujeição à Constituição e à lei, mas com sensibilidade à particularidade das circunstâncias do caso, faz do juiz um agente responsável. Não seria errado dizer que a manutenção dessa Constituição e a aplicação dessas regras são condições de possibilidade para o Estado Democrático de Direito. Nesse sentido, Lenio Luiz Streck afirma que:

> As noções de força normativa da Constituição e de Constituição compromissária não podem ser relegadas a um segundo plano, especialmente em países em que as promessas de modernidade contempladas nos textos constitucionais, carecem de uma maior efetividade. Neste sentido para um melhor entendimento/enfrentamento de toda esta problemática é necessária uma discussão sobre o papel do direito (portanto, da Constituição) e da jurisdição constitucional no Estado Democrático de Direito, assim como das condições que possibilitem a implementação/ concretização dos direitos fundamentais sociais a partir desse novo paradigma de Direito e Estado". Indubitável a relevância do constitucionalismo.[191] [192]

---

[188] Vide notas de rodapé n.ºs 206 e 244.

[189] Montesquieu, Charles Louis. *Do espírito das leis*. São Paulo: Martin Claret, 2002, p. 160.

[190] STRECK, Lenio Luiz. *Jurisdição constitucional e hermenêutica: uma nova crítica do direito*. Rio de Janeiro: Forense, 2004. p. 578.

[191] Disponível em: http://www.leniostreck.com.br/midias/Artigo_Valladolid.doc. Acesso em: 05.10.2005.

[192] A expressão "direitos fundamentais-sociais" é utilizada porque os direitos sociais são direitos fundamentais prestacionais. Nesse sentido, a preocupação primordial é com a esfera dos direitos fundamentais a prestações, que tem por objeto uma conduta positiva por parte do destinatário, consistente, por norma, a uma prestação de natureza fática ou normativa. Assim, enquanto os direitos de defesa identificam-se por sua natureza preponderantemente negativa, tendo por objeto abstenções

A toda prova, não parece que tal ideia se distancie das palavras de Konrad Hesse, a saber: "a interpretação adequada é aquela que consegue concretizar, de forma excelente, o sentido *(Sinn)* da proposição normativa dentro das condições reais dominantes numa determinada situação".[193]

A motivação das decisões não só outorga a legitimidade e o controle da decisão, mas sobretudo se constitui em instrumento processual adequado e necessário à garantia dos direitos fundamentais, da cidadania e, mormente, do Estado Democrático de Direito.

A garantia da fundamentação, hermeneuticamente compreendida (Gadamer-Dworkin), constitui uma "blindagem" contra o principal problema exsurgido do positivismo de matriz hartiana-kelseniana: a discricionariedade, que acaba se transformando em arbítrio judicial racionalista.[194]

Kelsen, em seu normativismo, estabelecido na razão pura teórica, optou pela transcendentalidade, baseada na norma jurídica, como esquema deôntico de interpretação, o qual não admite nenhum tipo de valoração no interior da ciência do direito. Com Heidegger, porém, renuncia-se ao processo de fundamentação da subjetividade – baseado numa lógica matemática – em favor da compreensão das estruturas da existência e da faticidade do ser-aí.[195] Heidegger inverte a relação existente entre teoria e prática, propondo a dimensão prática do modo de ser-no-mundo como ponto de partida e abandonando, assim, o esquema deôntico de interpretação que dá margem à discricionariedade.

3.1. Caráter antidiscricionário da hermenêutica filosófica

O estado da arte da operacionalidade do direito, compreendido no processo civil, aponta para a histórica deficiência na fundamentação das decisões,[196] inserida em um paradigma positivista – positivismo aqui en-

---

do Estado, os direitos sociais prestacionais (o que está em causa aqui é precisamente a dimensão positiva que não exclui uma faceta de cunho negativo) têm por objeto precípuo uma conduta positiva do Estado ou dos particulares destinatários da norma, segundo bem assinala Ingo Sarlet (*A eficácia dos direitos fundamentais*. Porto Alegre: Livraria do Advogado, 2004. p. 272 e ss).

[193] HESSE, Konrad. *A força normativa da constituição*. Trad. Gilmar Ferreira Mendes. Porto Alegre: Fabris, 1991. p. 22.

[194] STRECK. Lenio Luiz. *O que é isto? Decido conforme minha consciência?* Porto Alegre: Livraria do Advogado, 2010. p. 98.

[195] OLIVEIRA, Rafael Tomaz. *Decisão judicial e o conceito de princípio*. Porto Alegre: Livraria do Advogado, 2008. p. 167.

[196] O tema motivação passará a ser refletido como fundamentação, mas o será aqui e na tese. Como se trata de uma tese neoconstitucional, deve ser tratada com a terminologia ali contida.

tendido a partir do debate Hart e Dworkin, que tem como problema fulcral a discricionariedade.[197] [198]

É fato que, quanto maior a discricionariedade, menor a democracia, haja vista a própria condição que a discricionariedade se impõe. Ser "discricionário", na acepção da palavra, implica "não ter restrições, condições" e "ser arbitrário". É, portanto, um conceito que vai de encontro à ideia de democracia.

Hans Hüber nomeou a discricionariedade como "o cavalo de troia" dentro do Estado de Direito, tendo em vista o temor ao predomínio incontrolável do administrador, à mercê do qual ficava o administrado.[199] Pondera Lenio Streck que há uma distinção entre decisão e escolha e que, ao se tratar de escolha, deve-se referir que há discricionariedade e, na maioria das vezes, arbitrariedade:

> Existe uma diferença entre Decisão e Escolha. Quer dizer que a decisão, no caso a decisão jurídica – não pode ser entendida como um ato em que o juiz, diante de várias possibilidades possíveis para a solução do caso concreto, escolhe aquela que lhe parece mais adequada. Com efeito, decidir não é sinônimo de escolha. Antes disso, há um contexto originário que impõe uma diferença quando nos colocamos diante destes dois fenômenos. A escolha, ou eleição de algo é um ato de opção que se desenvolve sempre que estamos diante de duas ou mais possibilidades, sem que isso comprometa algo maior do que simples ato presentificado em uma dada circunstância (*sic*).[200]

Não obstante conste na Carta Política a imperatividade da fundamentação, historicamente se encara a problemática da falta de fundamentação. Dizia Michele Taruffo que o problema da fundamentação se apresenta, na realidade, com dois fatores que concorrem para o problema da fundamentação: primeiro, não é um problema de todo afrontado pela doutrina; segundo, quando o é, isso é feito conexo à natureza e à estrutura da decisão judicial.[201] Concorre para esse problema o fato de a norma que impõe a necessidade de fundamentação ser ampla e, portanto, indeterminada, deixando espaço para a discricionariedade do juiz quanto à "forma" e à "quantidade" de fundamentação.

---

[197] STRECK, Lenio Luiz. *O que é isto? Decido conforme minha consciência?* Porto Alegre: Livraria do Advogado, 2010. p. 89.

[198] É bem verdade que o discricionarismo da textura aberta de Hart também pode ser visto em Kelsen, conforme a ideia de aplicação na "moldura da norma".

[199] HÜBER, Hans. Apud MONTE ALEGRE, Francisco. Urgência e relevância – discricionariedade – a contribuição do STF para a permanência do cavalo de tróia dentro do Estado de Direito. *Revista Brasileira de Direito Público*, v. 7, n. 27, p. 9-25, s.d.

[200] STRECK, Lenio Luiz. *O que é isto? Decido conforme minha consciência?* Porto Alegre: Livraria do Advogado, 2010. p. 97.

[201] TARUFFO, Michele. *La motivazzione della sentenza civile*. Padova: CEDAM, 1975. p. 3.

Por ser norma ampla, assevera Michele Taruffo, isso contribui para que tal princípio seja muito mais um princípio de congruência da legislação ordinária quando, em verdade, poderia ter uma perspectiva mais ampla ao juiz – não no sentido formal de impor-lhe a obrigação de fundamentar a decisão, mas sim, no sentido substancial de fixação dos requisitos mínimos para que se diga que uma decisão está fundamentada.

A falta de fixação desses requisitos mínimos e a manutenção do espectro amplo deixa o cidadão à mercê da discricionariedade, dando espaço a uma decisão não efetivamente fundamentada e menos democrática. A falta de fundamentação se dá ou por falta efetiva de uma fundamentação consistente da decisão prolatada, ou por total desatendimento ao ditame constitucional.

Pensar na aceitação de decisões imotivadas, *in abstrato*, gera insegurança social, enquanto se deparar efetivamente com decisões imotivadas gera insegurança jurídica, uma vez que isso significa aceitar a absoluta discricionariedade do juiz e o desconhecimento da causa que determinou a decisão. A decisão não fundamentada não deixa de fazer contraposição de dois textos legais: o constitucional, que erige o princípio da fundamentação, e outro que embasa a decisão do caso concreto.[202]

Isso gera, por conseqüência, outra observação que deve ser feita: o sistema está concebido para justificar suas decisões através de textos legais. A cultura jurídica continental parte do princípio de que o juiz está vinculado unicamente à lei, cujo intérprete exclusivo é o próprio legislador.[203] O julgador, via de regra, tende a basear a fundamentação de sua decisão em regras, normas e leis, deixando de lado uma motivação substancial que lhe é inerente: sua historicidade.

A decisão do caso pode e vai modificar-se, pois é "fruto de sua interação com a realidade, e não de uma visão herdada ou limitada pelo conhecimento puramente mental".[204] A hermenêutica não admite o método nem a discricionariedade, mas reconhece a necessidade de uma teoria da decisão. Como não se pode separar uma questão de fato e de direito, em razão da circularidade do círculo hermenêutico, impõe-se a compreensão do texto no círculo. Só assim se pode solver a problemática da validade da interpretação, já que o relativismo apontado frente à ausência de método é combatido pela autoridade da tradição, que serve como blindagem contra interpretações arbitrárias e/ou decisionismos.

---

[202] A norma é sempre produto da interpretação de um texto; portanto, a decisão é o *locus* da normatização do direito, que em hipótese alguma pode estar separado do texto e de seus limites semânticos.

[203] ORDÓÑES SOLÍS, David. *Jueces, derecho y política: los poderes del juez en una sociedad democrática*. Navarra: Thomson Aranzadi, 2004. p. 107.

[204] MAGALHÃES, Dulce. Arte de mestre. In: *O amanhã*. PHD em Filosofia. Outubro de 2007, p. 72.

É justamente nesse sentido que se dá a fusão de horizontes com base na historicidade do intérprete.[205] A produção desse sentido só pode ocorrer através de um processo de compreensão a partir de uma situação hermenêutica,[206] dentro do círculo hermenêutico.[207]

Conforme Arango, a concepção de direito do julgador, ainda que às vezes pareça pouco amadurecida, incide em sua atividade e determina em boa medida suas decisões. Existe, segundo esse entendimento do trabalho judicial, continuidade entre direito, moral e política que os juízes podem analisar em relação às suas implicações para os potenciais destinatários de suas decisões e para a sociedade em geral.[208]

---

[205] Essa historicidade que as teorias hermenêuticas reivindicam como horizonte no qual o saber das ciências humanas acontece não se confunde com uma espécie de consciência historiológica, entendida como conhecimento acumulado dos eventos do passado. Em *Ser e tempo*, iniciando a analítica existencial do *Ser-aí*, Heidegger precisa estabelecer um aceno prévio do modo-de-ser desse ente. No § 6º, no qual o filósofo anuncia a tarefa de uma destruição da história da ontologia, ele afirma que o *Ser-aí* "é" seu passado. O *Ser-aí* é seu passado na forma própria do seu ser, o qual acontece sempre desde o seu futuro. O filósofo mostra algo que pode soar estranho: ele afirma que o passado do *Ser-aí* não se situa atrás desse ente, mas sempre e a cada vez lhe antecipa. Ou seja, as possibilidades do *Ser-aí* são limitadas por aquilo que de alguma forma ele já é. Heidegger denomina esse ter de ser o que já é como estar-jogado-no-mundo, ao passo que sua existência, enquanto possibilidade, é denominada como estar-lançado. Em seu ter de ser, ou estar-jogado-no-mundo, o *Ser-aí* já se encontra sempre imerso numa tradição, embora disso ele não seja necessariamente consciente. Esse ser histórico que perpassa o *Ser-aí* é o que propriamente designa sua *historicidade*. Como diz Gadamer: "ele só possui tal consciência porque é histórico. Ele é seu futuro, a partir do qual ele se temporaliza em suas possibilidades. Todavia, o seu futuro não é o seu projeto livre, mas um projeto jogado. Aquilo que ele pode ser é aquilo que ele já foi" (*Hermenêutica em retrospectiva*. Vol. I. Petrópolis: Vozes, 2007. p. 143). Disso decorre a necessidade de se diferenciar, através da linguagem, essa especificidade do *Ser-aí*. Heidegger joga, então, com a palavra alemã Geschehen, que significa *acontecer*. De Geschehen o filósofo deriva Geschichte e Geschichtlichkeit. Com o termo Geschichte, Heidegger refere-se à história como *acontecer* humano, diferentemente de *Historie*, que designa a ciência dos eventos históricos. Já Geschichtlichkeit, que se traduz tradicionalmente por *historicidade*, refere-se ao caráter de *acontecencia* que reveste a própria existência humana. Isso permitirá ao filósofo mostrar que a ausência de um saber histórico não é, de forma alguma, prova *contra* a historicidade do *Ser-aí*. Na verdade, enquanto modo deficiente dessa constituição de ser, é uma prova a seu *favor*, pois determinada época só pode carecer de sentido histórico (*unhistorisch sein*) na medida em que é historial (Geschichtlich). Assim, o universo de fundamentação e limites das ciências humanas deve ser pensado a partir da historicidade do ser humano, de uma apropriação positiva do passado e da plena posse de suas mais próprias possibilidades e questionamentos (Cf. *Ser y tiempo*. Tradução de Jorge Eduardo Rivera. Madrid: Trotta, 2006. pp 43-50).

[206] STRECK, Lenio Luiz. *Hermenêutica e(m)crise*. Porto Alegre: Livraria do Advogado, 2005. p. 19.

[207] STEIN, Ernildo. *Racionalidade e existência: uma introdução à filosofia*. Porto Alegre: LP&M, 1988. p. 79. Sobre o círculo hermenêutico, no sentido que assume em Heidegger, Stein anota o seguinte: "O homem se compreende quando compreende o ser, para compreender o ser. Mas logo em seguida Heidegger vai dizer: 'Não se compreende o homem sem se compreender o ser'. Então a ontologia fundamental é caracterizada por esse círculo: estuda-se aquele ente que tem por tarefa compreender o ser e, contudo, para estudar esse ente que compreende o ser, já é preciso ter compreendido o ser. O ente homem não se compreende a si mesmo sem compreender o ser, e não compreende o ser sem compreender-se a si mesmo; isso numa espécie de esfera antepredicativa que seria o objeto da exploração fenomenológica – daí vem a idéia de círculo hermenêutico no sentido mais profundo".

[208] ARANGO, Rodolfo. *Derechos, constitucionalismo y democracia*. Bogotá: Universidad Externado de Colombia, 2004. p. 220.

A existência de uma antinomia dessa monta está baseada na existência de uma interpretação prévia que faz o juiz pensar que não necessita interpretar o caso concreto. A ele transparece que a lei é suficiente e capaz por si só de justificar a decisão tomada, tendo em vista que esta "contém", desde a sua criação, todas as hipóteses que ela poderia ter de abarcar. Ao aplicar a lei, o intérprete tem reiteradamente esquecido que é apenas no círculo hermenêutico que ele pode chegar à resposta correta, pois é nela que surge uma parada entificadora que desvela o ser.[209] [210]

O discurso fundamentalista não pode prosperar, eis que não há como aceitar a ideia de uma onipresença legislativa, assim como não é possível aceitar o direito como um conjunto de desconexos casos concretos. Isso representaria uma postura pragmática sobre o direito, baseada num direito fundamentalista, ou seja, a ideologia do caso concreto que representa uma postura pragmaticista sobre o direito.

Como se sabe, o direito está sempre atrás dos fatos (tentando alcançá-los), regulando as modificações já ocorridas na sociedade, muitas vezes sem conseguir atender às mudanças recentes sob o argumento míope de que não há previsão legal. Por mais completo que seja um ordenamento jurídico e por mais que o legislador busque alcançar a evolução social através da promulgação de novas leis, sabe-se que tal tentativa é inócua, tendo em vista a velocidade da transformação social.

Mais uma vez se justifica a argumentação da hermenêutica filosófica, já que esta respalda o compreender, de acordo com a historicidade do intérprete-jurista. Enquanto a hermenêutica clássica trabalha com a perspectiva de uma *Auslegung* ("arrancar" um sentido acoplado do texto, como se a lei tivesse um sentido em si mesmo, objetificado), a filosofia hermenêutica dá um salto em direção a uma *Sinngebung* (produção de sentido) na qual o intérprete adjudica o sentido a partir de sua condição de ser no mundo em dada situação hermenêutica.[211]

O juiz julga com base em seus pré-juízos,[212] mas estes não são apenas obras do próprio julgador, pois também vêm pela tradição. Assim,

---

[209] STRECK, Lenio Luiz. *Hermenêutica e(m) crise*. Porto Alegre: Livraria do Advogado, 2005. p. 199.

[210] A resposta correta não pode ser (e não é) uma questão de método ou procedimento. A resposta correta remete à reconstrução principiológica do sentido do direito diante de um caso concreto, mas isso não decorre do emprego de um método rígido ou de um procedimento ao estilo da ponderação.

[211] STRECK, Lenio Luiz. *Jurisdição constitucional e hermenêutica*. 2.ed. Rio de Janeiro: Forense, 2004. p. 580. Nesse sentido, ver também Gadamer (GADAMER, Hans-George. *Verdade e método II*. 2.ed. Petrópolis: Vozes, 2005), em especial o texto intitulado "Hermenêutica clássica e hermenêutica filosófica" (p. 111 e ss).

[212] SERNA, Pedro (dir.). *Hermenéutica y relativismo: una aproximación desde el pensmento de Arthur Kaufmann. De la argumentación jurídica a la hermenéutica*. 2.ed. Granada: Editorial Comares, 2005. p. 298. Conforme Serna, "o pré-juízo constitui-se, pois, a partir da tradição, de um imaginário das coordenadas histórico-culturais gerais, porém essa tradição vê-se modificada e enriquecida permanentemente

como se pode perceber, a decisão no círculo hermenêutico não é livre, podendo o juiz decidir da maneira que melhor compreende. Isso acontece porque ele estará sempre vinculado à tradição, devendo, portanto, suspender seus pré-juízos na perspectiva de "ouvir" corretamente o que lhe "fala" a tradição. A antecipação de sentido, que guia a compreensão de um texto, não é subjetiva, pois está determinada com a tradição. Esta, por sua vez, não é um pressuposto acabado, mas sim em constante formação e transformação com o meio: trata-se de uma contínua formação instaurada quando há compreensão, o que faz com que o intérprete participe do acontecer da tradição.[213]

É fato que qualquer decisão, por mais simples que possa parecer, deve ser fundamentada.[214] A fundamentação consubstancia, inclusive, outras garantias igualmente constitucionais, como o contraditório e a ampla defesa.[215] Outrossim, é a fundamentação que demonstra como sendo latente o princípio da isonomia, pois evidencia a toda prova a razão de decidir, os motivos pelos quais a interpretação aconteceu de uma forma ou de outra. O desvelamento aparece da maneira mais evidente, impossibilitando uma jurisdição dirigida, maculada e favorecedora.

---

pela compreensão de cada intérprete, orientada também por seu horizonte vital pessoal e pelo problema concreto que se tem à frente. Assim, a tradição condiciona a compreensão, mas não é um fator de determinismo nela, porque o intérprete pode transcendê-la modificando-a, recriando-a, enriquecendo-a". (Tradução livre: *El prejuicio se constituye, pues, desde la tradición, desde un imaginario procedente de las coordenadas histórico-culturales generales, pero esa tradición se ve modificada y enriquecida permanentemente por la comprensión de cada sujeto, orientada también por su horizonte vital personal y por el problema concreto que tiene delante. La tradición condiciona, pués, la comprensión, pero no es un factor de determinismo en ella porque el sujeto puede trascenderla modificándola, recreándola, enriqueciéndola.*)

[213] SERNA, Pedro (dir.). *Hermenéutica y relativismo: una aproximación desde el pensmento de Arthur Kaufmann. De la argumentación jurídica a la hermenéutica*. 2.ed. 2005: Editorial Comares, Granada. p. 297. (Tradução livre: *A ello debe añadirse que el prejuicio no es completamente obra del sujeto que comprende, sino que aparece proporcionado pela tradición (...) describe la comprensión formal como la interpretación del movimiento de la tradicion y del movimiento del interprete. La anticipación de la tradición y del movimiento del interprete. La anticipación de sentido que guia nuestra comprensión de un texto, no es un acto de la subjetividad sino que se determina desde la comunidad que nos une con la tradición. Pero en neustra relación con la tradición, esta comunidad está sometida a un proceso de continua formación. No és simplesmente un pressupuesto bajo el que nos encontramos siempre, sino que nosotros mismos la instauramos quanto que comprendemos, participamos del acontecer de la tradición y continuamos determinándolo así desde nosotros mismos.*)

[214] A menção de "decisão simples" remete à discussão entre casos fáceis *versus* casos difíceis, que Lenio Streck já demonstrou estar superada, tendo em vista que é a faticidade do intérprete que dirá se a reconstrução princípiológica foi "simples" ou "complicada". Assim, se não há casos simples, também não há uma decisão simples; há tão somente decisão. É a faticidade do intépete que dirá se a reconstrução princípiológica foi "simples"ou "complicada".

[215] Merecem atenção as ideias de Lenio Streck, que expõe na Obra verdade e consenso, quando afirma: "quando falamos nos princípios constitucionais do pós-guerra apresentam um outro horizonte conjuntural: só há sentido se olharmos para eles na perspectiva da teses da descontinuidade. Eles institucionalizam o mundo prático, destroem os dualismos presentes nas tradições anteriores e instauram um novo modo para se pensar o significado do termo *princípio*. Trata-se da relação entre princípios-moral-decisão. Para ser mais específico, a decisão judicial se estrutura e se legitima numa co-originária relação entre princípios e moral". STRECK, Lenio Luiz. *Verdade e consenso: constituição, hermenêutica e teorias discursivas*. Rio de Janeiro: Lumen Juris, 2009. p. 498.

Não é outra a evidência a não ser que a motivação é também abonadora de outras garantias, inclusive constitucionais, uma vez que ela propicia verificar, por exemplo, se o caso de fato foi decidido aplicando-se o princípio da isonomia. Por outro lado, a falta de fundamentação contribui para a mácula das garantias constitucionais, uma vez que não só deixa de evidenciar a sua aplicação, como também mascara o iter seguido pelo julgador a fim de concluir de determinada maneira.[216]

A fundamentação relaciona-se com o princípio da imparcialidade, pois a fundamentação de uma decisão é o único rastro que possibilita comprovar se o julgador resolveu o litígio imparcialmente.[217] Não se admite outro entendimento, visto que toda e qualquer decisão deve ser fundamentada. Cabe aqui uma digressão para diferenciar regra de princípio. Segundo Lenio Streck, em primeiro lugar, há que se deixar claro o seguinte:

> (...) regras e princípios são fenômenos que povoam o ambiente jurídico e os juristas se referem constantemente a cada um deles pretendendo atingir diferentes dimensões argumentativas. O problema aparece no momento em que há uma banalização dos princípios e o uso do conceito passa a sofrer uma indicação aleatória (...) daí a necessidade da crítica do conceito para que saibamos nos movimentar corretamente no uso do conceito princípio ou no mínimo para dizer "o que não é um princípio".[218]

Não obstante, há que se ter presente que entre regra e princípio não há uma diferença estrutural. Segundo Lenio Streck,[219] essa ressalva tem a preocupação de evitar uma espécie de constitucionalismo da efetividade, ou seja, um constitucionalismo teleológico ou finalístico – é justamente aí que talvez se possa mostrar a nascente da conceituação de princípio como cláusula de abertura no momento da decisão.

Também há que se levar em conta que os princípios surgem, assim, como soluções a problemas não resolvidos pelo texto legal (para o positivismo, deveria ser suficiente para resolver todas as hipóteses), uma vez que este deveria abarcar todas as situações. Ao se defrontar com hipóteses não solucionáveis por esse "sistema", o juiz lançou mão dos princípios que, de acordo com essa "concepção aberta", resolveria o que não tinha solução, ou seja, adequar-se-ia ao caso, e não o caso a si.

---

[216] Assim também se posiciona Nelson Nery Júnior. *Princípios do processo civil na constituição federal*. 9.ed. São Paulo: Revista dos Tribunais, 2009.

[217] RODRIGUEZ. Roger E. Zavaleta. *Razonamiento judicial: interpretación, argumentación y motivación de las resoluciones judiciales*. Lima: ARA Editores, p. 371.

[218] STRECK, Lenio Luiz. *Verdade e consenso: constituição, hermenêutica e teorias discursivas. Da possibilidade à necessidade de respostas corretas em Direito*. 3.ed. Rio de Janeiro: Lumen Juris, 2009. p. 503.

[219] STRECK, Lenio Luiz. *Verdade e consenso: constituição, hermenêutica e teorias discursivas. Da possibilidade à necessidade de respostas corretas em Direito*. 3.ed. Rio de Janeiro: Lumen Juris, 2009. p. 502.

Alexy classifica a norma como gênero, enquanto as regras e os princípios são espécies. O autor fala das regras como normas de aplicação restrita e dos princípios como normas de aplicação alargada.[220] No contexto desta tese, a palavra "norma" está baseada nas ideias de Lenio Streck, que defende representar o produto da interpretação de um texto. Segundo ele, "o produto da interpretação da regra jurídica realizada a partir da materialidade principiológica. Há sempre um princípio subjacente a uma regra, e a norma será o produto dessa interpretação, que se dá na applicatio".[221] Já Dworkin fala de norma ser um conceito interpretativo e não um conceito semântico.[222]

Os princípios e as regras são condições de possibilidade da normatividade. Só há norma quando se verifica a aplicação dos princípios e das regras. Assim como tudo na hermenêutica, há que se falar em circularidade entre normas e princípios, a ponto de não se poder distinguir onde começa um e termina o outro. As regras não acontecem sem os princípios e vice-versa.

De acordo com essas ideias, já não se pode considerar os princípios como axiomas. Conforme as ideias clássicas, os princípios são critérios superiores de interpretação da norma que devem orientar a aplicação de cada uma delas frente ao caso concreto. Na verdade, não são mais do que a continuidade dos "velhos" princípios gerais do direito. Justamente porque não se aceita essa classificação é que não se pode concordar que os princípios abram a interpretação; ao contrário, eles fecham a interpretação.[223]

Realmente não importa se o julgador já decidiu questões que lhe pareçam ser absolutamente semelhantes – e, por tal razão, na concepção de alguns, a decisão tornar-se-ia tão evidente que prescindiria de fundamentação. O fato é que a imposição do dever de fundamentar não admite aberturas, nem aceita dilações. A fundamentação é sempre necessária, seja por ser imposição constitucional, seja por afiançar outras garantias constitucionais.[224] O julgador não pode antever a decisão, pois ele não antecipa uma escolha ao decidir.

---

[220] ALEXY, Robert. La naturaleza de la filosofía del derecho. *Doxa*, Barcelona, n. 26, 2003. Disponível em: http://descargas.cervantesvirtual.com/servlet/SirveObras/791266200076 83940700080/015782.pdf?incr=1 Acesso em: 12 jul.2009. p. 154.

[221] STRECK, Lenio Luiz. *Verdade e consenso: constituição, hermenêutica e teorias discursivas. Da possibilidade à necessidade de respostas corretas em Direito*. 3.ed. Rio de Janeiro: Lumen Juris, 2009. p. 504.

[222] Lenio Streck afirma na obra *Verdade e consenso*, p. 505, que Dworkin assim se manifesta sobre o conceito de norma.

[223] De acordo com Dworkin, Ferrajoli e Lenio Streck STRECK, Lenio Luiz. *Verdade e consenso: constituição, hermenêutica e teorias discursivas. Da possibilidade à necessidade de respostas corretas em Direito*. 3.ed. Rio de Janeiro: Lumen Juris, 2009. p. 504.

[224] Segundo Lenio Streck, "De alguma forma podemos dizer que a fundamentação é como o mito de Sísifo: ela é uma tarefa inesgotável. Tal qual Sísifo tinha de empurrar para cima do monte uma enorme

A única coisa que ele pode antecipar é o comprometimento com a comunidade política que constrói como direito – ressalte-se que esta construção não e a soma das diversas partes, mas sim de um todo que se apresenta como a interpretação mais adequada.[225]

Sendo assim, o juiz não sabe se a hipótese em questão é um *easy case* ou um *hard case*,[226] o que, em seu entender, equivocadamente o levaria à possibilidade de não fundamentar o *easy case*.[227]

É fato que não se pode negar a existência, nos dias atuais, das chamadas demandas em massa; em contrapartida, não se pode justificar a supressão da análise caso a caso, tendo em vista a sua singularidade. A análise do caso *in concreto* é necessária até mesmo para se chegar à certeza de que é um caso paradigmático ou não. A análise particular da singularidade sempre deverá existir e a fundamentação, pela aplicação da decisão paradigmática, deverá ser justificada pela peculiaridade do caso concreto. Para a aplicação da norma, ainda que nas demandas em massa, teria de haver na fundamentação do aplicador o cotejo analítico do caso com o paradigma, pois esta é a única forma de se chegar à resposta correta. É, pois, a fundamentação fornecida pelo cotejo que demonstrará se estamos ou não diante de uma resposta correta.

Nesse sentido, Celso Agrícola Barbi defende a necessidade de uma justiça humanizada, que ele assim descreve:

> Não seja fria, distante, impessoal, desinteressada, burocratizada, mas sim a que seja atenta a situação pessoal das partes litigantes e às conseqüências da solução da demanda para elas, notadamente nas classes pobres; cada caso levado a julgamento deve ser considerado um caso especial. Para alcançar este fim, as técnicas a serem usadas são notadamente a interpretação mitigadora do rigor de certas leis; maior conhecimento da situação pessoal das partes; efetivação do princípio da igualdade real – e não apenas formal – das partes no processo.[228]

---

pedra que sempre voltava a rolar, também a fundamentação é uma tarefa que precisa ser repetida toda vez que se profere uma decisão, simplesmente porque em princípio deve ser assim. Não há, em um estado de direito, a possibilidade de não se fundamentar uma decisão porque, em princípio, ela deve ser fundamentada" (Notas de aula. Doutorado UNISINOS. 2006).

[225] STRECK, Lenio Luiz. *O que é isto? Decido conforme minha consciência?* Porto Alegre: Livraria do Advogado, 2010. p. 98.

[226] Os *hard cases* seriam aqueles que, segundo Hart, não sofrem a aplicação direta de uma norma para a solução do caso concreto e, por conta disso, terão uma decisão que o juiz escolherá de acordo com sua discricionariedade.

[227] Dworkin é um dos maiores críticos ao positivismo de corte hartiano. As suas críticas dirigem-se à simplicidade do modelo, na medida em que a concepção do direito como sistema de regras resulta em um modelo que não acompanha a complexidade de sua prática, tendo de recorrer a princípios para a solução do caso, fazendo-se necessário o uso de fontes de interpretação que não a própria norma (DWORKIN, Ronald. *Levando os direitos a sério*. São Paulo: Martins Fontes, 2002. p. 36).

[228] BARBI, Celso Agrícola. Formação, seleção e nomeação de juízes no Brasil sob o ponto de vista da humanização da justiça. *Revista de Processo*, Rio de Janeiro, ano IV, 3º trimestre, v. 15, n. 978, p. 33-40.

A ideia de interpretar/atribuir sentido conforme a Constituição é necessária: ao clamor da interpretação da Constituição conforme as leis, deve-se responder com a constitucionalização da codificação, mantendo-se sempre a primazia da Constituição. Como decidir é interpretar e aplicar, a interpretação jamais poderá deixar de lado a existência da norma constitucional vigente. Qualquer decisão deve estar de acordo com a regra maior, na qual está inserido o princípio da fundamentação. Todo ato interpretativo que se dê coerentemente com as normas constitucionais será ato de aplicação da Constituição. Não é outro o entendimento de Lenio Streck quando afirma que:

> Todo o ato interpretativo (portanto, aplicativo é ato de jurisdição constitucional), mesmo quando o problema parece estar resolvido mediante a aplicação da regra, deve o intérprete – e se trata de um dever constitucional que tem a sua dimensão ditada pelo nível de seus pré-juízos verdadeiros (ou falsos) – verificar se o princípio que subjaz à regra não aponta em outra direção (quando não se está diante de simples análise paramétrica, em que a regra afronta princípios ou preceitos constitucionais).[229]

A conclusão a se chegar é da total impossibilidade de separação da interpretação dos textos sem considerar a Constituição e sobretudo a fundamentação, uma vez que elas constituem uma unidade.

3.2. A hermenêutica filosófica e a resposta correta/adequada: os marcos de um caminho

3.2.1. A gênese da resposta correta: a integridade do direito como superação da discricionariedade positivista

A questão a ser tratada envolve, inexoravelmente, a apreciação das ideias de Hart, que faz uma análise linguística do direito. Hart não demonstra pretensão alguma de fazer do direito uma ciência essencialista, mas opta, com base nos estudos de Wittgenstein e Austin,[230] por estabele-

---

[229] STRECK, Lenio Luiz. *Verdade e consenso: constituição, hermenêutica e teorias discursivas*. Rio de Janeiro: Lumen Juris, 2006. p. 230.

[230] DWORKIN, Ronald. *Taking rights seriously*. Cambridge: Harvard University Press. 1978. p. 19. Dworkin esclarece que a opção de Hart baseia-se nos estudos de Wittgenstein e Austin, salientando que "a versão do positivismo de Hart é mais complexa. Primeiro, ele reconhece, o que Austin não faz, que as regras seguem tipos de lógica diferentes. [Hart distingue dois tipos de regras, as quais ele chama de 'primárias' e 'secundárias'.] Segundo, ele rejeita a teoria de Austin de que a regra seja um comando e substitua uma análise geral mais elaborada do que são as regras. (Tradução livre: *H. L. A. Hart's version of positivism is more complex than Austin's in two ways. First, he recognizes, as Austin did not, that rules are of different logical kinds. (Hart distinguishes two kinds, which he calls 'primary' and 'secondary' rules). Second, he rejects Austin's theory that a rule is a kind of a command and substitutes a more elaborate general analysis of what rules are.*)

cer um conceito de direito a partir da linguagem do cotidiano dos juristas.[231] Na análise dessa linguagem, Hart identifica dois casos de aplicação de interpretação da linguagem: os casos em que a linguagem é cristalina e, por conseguinte, facilmente aplicável; os casos em que a linguagem está numa zona de penumbra (zona de franja) e, por isso, são de difícil aplicação.

Nos casos fáceis, a solução se dá por meio de operação lógica, ao passo que nos casos difíceis se dá a partir do poder discricionário dos juízes, que devem fazer uma analogia com os casos de fácil aplicação. Assim, para Hart,[232] o preenchimento da zona de penumbra das regras (teoria da textura aberta) fica à livre escolha dos intérpretes, e o único limite para a interpretação seria a razoabilidade e analogia aos casos fáceis a decisão do direito. Segundo o autor:

> A textura aberta do direito significa que existem, de fato, áreas de conduta em que muitas coisas devem ser deixadas para serem desenvolvidas pelos tribunais ou pelos funcionários, para que determinam o equilíbrio, à luz das circunstâncias, entre interesses conflitantes que variam em peso, de caso para caso.[233]

Assim, a discricionariedade seria aplicada sobretudo nas decisões denominadas de casos difíceis (hard cases), porque há casos em que, como não há regulação ou uma solução precisa, apresenta-se uma deliberação de modo indeterminado. Nessas hipóteses, em vez de o juiz recusar-se a prestar jurisdição, conforme determinou Jeremy Bentham, declarando-se "privado de jurisdição", ele deverá exercer o seu poder discricionário e criar o direito para o caso.[234]

Como se pode notar, o decisor resta dotado de um poder de "criador" do direito, extrapolando o poder de decidir e desvinculando-o de qualquer parâmetro, a não ser o que lhe parecer correto em face de seu "poder discricionário".

> O positivismo legal embasa a teoria dos casos difíceis. Quando determinado caso não pode ser julgado claramente por uma lei previamente estabelecida, o juiz tem, de acordo com

---

[231] HART, Herbert L.A. *The concept of law*. 2.ed. Oxford: Clarendon Press, 1997. p. 246. (Tradução livre: *Though in the first chapter of Law's empire I am classed with Austin as a semantic theorist and so as deriving a plain-fact positivist theory of law from the meaning word law, and suffering from the "semantic sting", in fact nothing in my book.*)

[232] HART, Herbert L.A. *The concept of law*. 2.ed. Oxford: Clarendon Press, 1997. p. 135.

[233] HART, Herbert L.A. *The concept of law*. 2.ed. Oxford: Clarendon Press, 1997. p. 135. (Tradução livre: *The open texture of law means that there are, indeed, areas of conduct where much must be left to be developed by courts or officials striking a balance in the light of circumstances, between competing interests which vary in weight from case to case.*)

[234] HART, Herbert L.A. *The concept of law*. 2.ed. Oxford: Clarendon Press, 1997. p. 137.

esta teoria, a discricionariedade para decidir pró ou contra. (...) Na realidade, ele legisla uma nova diretriz e os aplica de maneira retrospectiva ao caso concreto.[235]

O poder criativo do juiz, defendido por Hart, é designado por Dworkin como um poder legislativo,[236] vez que este "cria" nova regra, nova diretriz em face do julgamento do caso concreto. Hart, entretanto, discorda de que tal poder discricionário seja legislativo por duas razões: a decisão deverá ser fundamentada e tal criação deverá aplicar-se somente ao caso concreto.[237]

Para Ronald Dworkin, não há poder discricionário, pois quem resolve o caso não é a regra, mas sim os princípios, os quais compõem a comunidade política. Tais princípios são padrões deônticos que devem ser obrigatoriamente levados em conta pelo juiz no momento da prolação da direção.

A reconstrução principiológica do direito é o que torna possível a existência de respostas corretas/adequadas. Contudo, essa aplicação do princípio não se exaure em si mesma. De nada adianta reivindicar a existência de princípio se, no momento da sua aplicação, pudesse haver atividade ad hoc do judiciário ao julgar os casos a ele trazidos. Decidir conforme princípios não significa afirmar a ideologia do caso concreto.

De fato, a resolução do caso deve situar-se no contexto do direito como integridade, levando-se em consideração a totalidade do direito para que haja a resolução do caso. A simples discricionariedade extrapola essa condição, permitindo, através da discricionariedade, a decisão conforme o entendimento do legislador, que por vezes poderá afastar-se da integridade do direito.

Marcelo Andrade Cattoni de Oliveira destaca que, após a criação do "juiz Hércules" por Dworkin, este reafirmou suas ideias através do *chain novel* (romance em cadeia) para justificar:

> Um processo de aprendizado social subjacente ao direito compreendido como prática social interpretativa e argumentativa, um processo capaz de corrigir a si mesmo e que ceda

---

[235] DWORKIN, Ronald. *Taking rights seriously*. Cambridge: Harvard University Press, 1978. p. 81.

[236] DWORKIN, Ronald. *Taking rights seriously*. Cambridge: Harvard University Press, 1978. p. 81. (Tradução livre: *Legal positivism provides a theory of hard cases. When a particular lawsuit cannot be brought under clear rule of law, laid down by some institution in advance, then the judge has, according to that theory, a "discreatition" to decide the case either way. His opinion is written in language that seems to assume that one or the other party had a preexisting right to win the suit, but that idea is only a fiction. In reality he has legislated new legal rights, and the applied them retrospectively to the case at hand.*)

[237] HART, Herbert L.A. *The concept of law*. 2.ed. Oxford: Clarendon Press, 1997. p. 273. (Tradução livre: *It is important that the law-creating powers which I ascribe to the judges to regulate cases left partly unregulated by the law are different from those of a legislature: not only are de judges powers subject to many constraints narrowing his choice from which a legislature may be quite free, but since the judges powers are exercised only to dispose of particular instant cases he cannot use these to introduce large-scale reforms or new codes.*)

ao longo de uma história institucional, reconstruída de forma reflexiva à luz dos princípios jurídicos da moralidade política, que dão sentido a essa história.[238]

Dessa maneira, o que se mostra claro é que a jurisprudência exerce papel relevante, uma vez que demonstra na prática a integração do direito preexistente ao aprendizado social. A crítica de Dworkin ao positivismo é feita justamente em face de sua pretensão de ter todas as respostas preconcebidas, embora a solução só possa ser dada depois que o caso concreto é apresentado.[239] A solução do caso não está preconcebida, à espera de que o caso adapte-se a ela, mas deve ser buscada a partir da apresentação do caso concreto.

Por isso é que não se pode dizer abstratamente que se trata de um *hard* ou de um *easy case*, pois existe essa inviabilidade na abstração. Na concepção de Atienza, porém, pode-se distinguir os *hard cases* dos *easy cases*,[240] embora não se possa imaginar que efetivamente exista uma diferença entre ambos em um plano prévio. Lenio Streck diz que não existem *hard cases* e *easy cases* em si.[241]

A existência de decisões similares e correlatas não são evidências a toda prova de se tratar de um *easy case*, nem justificam o afastamento da Constituição. Somente com o surgimento do *case in concreto* é que se determinará quando se trata de um *hard* ou de um *easy case*. Não há um rol taxativo que seja considerado *hard case* ou *easy case*. Segundo Lenio Streck, os casos simples concordam as teorias da argumentação e são os que se resolvem de forma dedutivista, enquanto os *hard cases* dependem de uma fundamentação.

Ainda com relação à análise do que vem a ser um *hard case*, parte-se de um conceito predefinido: não existe um marco zero.[242] Toda decisão está baseada tanto em um compromisso (pré-compreendido), o qual reconstrói a história institucional do direito e de seus princípios basilares, quanto na adequação do caso concreto a essa "história institucional".[243] Assim, como se vê, não há como falar em marco zero.

---

[238] OLIVEIRA, Marcelo Andrade Cattoni. Ronald Dworkin: de que maneira o direito de assemelha à literatura? In: TRINDADE, André Karan Trindade; GUBERT, Roberta Magalhães; COPETTI NETO, Alfredo (orgs.). *Direito e literatura: ensaios críticos*. Porto Alegre: Livraria do Advogado, 2008. p. 24

[239] DWORKIN, Ronald. *Taking rights seriously*. Cambridge: Harvard University Press, 1978. p. 19.

[240] ATIENZA, Manuel. *Las piezas del derecho*. Barcelona: Ariel, 2006. p. 46.

[241] STRECK, Lenio Luiz. *Verdade e consenso: constituição, hermenêutica e teorias discursivas*. Rio de Janeiro: Lumen Juris, 2006. p. 202.

[242] STRECK, Lenio Luiz. *Verdade e consenso: constituição, hermenêutica e teorias discursivas*. Rio de Janeiro: Lumen Juris, 2006. p. 202.

[243] STRECK, Lenio Luiz. *O que é isto? Decido conforme minha consciência?* Porto Alegre: Livraria do Advogado, 2010. p. 98.

Nas teorias discursivas, conforme aponta Lenio Streck, não se leva em consideração que, antes da explicação causal, há algo originário que antecede essa explicação e que é a condição de possibilidade para este ou qualquer outro raciocínio subsuntivo-dedutivo, que é a pré-compreensão.[244] Toda decisão judicial deve ter em vista o que se prevê no artigo 93, inciso IX, da Constituição Federal: é o princípio constitucional, ou seja, a condição de possibilidade para a sua aplicação.

Entretanto, pode-se ir além, uma vez que categoricamente as teorias da argumentação concordam com o fato de que os casos simples são resolvidos através de um raciocínio lógico independente de fundamentação. Não se pode incorrer em um erro crucial: macular o princípio da fundamentação, que é constitucional e deve ser aplicado em qualquer decisão/interpretação. Não há definição exata do que seja um *easy case*. E a pergunta crucial, neste momento, é a seguinte: o que vem a ser um *easy case* e o que o separa de um *hard case*? Estabelecer tal definição imprescinde a utilização de critérios prévios e de pré-compreensões.

3.2.2. A resposta correta para além de Dworkin: Lenio Streck e o Direito Fundamental à resposta constitucionalmente correta/adequada

Considerando que de fato já se tenha pré-compreensão de determinado caso, pode-se justificar a existência de um *easy case*. Somente se faz atribuição de sentido através de pré-juízos, os quais, aliados à faticidade e ao modo de ser no mundo do julgador, permitem, quando há a conjunção de todos esses requisitos, atribuir sentido. Esses elementos, porém, não são passíveis de redução normativa, nem tampouco as relações de causa e efeito, como fazem as teorias discursivas.

Essa atribuição de sentido só pode ocorrer no círculo hermenêutico,[245] sem olvidar que a atribuição de sentido e o círculo hermenêutico não

---

[244] STRECK, Lenio Luiz. *Verdade e consenso: constituição, hermenêutica e teorias discursivas*. Rio de Janeiro: Lumen Juris, 2006. p. 202.

[245] SERNA, Pedro (dir.). *Hermenéutica y relativismo: una aproximación desde el pensmento de Arthur Kaufmann. De la argumentación jurídica a la hermenéutica*. 2.ed. Granada: Editorial Comares, 2005. p. 287. Quem deseja entender um texto já tem uma certa ideia do que irá encontrar. Ao aplicá-la, o texto "fala" de determinada maneira, e o sentido que resulta é empregado pelo intérprete para formar outra hipótese de compreensão. Consulta o texto novamente, e essa hipótese acaba modificada e revisada, e assim sucessivamente. Semelhante processo pode ser, por sua própria natureza, interminável, ainda que de fato se interrompa em determinado ponto. (...) é o famoso "círculo hermenêutico", ou seja, o mútuo reenvio entre significante e coisa significada, entre linguagem que minta e realidade mencionada. Compreender um texto é um processo ambivalente de produção: porque o sujeito, ao intervir no processo de compreensão com ideias prévias, dá lugar a que o texto seja diferente do que era. Por sua vez, o texto repercute sobre o sujeito e seu modo de entender. (...) O processo recém descrito também se projeta sobre a aplicação do direito. O que ao juiz vem "objetivamente dado" é uma norma

relegam a outro plano ou simplesmente desconsideram a existência de uma Constituição. Ao contrário, ambos incluem na aplicação a análise da Constituição, tal como deve ser – se assim não for, nada justifica a existência de uma Constituição dirigente e garantidora.

A lei fundamental, por sua parte, orienta essencialmente a dignidade intangível do homem,[246] razão pela qual não pode ser jamais relegada a segundo plano. Como a jurisdição constitucional é condição de possibilidade de todo sistema jurídico, não se pode refutar o comando constitucional da fundamentação. Outrossim, o próprio estabelecimento entre o que é ou não *hard* ou *easy case* não livra o intérprete da fundamentação, que deve ser o mais completa possível para dar inteligência à compreensão até mesmo do *easy case*.

Só se decide porque se interpreta; só se interpreta porque se compreende; só se compreende porque de fato há uma compreensão prévia, que é a condição de possibilidade desse interpretar. Para Andrés Ollero, "compreender um texto não é chegar a uma terra de todo nova, mas é sempre um reconhecer algo já conhecido".[247]

Há que se ter em mente o fator do círculo hermenêutico aqui presente. É a sua existência que demonstra a inviabilidade da decisão sem a compreensão. O que talvez não esteja tão em evidência seja a necessidade da fundamentação, o que, apesar disso, não pode ser desprezado em momento algum.

---

legal abstrata junto a um caso amorfo, que não são direito nem juntos nem separados em si mesmos. Pode-se compará-los a uma matéria-prima. (...) Para que possa surgir entre eles um "suposto de fato" e um fato típico, norma e caso precisam ser tratados de maneira que mostrem seu significado.)" note-se que para ele não basta um ato isolado, mas é necessário um intercâmbio cíclico de vai e vem desde a lei até o caso e vice-versa. Se, de um lado, a adequação da lei depende da forma como se tenha entendido previamente o caso, não é possível, em contrapartida, captar esse significado do caso sem uma prévia inteligência da lei. Só se pode fazer o ajuste de um a outro mediante subsunção, quando o suposto de fato e o fato típico tenham tomado corpo em um contato mútuo que estabeleça entre eles uma relação de correspondência. (Tradução livre: *Quien desea entender un texto tiene ya una cierta idea de lo que espera encontrar. Al aplicarla, el texto habla de cierto modo, y el sentido que resulta es empleadompor el intérprete para formar otra hipótesis de comprensión. Consulta al texto nuevamente, y dicha hipótesis resulta modificada y revisada; y así sucesivamente. Semejante proceso puede ser por su propria naturaleza inteminable, aunque de hecho se interrumpa llegado cierto punto. (...) es el famoso "círculo hermenéutico", es decir, el mutuo reenvío entre significante i cosa significada, entre lenguaje que mienta y realidad mecionada. Comprender un texto es un proceso ambivalente de producción: porque el sujeto, al interveniren el proceso de comprensión con unas ideas previas, da lugar a que el texto sea otro del que era; pero el texto, a su vez, repercute sobre el sujeto y su modo de entender que tal manera. (...) El proceso recién descrito se proyecta también sobre la aplicación judicial del derecho lo que al juez viene "objetivamente dado" es una norma legal abstrata junto un caso amorfo, que aún do son derecho ni cada uno por sí mismo. Se los puede comparar a una materia prima. Para que puedan surgir de elos un "supuesto de hecho" y un hecho tipico, necesitam norma y caso ser tratados de maneras que muestren su significación.*)

[246] BRENDA; MAIHOFER, VOGEL, HESSE HEYDE. *Manual de derecho constitucional*. 2.ed. Madrid: Marcial Pons, 2001, p. 848.

[247] OLLERO, Andrés; SANTOS, José Antonio. *Hermenêutica y derecho: Arthur Kaufmann*. Granada: Editorial Comares, 2007. p. 12.

Não se pode, de maneira nenhuma, tentar argumentar que há compreensão sem fundamentação. Ainda que a fundamentação não seja exposta a público, é fato que qualquer interpretação está baseada na compreensão prévia. A hermenêutica filosófica desenvolvida por Gadamer está sustentada na descoberta heideggeriana da estrutura prévia do sentido,[248] que gera continuamente uma pré-compreensão que influencia o intérprete no momento da aplicação do direito. Não há um marco zero, porque essa pré-compreensão é, desde sempre, histórica. Segundo Andrés Ollero:

> A chave estará em entender que compreender um texto não é chegar a uma terra de todo nova, sempre reconhecer algo já conhecido.[249]

Do mesmo modo, não há um marco zero para indicar por que motivo a interpretação ocorre no círculo em que o todo remete à parte e a parte ao todo, sendo que, nessa relação entre parte e todo, sempre está implicada a autocompreensão do intérprete.[250] Justamente por isso, e pelo fato de que toda experiência hermenêutica é uma experiência com a história e a linguagem, a hermenêutica é universal, e dela não se consegue abrir mão. Não se cria algo totalmente novo. O que se tem, de algum modo, já está ali. Ocorre que, no caso apresentado, isso ainda está velado.

Portanto, a interpretação de qualquer texto jurídico está baseada na pré-compreensão do aplicador. É ela que possibilitará ao intérprete compreender e articular sua compreensão na forma de uma interpretação.[251] Só se pode atender a esse postulado da hermenêutica se duas condições forem satisfeitas: é necessário primeiramente que haja uma revalorização do papel da linguagem no plano do processo de conhecimento[252] e, a

---

[248] GADAMER, Hans-Georg. *Verdade e método*. Petrópolis: Vozes, 1999. p. 400.

[249] OLLERO, Andrés; SANTOS, José Antonio. *Hermenêutica y derecho: Arthur Kaufmann*. Granada: Editorial Comares, 2007. p. 12

[250] Cf. STEIN, Ernildo. In: TOMAZ DE OLIVEIRA, Rafael. *Decisão Judicial e o conceito de princípio*. Porto Alegre: Livraria do Advogado, 2008, apresentação.

[251] FIGAL, Günter. *Oposicionalidade: o elemento hermenêutico e a filosofia*. Petrópolis: Vozes, 2009. Deve-se notar que há uma diferença entre *compreensão* e *interpretação*. Em linhas gerais, podemos dizer que captamos o *sentido* do mundo através da *compreensão*, enquanto a *explicitação artística ou técnica* desse sentido captado é chamada de *interpretação*. Por isso é que, de algum modo, a compreensão acompanha qualquer tipo de interpretação científica da realidade, seja ela proveniente das ciências ditas humanas, seja das chamadas ciências naturais. Todavia, devido ao seu inevitável vínculo com o passado e à sua história de remissão a Dilthey, a ideia da compreensão trouxe muito mais frutos para as ciências humanas do que para as ciências naturais.

[252] Ou seja: a linguagem não pode mais ser vista como ferramenta disponível para conhecer objetos, já que é constituinte e constituidora do mundo do homem, como salienta Gadamer: "a linguagem não é nenhum instrumento, nenhuma ferramenta. Pois uma das características essenciais do instrumento é dominarmos seu uso, e isso significa que lançamos mão e nos desfazemos dele assim que prestou seu serviço. Não acontece o mesmo quando pronunciamos as palavras disponíveis de um idioma e depois de utilizadas deixamos que retornem ao vocabulário comum de que dispomos. Esse tipo de

seguir, é necessário haver uma suspensão das questões ideológicas, dos pré-conceitos e pré-juízos inautênticos para que a correta interpretação possa ter lugar.[253]

A fundamentação exerce papel basilar na problemática posta, porque traz à luz o desvelamento da compreensão e estabelece o contexto originário de onde se projeta a interpretação do julgador. É ela que possibilita evidenciar a razão, a motivação, o *iter* seguido pelo intérprete para chegar à correta compreensão do fenômeno jurídico que se apresenta concretamente. Não é outra conotação que Michele Taruffo[254] atribui à ideia de motivação de decisão da corte de cassação Italiana quando refere que esse *iter* deve descrever o procedimento mental que o julgador fez ao tomar determinada decisão.

O que se pode afirmar, portanto, é que a fundamentação realmente faz parte do círculo hermenêutico e, como princípio constitucional, ela é a própria explicitação do ato de mover-se nesse círculo, constituindo a própria condição de possibilidade dele. O raciocínio que o intérprete faz, ainda que inconscientemente, está justificado em pré-compreensões que precisam ser explicitadas discursivamente pelo julgador, como condição de validade da própria decisão, que deve inserir-se, em última instância, no horizonte de sentido que é abrangido pela Constituição e por todas as garantias nela inseridas.

É justamente por tais motivos que não se pode aceitar a ideia de marco zero. Todos os indivíduos estão imbuídos de suas pré-compreensões (pré-juízos) e somente elas são capazes de determinar o que poderia vir a ser ou não um *hard case* ou um *easy case*. Assim, somente com base nas pré-compreensões que o intérprete tenha do princípio da fundamentação e do que mais venha a aplicar é que se poderá definir quando se trata de um caso ou de outro.

---

analogia é falso porque jamais nos encontramos como consciência diante do mundo para um estado desprovido de linguagem lançarmos mão do instrumental do entendimento. Pelo contrário, em todo conhecimento de nós mesmos e do mundo, sempre já fomos tomados pela nossa própria linguagem" (*Verdade e método*. Tradução de Enio Paulo Giachini. Vol. II, 2.ed. Petrópolis: Vozes, 2004. p. 176).

[253] Desse modo, podemos remeter ao debate travado por Lenio Streck e Daniel Sarmento sobre o problema da pré-compreensão, das ideologias e dos pré-conceitos no âmbito da hermenêutica. Na verdade, o professor fluminense não compreendeu adequadamente o significado hermenêutico da pré-compreensão e confundiu essa totalidade que desde-já-sempre acompanha o processo compreensivo com pré-juízos, pré-conceitos e ideologia, que representam apenas resultados parciais do processo compreensivo e que, no contexto da hermenêutica gadameriana, devem ser submetidos a uma *epoché*, a uma suspensão, para que o texto possa vir à fala sem que se sobreponha a subjetividade do intérprete aos conteúdos projetados pelo texto através da tradição desde sempre pré-compreendida. STRECK, Lenio Luiz. *Verdade e consenso: constituição, hermenêutica e teorias discursivas*. Rio de Janeiro: Lumen Juris, 2009. posfácio.

[254] TARUFFO, Michele. *La fisionomia della sentenza in italia*. Padova: CEDAM, 1975. p. 181.

Sob o aspecto jurídico, pode-se afirmar também que as decisões estão baseadas em pré-compreensões. Na verdade, isso acontece com qualquer decisão: as sentenças, as decisões interlocutórias e até mesmo os despachos. Todo juiz adota uma posição política e uma valoração moral na prática do direito. Nesse sentido, acolhe uma filosofia do direito em forma explícita ou implícita. Ao interpretar e aplicar normas abstratas a situações concretas, ele faz valorações que vão mais além do texto da lei.[255]

Entretanto, quando a decisão se dá no campo do direito, por envolver princípios e regras do sistema jurídico, torna-se necessário que a motivação, que até então poderia ficar somente no campo do pensamento do aplicador, seja demonstrada da forma mais explícita possível para dar publicidade a esse pensar (raciocínio), revelando os motivos, quiçá até as pré-compreensões, com vistas a publicizar esse *iter*. O sentido maior da publicização do pensamento, da fundamentação da decisão, não é outro senão garantir o Estado Democrático do Direto e a isonomia. Ora, a aplicação do direito não se dá meramente de forma dedutiva ou subsuntiva, como um silogismo, mas é uma atividade prática, que requer, por isso, muita prudência.

Qualquer decisão que não seja efetivamente fundamentada acarreta um decisionismo por meio do qual a crença do julgador sobrepõe-se à interpretação da norma e até mesmo da Constituição. É necessário um novo posicionamento do intérprete frente ao sistema de leis. Esse reposicionamento deve ser não só metodológico, mas também epistemológica, situando-se no processo hermenêutico, no qual é a condição de ser no mundo que determinará o sentido último do texto analisado.[256] É necessário acabar com o decisionismo que impera atualmente para que o julgador tenha responsabilidade na aplicação da norma e chegue à decisão correta para o caso concreto.

Aceitam-se, pois, respostas distintas em razão da problemática trazida pelo caso, mas buscam-se respostas corretas de acordo com a Constituição, já que se reconhece que a diferença pode levar a respostas diferentes. Como os princípios estão sempre presentes nas regras, eles são determinantes para a concretização do direito e, em todo caso concreto, devem direcionar para a determinação da resposta adequada.[257] Segundo Lenio Streck, "Eles fazem com que o caso decidido seja dotado de autoridade

---

[255] GADAMER, Hans-Georg. *Verdade e método*. Tradução de Flávio Paulo Meurer. Vol. I. Petrópolis: Vozes, 1998. p. 378 e ss.

[256] BARRETO, Vicente de Paulo. O direito do século XXI: desafios epistemológicos. *Revista do Instituto de Hermenêutica Jurídica*, Porto Alegre, n. 03, p. 279, 2005.

[257] STRECK, Lenio Luiz. *Verdade e consenso: constituição, hermenêutica e teorias discursivas. Da possibilidade à necessidade de respostas corretas em Direito*. 3.ed. Rio de Janeiro: Lumen Juris, 2009. p. 517.

que – hermeneuticamente – vem da legitimidade".[258] Para que haja resposta correta, então, é necessário descobrir o princípio que conduz àquela decisão e à regra do caso. Embora os princípios não resolvam o caso, eles garantem legitimidade para a decisão.

Há que se ter presente que Dworkin fala em "a única resposta correta", enquanto Lenio Streck fala em "a resposta adequada à Constituição", ou seja, "uma resposta que deve ser confirmada na Constituição".[259] Conforme refere esse autor, a decisão estará adequada na medida em que se respeitar a autonomia do direito (produzida democraticamente) em maior grau, evitando-se a discricionariedade e a arbitrariedade, bem como respeitando-se a coerência e a integridade do direito. Mais do que respeito à democracia e às garantias constitucionais de isonomia e contraditório, entre outras, este é um produto filosófico porque é adepto a um novo paradigma que ultrapassa o esquema sujeito-objeto.[260] Há que se abandonar o método e adotar o controle da hermenêutica.

Tomando-se por base essa nova perspectiva hermenêutica, por um lado a existência da Constituição impõe a definição dos deveres substanciais dos poderes públicos, que sobrepassam o constitucionalismo liberal iluminista, e por outro lado se reconhece que não há respostas *a priori* acerca do sentido de determinada lei. Ou seja, não há resposta interpretativa previamente reconhecida, já que esta somente pode ser aceita e entendida como correta a partir da interpretação e no próprio momento em que ocorre, sem que haja um método ou procedimento de interpretação que possa verificar de antemão a resposta. Isso acontece porque não há como separar o compreender e aplicá-lo. Com certeza, a interpretação se dá de maneira unitária.

A hermenêutica não é feita por etapas. Dividir a interpretação "por etapas" foi a saída que várias formas de subjetivismo encontraram para alcançar o controle político-ideológico do "processo de interpretação". Esta foi a importância dada ao método, que tem a função de isolar a norma (sentido do texto) de sua concretização. Cabe destacar que o processo hermenêutico apresenta um vetor de sentido, produto que não pode ser alterado a não ser por um regramento próprio e no próprio processo originário. Nesse sentido, justamente porque a Constituição é o elo entre o direito e a política, ela garante a democracia. A metodologia que usualmente se utiliza para a interpretação, a qual é perpassada por princípios,

---

[258] STRECK, Lenio Luiz. *Verdade e consenso: constituição, hermenêutica e teorias discursivas. Da possibilidade á necessidade de respostas corretas em Direito.* 3.ed. Rio de Janeiro: Lumen Juris, 2009. p. 573.

[259] STRECK, Lenio Luiz. *Verdade e consenso: constituição, hermenêutica e teorias discursivas. Da possibilidade à necessidade de respostas corretas em Direito.* 3.ed. Rio de Janeiro: Lumen Juris, 2009. p. 573.

[260] STRECK, Lenio Luiz. *Verdade e consenso: constituição, hermenêutica e teorias discursivas. Da possibilidade à necessidade de respostas corretas em Direito.* 3.ed. Rio de Janeiro: Lumen Juris, 2009. p. 572.

não significa que estes sejam regras, metarregras ou cânones, mas sim uma maneira de a Constituição ser realmente interpretada.

Assim, Streck desenvolveu cinco princípios que devem ser respeitados. É necessário um mínimo conjunto hermenêutico de princípios que devem ser respeitados e seguidos pelo intérprete, sempre com base na historicidade da compreensão e na sedimentação dessa principiologia. Estes, contudo, somente se revelam no momento da aplicação interpretação do caso concreto, já que representam um contexto de significações históricas compartilhadas por determinada comunidade política. O primeiro princípio interpretativo é o princípio da autonomia do direito. Este é sustentáculo do Estado Democrático, visto que abarca outros princípios, tais como o da correção funcional, da rigidez do texto constitucional, da força normativa da Constituição e da máxima efetividade. A Constituição é a manifestação desse acentuado grau de autonomia do direito em relação a outras dimensões que com ele se relacionam, como a política e a economia.

O segundo princípio é o do controle hermenêutico da interpretação constitucional. A ligação estreita da dicotomia democracia-constitucionalismo impõe uma reflexão de cunho hermenêutico. Para isso, deverá haver um efetivo controle hermenêutico das decisões judiciais, a partir do dever fundamental da motivação das decisões, e o respeito à autonomia do direito. Esta é a única maneira de haver a superação da discricionariedade e de deter o ativismo, ponderando que tal postura realmente afetará as tradicionais posturas de *self restraining* sem, contudo, implicar decisionismos e protagonismos judiciais.

O terceiro princípio é o do respeito à integridade e à coerência do direito. Como se asseverou alhures, muitas vezes se pode confundir esse princípio com "métodos de interpretação", tais como o princípio da harmonização, o princípio da unidade constitucional ou até mesmo o princípio da proporcionalidade. Sua funcionalidade depende integralmente da motivação das decisões. A integralidade, assim como a motivação, revela a necessidade de o decisor construir seus argumentos de acordo com o direito para que se demonstre objetivamente consistente. Esta é a única forma de evidenciar o respeito à tradição.

O quarto princípio é o da motivação das decisões. Os decisores têm uma forte responsabilidade política que está amparada na imposição constitucional da necessidade de motivação das decisões, prevista no inciso IX da Constituição Federal. A fundamentação está ligada ao controle das decisões, sendo somente ela capaz de deter o protagonismo judicial, dado que revela a adequação da decisão ao caso concreto, revelando ainda o respaldo a outras garantias, tais como as do artigo 5°, inciso LV, da

Constituição, a saber: o direito de informação, de contraditório e de manifestação, entre outros.

O quinto princípio é o do direito constitucional a uma resposta constitucionalmente adequada. Ele tem direta relação de dependência do dever fundamental de justificar as decisões, uma vez que este preserva a força da Constituição, servindo como uma espécie de blindagem contra decisões que não sejam legitimadas e que não estejam de acordo com a Constituição. Para efetivar esse direito, é necessário trocar qualquer pretensão solipsista, discricionária ou decisionista pelas condições histórico-concretas, levando em consideração a tradição da coerência e da integridade para poder evidenciar a superação do esquema sujeito-objeto pela hermenêutica jurídica. Antes de se proceder a qualquer análise, deve-se verificar a compatibilidade da norma constitucional ou a presença de contradição.[261]

Consequentemente, haverá o questionamento da adequação da aplicação daquela norma ao caso e do sentido para o qual aponta a compreensão prévia, condição para que haja compreensão do fenômeno. Convém ressaltar que essa ideia de resposta constitucionalmente adequada não pode, como já se mencionou diversas vezes, implicar a hipótese de elaboração de respostas definitivas, até porque isso seria contrário a tudo o que se defendeu até aqui e constituiria uma solução anti-hermenêutica, bem mais acatável pelos metodólogos que não se opõem ao congelamento dos sentidos. A resposta constitucionalmente adequada será, de fato, um produto filosófico que evidenciará a superação do esquema sujeito-objeto.

3.3. Súmulas

Um dos principais fatores determinantes para a estagnação do direito processual é justamente a tentativa de estabelecer métodos com vistas à uniformização do processo. Segundo Ovídio Baptista da Silva, "O Iluminismo pretendeu que o direito fosse construído com o mesmo 'material' com que se constroem a geometria e a álgebra".[262] Com o método, calcado nas ideias dogmáticas, o que se busca em realidade é uma maneira de padronizar o processo e quiçá as próprias decisões, uma vez que para o positivismo o método é uma forma confortável de decidir, pois traz a objetividade como regra. Contudo, há que se ponderar que súmula não é precedente.

---

[261] Cf. STRECK, Lenio L. *Verdade e Consenso*. 3. ed. Rio de Janeiro: Lumen Juris, 2009, posfacio.

[262] BAPTISTA, Ovídio Baptista da. *Direito material e processo* (estudo para compor o livro em homenagem ao Prof. Egas Muniz de Aragão). Disponível em: http://www.baptistadasilva.com.br/artigos005.htm: Acesso em: 09.09.2006.

O que para alguns, como Ovídio Baptista e Lenio Streck, é considerado como crítica aberta à sumularização, para outros é defendido como meio e até mesmo como política judiciária, visto que de "nada adiantaria decidir contra a posição do Tribunal Superior se este a reformará".[263] Ora, se fosse assim, a consequência inevitável seria duvidar, questionar e inclusive desmerecer a independência do juiz, a livre convicção motivada e o próprio duplo grau de jurisdição.

Se a ideia a ser defendida é de que tudo deságua nos tribunais superiores, ela equivale a defender a supressão das instâncias ou a limitação recursal. Assim, poder-se-ia acabar com o duplo grau de jurisdição, bem como se defenderia a aceitação de todo paradigma, súmula, decisão ou orientação jurisprudencial, entendendo que isso seria perpetuado, não importando o tempo, a faticidade, a tradição nem a historicidade. Acerca dos Tribunais Superiores, Paulo Bonavides que:

> (...) o tribunal constitucional da democracia participativa deixa de ser uma judicatura nos moldes clássicos, vazada na concepção européia atada a formalismos que não abrem espaço a considerações sistêmicas de cunho axiológico nem ao discurso de uma hermenêutica constitucional.[264]

Como é possível perceber, Bonavides propõe não uma aplicação formalista da letra da lei ou mesmo da súmula, mas sim a premissa de que qualquer decisão seja dotada de autonomia e reflexão quando da sua aplicação. Logo, ao se defender a súmula, justamente se estaria em busca de uma unidade – ou da possibilidade de uma unidade – como meio (fácil) de decidir. Sob tal égide, não seria necessário fundamentar, uma vez que a fundamentação já teria sido apontada em outro momento, e a partir disso haveria uma uniformização da decisão.

Ocorre que o positivismo jurídico apresenta uma limitação ao aplicador do direito quanto à possibilidade de interpretação do caso concreto, pois pressupõe que tal limitação ao decisor traria absoluta segurança jurídica à sociedade, uma vez que estaria na própria norma a solução para os casos concretos. Como a norma carrega consigo uma fundamentação prévia, fundada na *volonté general*, bastando ao juiz subsumi-la para aplicá-la, a fundamentação prévia justificaria, portanto, o abandono do caso concreto em prol da segurança jurídica.[265]

---

[263] CORTÊS, Osmar Mendes Paixão. *Súmula vinculante e segurança jurídica*. São Paulo: Revista dos Tribunais, 2008. p. 155.

[264] BONAVIDES, Paulo. Os fundamentos teóricos da democracia participativa. Anais da XVIII Conferência Nacional dos Advogados, Brasília, OAB Conselho Federal, p. 245-252, *s.d.*

[265] A segurança jurídica aqui referida não necessita da justiça e nem coincidirá, na maioria das vezes, com ela. O fato de se aplicar a "lei" correta ao caso concreto não oferece qualquer garantia de realização de justiça. Essa foi, de fato, uma forte crítica feita por Gustav Zagrebelski: "(...) se for assim, estaremos prontos para reduzir a justiça à pura e simples legalidade. Se for assim, estaremos dispostos

Toda a evolução lenta e gradual que as sociedades sofreram no sentido de se livrar da concepção do "juiz boca da lei" estaria indo ao encontro da concepção de um "juiz boca da súmula". Sim, pois facilmente não mais se necessitaria de qualquer interpretação do caso concreto para a aplicação da súmula. Nos moldes do que se tem visto, a justificativa para a aplicação sumular não enfrenta qualquer análise ou fundamentação, bastando a indicação de sua aplicação. Mauro Cappelletti faz a seguinte reflexão:

> (...) não se nega, com isto, que a ficção do caráter declarativo e meramente interpretativo da função judiciária possa oferecer, em certas circunstâncias, algumas vantagens e ter certas justificações. Ela pode ter sido útil como instrumento dirigido a tornar mais visível as "virtudes passivas" (sic) da função judiciária, que, embora não eletivamente fundadas sobre a mencionada não criatividade do processo de jurisdicional, podem todavia parecer mais evidentes quando o juiz se apresente como a "inanimada boca da lei". Parece claro, por outro lado, que atualmente as vantagens dessa ficção são amplamente superadas pelas suas desvantagens – especialmente nas sociedades democráticas, nas quais o processo legislativo tornou-se particularmente lento, obstruído, pesado, forçando, por conseqüência, o aumento do grau de criatividade da função judiciária.[266]

É evidente que o juiz, para o "uso de sua criatividade", não está livre para criar e decidir de forma arbitrária ou discricionária. Resta ele jungido a regras, princípios e tradições que servirão para justificar a adequação de sua decisão. Haverá situações em que o juiz, ao analisar o caso concreto, deixará de aplicar a norma por não ser esta a aplicável. Entretanto, haverá situações em que ele aplicará a norma (seja ela norma, princípio, súmula ou orientação existente) por ser realmente aplicável ao caso concreto. O que não se pode esperar, crer e defender é a aplicação indistinta, pois justamente não se teria segurança jurídica.

Conforme Bolzan de Morais, "a estabilidade jurídica, campo de estabelecimento de normas convivais, não pode significar o aprisionamento,

---

a considerar como 'estados de direito' também aqueles aos quais os juízes aplicam leis que têm o propósito de legitimar a arbitrariedade dos poderosos. Já que suas leis serviam para dar uma certa 'cobertura' a suas atrocidades, mesmo o regime nacional socialista poderia ser considerado dentro da classificação de 'estado de direito' – classificação honorífica que lhe foi reconhecida por juristas do regime – o primeiro deles foi Carl Schmitt – se bem que suas vítimas teriam provavelmente considerado mais congruente chamá-lo de 'estado de delito'" (Tradução livre). "(...) *si es así, entonces estaremos listos para reducir la justicia a pura y simples legalidad. Si es así, estaremos dispuestos a considerar como 'estados de derecho' también aquellos en los que los jueces aplican leyes que tienen el propósito de 'legitimar' la arbitrariedad de los poderosos. Ya que sus leyes servían para dar una cierta 'cobertura' a sus atrocidades, incluso el régimen nacionalsocialista podia ubicarse dentro de la calificación de 'estado de derecho' – calificación honorífica que lê fue reconocida por los juristas del regimen, el primero de todos ellos Carl Schmitt –, si bien sus victimas habrían probablemente considerado que era más congruente llamarlo 'estado de delito'"*. ZAGREBELSKY, Gustav. *El derecho dúctil*. Madrid: Editorial Trotta, 2006, p. 32.

[266] CAPPELLETTI, Mauro. *Juízes legisladores?* Trad. Carlos Alberto Álvaro de Oliveira, do original *Giudici legislatori?* Porto Alegre: Fabris, 1998, p. 131.

o congelamento, de uma vez por todas, de seu conteúdo. Não pode significar o fim da democracia".[267]

Ora, o que mais é a súmula senão o aprisionamento do tempo em si? A súmula é a representação máxima desse aprisionamento do tempo em que a mesma foi editada, perpetuando, assim, as características do tempo e do *modus vivendi* de sua edição.

Dizer que a súmula é tão somente o retrato da jurisprudência consolidada, servindo para que a própria Corte se guie e para que os tribunais inferiores a conheçam melhor,[268] é argumento frágil que ainda assim não a justifica. Além de não descaracterizar a ideia de aprisionamento de sentido, ele esbarra na própria história das cortes que mudam seu posicionamento, chegando inclusive a cancelar súmulas.

Outro não foi o caso no que tange à prisão civil do depositário infiel. Muito se discute sobre a possibilidade de se decretar sua prisão no curso da ação executiva, ou se seria necessário o ajuizamento de ação própria, discussão que rendeu o posicionamento de Adroaldo Furtado Fabrício no sentido de ser necessária a ação incidental. Diante dessa controvérsia, o Supremo Tribunal Federal editou a súmula nº 619 com a finalidade de decidir sobre a possibilidade da decretação da medida no curso da ação executiva, contrariando inclusive o artigo 904 do Código de Processo Civil.

Aprisionando o momento de sua edição e sobrevindo outras tantas discussões e fatos, o Brasil, signatário do Pacto San José da Costa Rica, passa a ver a referida súmula com olhos cautelosos. Os defensores do pacto, contrários à aplicação da prisão, defendiam a inconstitucionalidade dessa ação, haja vista a assinatura do pacto. Aos favoráveis à prisão, restava o argumento de que o pacto não é texto constitucional e, como a possibilidade da prisão civil do depositário infiel está prevista na Carta constitucional, nada obstaria de se seguir aplicando a Constituição.

Somada a esses fatos, a edição da Emenda Constitucional nº 45/2004 trouxe em seu texto a indicação da possibilidade de inclusão na Constituição dos pactos ou de suas cláusulas que tratassem de direitos fundamentais, desde que aprovados por 3/5 em dois turnos de votação da Câmara. É fato que o pacto não foi votado e muito menos aprovado nesses moldes. É fato também que o STF reavaliou seu posicionamento, vindo a cancelar a súmula em dezembro de 2008,[269] com base no pacto internacional.

---

[267] BOLZAN DE MORAIS, José Luís. *A subjetividade do tempo*. Porto Alegre: Livraria do Advogado, 1998. p. 93.

[268] CORTÊS, Osmar Mendes Paixão. *Súmula vinculante e segurança jurídica*. São Paulo: Revista dos Tribunais, 2008. p. 154.

[269] Na votação do HC 87585, prevaleceu a tese defendida pelo Ministro Celso de Mello, que admitia o valor constitucional dos tratados (HC 87.585-TO).

Os que negam o aprisionamento do sentido e deparam-se com essa realidade da revogação – por exemplo, da súmula nº 619 do STF – terão por certo de admitir a impossibilidade de se tentar abarcar todas as situações que possam existir e justificar todas e cada uma delas com a edição de uma súmula, devido às incontáveis hipóteses que a realidade pode apresentar.

O que parece latente é que não há possibilidade de que o legislador possa, em qualquer hipótese, prever todas as situações que poderão decorrer da norma, já que isso significaria a entificação metafísica dos sentidos. A impossibilidade de o legislador prognosticar completamente as hipóteses em que a lei se aplicará justifica a necessidade da análise do caso, tendo em vista as particularidades do caso cuja condição de sentido modifica-se dependendo do contexto em que está inserido.

O mesmo ocorre quando se trata das súmulas. A imposição de orientação sumulada pelos tribunais superiores é forma majestosa de afastamento do decisor do caso concreto. A "sumularização" do caso concreto, trazida pela emenda constitucional nº 45/04, é fator preocupante que somente fará o julgador aplicar a súmula, sem que se atenha às peculiaridades do caso, afastando-se cada vez mais da resposta correta/adequada, uma vez que são concebidas no intuito de apaziguar situações futuras, e não na iminência de decidir um caso concreto.

A resposta correta, que de fato só pode ser desvelada ante o caso concreto, não se coaduna com a ideia de fundamentação prévia, já que a fundamentação prévia impossibilita a verdadeira fundamentação que será produzida no círculo hermenêutico. Na busca do desvelamento através da síntese hermenêutica, o intérprete, apoiado em sua historicidade e em seu horizonte, julga com base em suas pré-compreensões, caso a caso. Por meio da fundamentação, ele evidencia, publiciza e traz à tona os motivos (suas pré-compreensões) e o caminho que percorreu para julgar.

A "sumularização" é resquício manifesto do positivismo, que tem a intenção de retratar toda a realidade ao direito positivo.[270] Não bastassem os legisladores a legislar, o judiciário avoca a si a prerrogativa de sumular, institucionalizando a legislação pelo Judiciário. A evolução das distintas doutrinas filosóficas que hoje em dia explicam esse fenômeno jurídico tem constatado a transição de um "positivismo legalista" a um "positivismo judicialista".[271] A súmula, portanto, opera, para os positivistas, tal como a lei, aprisionando o tempo, ignorando a diferença on-

---

[270] STRECK, Lenio Luiz. Hermenêutica jurídica e o efeito vinculante da jurisprudência no Brasil. *Boletim da Faculdade de Coimbra*, separata vol. LXXXII, p. 213-237, 2006.

[271] LÓPEZ VILAS, Rámon. *La jurisprudência y su funcion complementaria del ordenamiento jurídico*. Madrid: Civitas, 2002. p. 35.

tológica entre texto e norma. É por isso que se justifica a necessidade da motivação, de o juiz expor as razões que o conduziram a decidir de determinada maneira,[272] pois é a única possibilidade de libertá-lo do positivismo jurídico.

Além desse problema, cabe ainda lembrar que, em uma democracia, não há como se conceber essa "nova" função do judiciário, visto que a criação dessa "norma" sequer respeita o processo legislativo democrático, seja ele representativo ou racional. Assim, questiona-se não só a maneira como essa nova legislação é criada, como também se pergunta: a que controle de constitucionalidade fica ela submetida?

A "sumularização" oculta a singularidade do caso, tendendo a uma decisão equivocada. É fato que eventualmente poderá haver decisão que não seja a correta para o caso concreto em evidência, mas a única forma de se ter certeza disso é através da motivação. Quando ocorre uma aplicação equivocada, é porque ela está baseada em pré-compreensões não autênticas que levam a uma decisão errônea. A decisão continua a ser verdade, tal como aquela que é produzida por meio de pré-compreensões autênticas, só que esta é uma verdade inautêntica pelo fato de estar baseada em pré-compreensões equivocadas.

É fato também que o produto da síntese hermenêutica que deixa de fazer a fundamentação da decisão está equivocado, pois decorre de verdades não autênticas. Para que tal produto seja autêntico, dependerá da correta aplicação do "sentido do direito projetado pela comunidade política".[273] Se assim não for, a decisão não estará baseada em verdades autênticas e, por conseguinte, não será a correta para o caso concreto.

Como se vê, a utilização da norma sem a devida aplicação do princípio maior, constitucional, que determina a necessidade de fundamentar está equivocada, pois não está sendo empregada à luz da Constituição, dado que se olvida dessa primazia. Torna-se, assim, dificultada a relação da aplicação do direito, uma vez que o operador o faz de maneira dedutivista, com base na hermenêutica clássica vista como pura técnica interpretativa, na qual a linguagem é tida como uma terceira coisa que se interpõe entre o jurista e o direito.[274]

O questionamento que se propõe objetiva justamente cambiar o paradigma iluminista até então utilizado, pois a resposta correta ainda está

---

[272] ORDÓÑES SOLÍS, David. *Jueces, derecho y política: los poderes del juez en una sociedad democrática.* Navarra: Thomson Aranzadi, 2004. p. 38.

[273] STRECK, Lenio Luiz. *O que é isto? Decido conforme minha consciência?* Porto Alegre: Livraria do Advogado, 2010. p. 98.

[274] STRECK, Lenio Luiz. Hermenêutica jurídica e o efeito vinculante da jurisprudência no Brasil. *Boletim da Faculdade de Coimbra*, separata vol. LXXXII, p. 213-237, 2006.

velada. Segundo o paradigma iluminista, a resposta estaria sempre desvelada, levando em consideração a fundamentação prévia da letra da lei. Não se necessitaria de um processo interpretativo, mas sim de um aplicador da lei existente ou mesmo de interpretações dessa lei preexistente. Se houver tal quebra de paradigma, com o desvelamento necessário, diga-se de passagem, prevalecerá a autoridade da tradição.

O que é um *hard case* se transformará em um *easy case* justamente pela autoridade da tradição. Eles não existem como abstração, como talvez pudessem imaginar os iluministas. A existência de decisões similares e correlatas não são evidências a toda prova de se tratar de um *easy case*, nem justificam o afastamento da fundamentação. Somente com o surgimento do *case in concreto* é que se determinará quando se trata de um *hard* ou *easy case*. Não há um rol taxativo que seja considerado com um ou outro.

O abandono ao caso não pode ser apoiado, tendo em vista que a síntese hermenêutica no processo de aplicar o direito ao caso concreto não foge – nem tem como fugir – à interpretação da situação fática de cada caso concreto. É justamente por isso que Ovídio Baptista da Silva adverte: "Temos repetido a recomendação de Savigny de que os práticos do direito abandonassem a veleidade de encontrar 'uniformidades' nos casos de sua experiência profissional, pois, dizia o jurista, tal empresa mostrar-se-á sempre infrutífera, dada a inimaginável diversidade existente entre eles".[275]

A "sumularização" é, portanto, uma maneira velada de propiciar o distanciamento do julgador ao caso apresentado, sendo a aplicação da súmula, na maioria das vezes a fundamentação que, na realidade, deixa de fundamentar a decisão do julgador.

Ora, o julgador que se atem à súmula também se desatenta ao caso concreto, às peculiaridades que justificariam ou não a sua aplicação. Nessa perspectiva, ao aplicar a súmula, o julgador somente justifica a aplicação da súmula, sem justificar o seu cabimento. Distancia-se, assim, da justificativa de seu cabimento para decidir com base de uma decisão pronta.

Deve-se ainda considerar que a decisão baseada na súmula contrapõe a norma fundamentada, pois deixa de aplicá-la, já que não há exame que demonstre a fundamentação real, mas apenas a aplicação da súmula, conforme se imagina impor; e a "nova regra", imposta na própria súmu-

---

[275] BAPTISTA, Ovídio Baptista da. *Direito material e processo* (estudo para compor o livro em homenagem ao Prof. Egas Muniz de Aragão). Disponível em: http://www.baptistadasilva.com.br/artigos005.htm. Acesso em: 09.09.2006.

la, muitas vezes surge como justificativa tão somente da norma, e não do caso em si.

3.3.1. Súmula vinculante

A ideia da súmula vinculante, de uma decisão que vincula todas as demais a essa primeira que se torna paradigma, há muito tempo é discutida, criticada e também implantada em vários ordenamentos jurídicos.

No Brasil, a súmula vinculante passou a existir com a Emenda Constitucional nº 45, que adicionou ao artigo 103-A da Constituição tal possibilidade. O artigo 103-A determina a possibilidade de o Supremo Tribunal Federal, "de ofício ou por provocação, mediante decisão de dois terços dos seus membros, depois de reiteradas decisões sobre matéria constitucional, aprovar súmula que, a partir de sua publicação na imprensa oficial, terá efeito vinculante em relação aos demais órgãos do Poder Judiciário e à administração pública direta e indireta, nas esferas federal, estadual e municipal, bem como proceder à sua revisão ou cancelamento, na forma estabelecida em lei".

Significa dizer que a jurisprudência votada pelo Superior Tribunal Federal passa a ser uma decisão obrigatória, a qual deverá ser utilizada por todos os tribunais, uma vez que ficaria o juízo obrigado a decidir no sentido que tribunal já decidiu. Quando o Supremo Tribunal Federal receber diversos recursos extraordinários com controvérsia idêntica, este escolherá somente um para se manifestar, sendo que os demais em tramitação já no próprio Supremo Tribunal Federal e nos tribunais inferiores deverão ter seu julgamento sobrestado, até que seja julgado definitivamente o caso paradigmático. A partir do julgamento do caso paradigmático, a decisão referente a ele deverá ser aplicada a todos os demais.

Com isso, não se tem uma ampliação da coisa julgada, mas somente mera reprodução dos fundamentos do caso paradigma aplicada a todos os casos semelhantes, inclusive nas instâncias inferiores.[276] Há, portanto, um enfraquecimento dessas instâncias inferiores, mormente da justiça de primeiro grau em favor dos tribunais de segundo grau e dos tribunais superiores, em razão de uma efetividade quantitativa.[277]

A justificativa de que a súmula serviria para dar segurança e/ou previsibilidade para as soluções jurídicas em determinadas situações en-

---

[276] HARTMANN. Eficácia vinculante em precedente judicial e pronunciamento de ofício da prescrição e da competência relativa: estudo crítico das recentes reformas processuais que fortalecem os poderes dos magistrados. In: MEDINA, José Miguel Garcia et al. (coord.). *Os poderes do juiz e o controle das decisões*. 2ª tiragem. São Paulo: Editora Revista dos Tribunais, 2008. p. 50.

[277] STRECK, Lenio Luiz. A hermeneutica jurídica e o efeito vinculante da jurisprudência no Brasil: o caso das súmulas. *Boletim da Faculdade de Coimbra*, separata ao vol. LXXXII, p. 1-14, 213-214, 237, 2006.

cobre, na realidade, a possibilidade de se trazer a decisão correta para o caso apresentado. Não que impeça, mas limita, já que não há discricionariedade ao se aplicar a súmula. Isto é, em havendo súmula para a matéria, esta é aplicada de pronto ao caso, sem análise da situação fática do caso *in concreto*.

Desta feita, universaliza-se a decisão. Em nome da "efetividade",[278] aceita-se o afastamento do caso concreto. Em prol da celeridade, aceita-se uma interpretação isofórmica, como se a rapidez valesse o relegamento da segurança jurídica que a fundamentação pode revelar no processo. Como já foi explicitado, a fundamentação, além de ser direito fundamental, cumpre mais de uma função processual: a de revelar a motivação do julgador, a de controlar a constitucionalidade e a de garantir o Estado Democrático de direito.

Ao tratar das inovações trazidas pela súmula vinculante no texto da Emenda Constitucional nº 03/1993, Gilmar Ferreira Mendes explicou o seguinte acerca do referido efeito vinculante:

> Além de conferir eficácia *erga omnes* às decisões proferidas pelo Supremo Tribunal Federal em sede de controle de constitucionalidade, a presente proposta de emenda constitucional introduz no direito brasileiro o conceito de efeito vinculante em relação aos órgãos e agentes públicos. Trata-se de instituto jurídico desenvolvido no direito processual alemão, que tem por objetivo outorgar maior eficácia às decisões proferidas por aquela Corte Constitucional, assegurando força vinculante não apenas a parte dispositiva da decisão, mas também aos chamados fundamentos ou motivos determinantes de decidir (*tragende gründe*).[279]

Como se vê, inclusive com relação aos motivos determinantes para se decidir, a vinculação torna-se álibi fácil da aplicação imediata da súmula existente, tornando-se, assim, a justificação da primeira também a da segunda, deixando de interpretar para aplicar e de analisar o caso concreto.

3.3.2. Derivações da súmula vinculante?

A súmula impeditiva de recursos foi prevista também na PEC nº 29/00, juntamente com a súmula vinculante. Porém, quando esta foi aprovada na EC nº 45/04, a impeditiva de recursos remanesceu, tendo sido reencaminhada para a Câmara sob o nº 358/05, com a publicação da Lei nº 11.272/06 em fevereiro de 2006.

---

[278] Ao se abordar o termo "efetividade" neste tópico do trabalho, aplica-se a ele o sentido de rapidez ou de tempo razoável de processo.

[279] MENDES, Gilmar Ferreira. Ação declaratória de constitucionalidade: inovação da Emenda Constitucional nº 03/93. *Cadernos de Direito Constitucional e Ciência Política*, n. 4, p. 120, S.D.

As alterações e inserções na legislação processual trouxeram as ideias de "jurisprudência dominante" e "súmula impeditiva de recursos". Súmula impeditiva de recurso é a possibilidade de não haver a admissão do recurso se já houver súmulas do Superior Tribunal de Justiça ou do Supremo Tribunal Federal contrárias ao pretendido no recurso. Nesse caso, a edição da lei que a instituiu nada mais foi do que a legislação, de certa forma, da Súmula n° 83 do Superior Tribunal de Justiça.

A súmula vinculante e a súmula impeditiva de recursos têm em comum um núcleo, mas com diferenças específicas, como se pode notar. Ambas são extratos da jurisprudência dominante nos tribunais do país, são obrigatórias e desempenham relevantes funções processuais. Embora em dimensões distintas, destinam-se a prevenir ou corrigir controvérsia entre os órgãos judiciais ou entre estes e a administração pública. São dissuasórias e, portanto, estão acima das que são simplesmente persuasivas. Entretanto, também apresentam diferenças, haja vista que a súmula vinculante aplica-se a destinatários diretos (poder público, qual seja o judiciário ou mesmo a administração pública) e indiretos (pessoas de direito privado, físicas e jurídicas, de direito público e até mesmo o legislativo), enquanto a súmula impeditiva de recursos tem eficácia limitada ao processo. Além disso, a súmula vinculante, emanada do Supremo Tribunal Federal, obriga a todos os demais tribunais, ao passo que impeditiva de recursos não, já que o Supremo Tribunal Federal só atua no plano da Constituição.[280]

Percebe-se, então, que a súmula impeditiva de recursos é de fácil identificação, distanciando-se, nesse sentido, da hipótese de "jurisprudência dominante", cuja primeira dificuldade é a de se identificar o que é "dominante". Sem dúvida, o entendimento deve estar voltado para a ideia de maioria da jurisprudência (maioria esta, segundo defendem alguns, que embasará a criação das súmulas),[281] porém questiona-se: quanto é a maioria? E ainda: para ser a maioria dominante, deve assim ter sido identificada pela Corte? De qualquer sorte, a ideia de jurisprudência dominante não nos pode afastar da locução do artigo 557 do Código de

---

[280] MANCUSO, Rodolfo de Camargo. Questões controvertidas sobre a súmula vinculante. In: MEDINA, José Miguel Garcia et al. (coord.). *Os poderes do juiz e o controle das decisões*. 2ª tiragem. São Paulo: Editora Revista dos Tribunais, 2008. p. 1192.

[281] Nesta hipótese curiosa, questiona-se como chegou o Superior Tribunal de Justiça à edição da súmula n° 364, que equipara a impenhorabilidade do imóvel residencial do solteiro ao imóvel residencial da família ao teor do artigo 1° da Lei n° 8009/90, se o posicionamento do Superior Tribunal de Justiça era divergente. O Superior Tribunal de Justiça tinha três posicionamento sobre o tema: a 3ª turma, 4ª turma, 6ª turma, entendiam que o solteiro tinha direito à proteção de impenhorabilidade prevista no art. 1° da Lei 8.009/90, bem como todos aqueles que se agrupam em família, uma instituição social normalmente formada por laços de casamento, união estável, descendência ou ascendência, vez que a norma se destina a garantir um teto para cada indivíduo, não se direcionando a número de pessoas, enquanto as demais, não.

Processo Civil, que prevê expressamente o poder do relator do agravo de instrumento de negar-lhe seguimento quando houver jurisprudência dominante do respectivo tribunal.

Contudo, ambas as hipóteses estão imbricadas nas ideias de súmula vinculante, que vem sendo mal-elaborada segundo uma concepção de que seriam julgamentos baseados em precedentes, o que de fato não são. A súmula é criada com base em uma hipótese, enquanto o precedente é paradigma de julgamento em virtude de determinada situação fática concreta. Assim, quando houver o julgamento pelo precedente, nos ordenamentos que o assim preveem, será impositivo o reconhecimento de identidades de situações para que haja a correta aplicação do paradigma. É de se dizer que, não havendo tal identidade, não se pode aplicar o precedente. Então, total é a diferença entre o precedente e a inovação brasileira súmula vinculante.

Fala-se em inovação tendo em vista que a Emenda Constitucional nº 45, que institui a súmula vinculante, foi promulgada em 2004 e até hoje existem somente 16 súmulas. Há quem defenda que o inexpressivo número de súmulas evidencia o cuidado que o judiciário tem com tal instituto, detentor de tamanho poder; porém, o que representaria verdadeiro zelo do Judiciário não se traduz em atenção quando de sua aplicação. Uma vez existindo a súmula, sua aplicação é imediata, sem qualquer análise mais detalhada ou interpretação. Isso resta demonstrado nos julgamentos pela "jurisprudência dominante" e pela "súmula impeditiva de recursos".

Veja-se que o Superior Tribunal de Justiça julgou embargos declaratórios no agravo regimental no Recurso Especial nº 886.061–RS, hipótese de aplicação do 557, no tocante à jurisprudência dominante, tendo referido o seguinte:

> Não merece amparo o apelo. As causas autorizadoras do julgamento monocrático estão previstas no art. 557 do Código de Processo Civil, *in verbis*: Art. 557. O relator negará seguimento a recurso manifestamente inadmissível, improcedente, prejudicado ou em confronto com súmula ou com jurisprudência dominante do respectivo tribunal, do Supremo Tribunal Federal, ou de Tribunal Superior.
>
> Não há, pois, exigência de decisão pelo juízo colegiado, em Recurso Especial, tendo, no caso, sido negado seguimento ao recurso por estar em confronto com súmulas e com a jurisprudência dominante desta Corte Especial. [282]

Esta, portanto, foi a decisão do Superior Tribunal de Justiça no tocante à aplicação do artigo 557 do Código de Processo Civil, ainda que tenha referido que se trata de hipótese de se negar seguimento ao recurso,

---

[282] BRASIL. Superior Tribunal de Justiça. EDcl no AgRg no Recurso Especial nº 886.061-RS (2006/0151177-6). Relator Ministro Herman Benjamin. 2ª Turma. Julgado em 20.08.2009. Publicado no DJU em 27.08.2009.

pois estaria em confronto com as súmulas e com a jurisprudência da Corte. Salvo melhor juízo, não há qualquer fundamentação na aplicação do dispositivo legal, pois sequer chega a decisão a mencionar qual ou quais súmulas estariam em confronto, nem demonstra a jurisprudência dominante que refere. Assim, prova-se que o que se vem defendendo quanto ao afastamento do caso concreto e da fundamentação é hipótese viva do cotidiano de nossos tribunais.

No mesmo sentido, julgou a 3ª Turma do Superior Tribunal de Justiça em Agravo Regimental no Agravo de Instrumento nº 807.013-GO (2006/0182887-0), sob a relatoria do Ministro Vasco Della Giustina, ao decidir reconhecendo a hipótese do artigo 557 do Código de Processo Civil, sem identificar ou relacionar o caso concreto com a jurisprudência dominante. Tanto é verdade, que a decisão em comento pode ser aplicada em qualquer caso que se queira, já que a decisão não se relaciona com nenhuma hipótese específica do caso concreto em julgamento:

> Outrossim, no tocante à suposta violação do artigo 557 do Código de Processo Civil, melhor sorte não assiste à recorrente, visto que o entendimento consolidado neste Tribunal Superior é de que, tratando-se de recurso manifestamente improcedente, prejudicado, deserto, intempestivo ou contrário à jurisprudência dominante do respectivo tribunal, do Supremo Tribunal Federal ou de Tribunal Superior, inocorre nulidade da decisão quando o relator não submete o feito à apreciação do órgão colegiado, indeferindo monocraticamente o processamento do recurso. Além disso, esta Corte já se pronunciou no sentido de que a confirmação da decisão monocrática de relator pelo órgão colegiado sana eventual violação daquele artigo.[283]

É bem verdade que, nesse julgamento, o ministro colacionou outras decisões no sentido da aplicabilidade do artigo 557. No entanto, o que se deve ter em mente é que a fundamentação de tal decisão, para que ela possa evidentemente trazer a paz social, não pode repousar na justificativa da aplicação do artigo 557 do Código de Processo Civil, mas sim, no mínimo, na demonstração cotejada da referida jurisprudência dominante.

Não é outra a prática quando a decisão está vinculada à ideia de súmula impeditiva de recursos. Da mesma maneira é aplicada a súmula vinculante. O Superior Tribunal de Justiça deixa de admitir recurso ou não o reconhece, haja vista já existir súmula de jurisprudência dominante no Supremo Tribunal Federal e no Superior Tribunal de Justiça contrária à tese defendida no recurso, sendo que na outra o recurso deixa de ser recebido por já existir súmula no sentido contrária à decisão.

---

[283] BRASIL. Superior Tribunal de Justiça. Agravo Regimental no Agravo de Instrumento nº 807.013-GO (2006/0182887-0). Relator Ministro Vasco Della Giustina. 3ª Turma. Julgado em 18.08.09. Publicado no DJU em 03.09.09.

O legislador deixou a critério do juiz para decidir de acordo com as súmulas do Supremo Tribunal Federal e do Superior Tribunal de Justiça; contudo, quando se trata de recurso de apelação, e o julgador verificar a coerência da decisão com súmula dos tribunais superiores, nesses casos deverá não receber o recurso. Nessa hipótese, não há opção para o magistrado. Ele não opta por receber ou não o recurso, mas simplesmente não o receberá, de acordo com o § 1º do artigo 518 do Código de Processo Civil. Não são necessários maiores delongas na "fundamentação" da negativa de seguimento, tal como hoje é aplicado o referido artigo do diploma processual, bastando a indicação da súmula, porque entendeu o legislador que esse ato garantiria maior agilidade ao processo. Sob a justificativa da celeridade e da diminuição de demandas, tratadas como repetitivas, em última análise se está abrindo mão da própria fundamentação, o que não se pode aceitar.

Em síntese, é possível dizer que o positivismo afasta a possibilidade de se aplicar a decisão correta para o caso concreto, seja pelo fato de este ficar jungido à literalidade da lei aplicada, seja pela discricionariedade que é atribuída ao juiz para a solução dos *hard cases*. Assim, justifica-se apresentar como seu contraponto a resposta adequada. Aceitar o positivismo significa admitir que a lei é capaz de abarcar todas as hipóteses de casos que possam vir a existir. Dizer que de fato a resposta trazida pela aplicação da literalidade da lei abrange a resposta adequada ao caso é o mesmo que acreditar na "superioridade" do legislador, que teria sido capaz de imaginar e abarcar na lei todas as hipóteses que a realidade pudesse apresentar.

Seria o mesmo que aceitar que é possível responder antes mesmo de perguntar. Ora, não há resposta sem pergunta, ou ao menos a resposta só pode ser referente a determinada pergunta depois que esta existir. A hermenêutica filosófica, por seu turno, não desacredita a lei, mas demonstra a necessidade de abarcar mais do que a letra da lei para chegar à resposta correta. É nesse sentido que a hermenêutica filosófica apresenta a necessidade de interpretação do caso, baseado na historicidade do intérprete, dentro do círculo hermenêutico.

4. Fundamentação como Direito Fundamental

Não se pretende aqui conceituar especificamente o que são direitos fundamentais e do que eles tratam, mas se faz necessário estabelecer tal conceituação de maneira genérica a fim de colocar em discussão a questão dos direitos fundamentais em relação à fundamentação.

Desta feita, parece essencial que se embase com conceitos genéricos a questão dos direitos fundamentais, bem como seu surgimento e sua evolução como base para a proposta deste capítulo, qual seja: o reconhecimento da fundamentação como direito fundamental.

Ainda cabe esclarecer que, neste capítulo, a abordagem dos direitos fundamentais se dará sob essa denominação, embora a doutrina adote várias expressões para tratar do tema,[284] tais como "direitos humanos", "direitos do homem", "direitos subjetivos públicos", "liberdades públicas", "liberdades fundamentais" e "direitos humanos fundamentais".[285] Optou-se neste trabalho simplesmente por utilizar a denominação "direitos fundamentais".

Não obstante, ressalta Ingo Wolfgang Sarlet que a Constituição brasileira se caracteriza pela diversidade semântica, utilizando diversos termos para tratar dos direitos fundamentais. Aponta ele que há, na Constituição, várias expressões distintas para tratar do tema, a saber: "direitos humanos" (art. 4º, inciso II); "direitos e garantias fundamentais" (epígrafe do Título II e art. 5º, § 1º); "direitos e liberdades constitucionais" (art. 5º, inciso LXXI) e "direitos e garantias individuais" (art. 60, § 4º, inciso IV).[286] [287]

---

[284] Acerca do conteúdo das expressões, ver MARTÍNEZ, Gregório Peces-Barba. *Curso de derechos fundamentales: teoria general*. 1. reimpr. Madrid: Universidad Carlos III de Madrid, Boletín Oficial del Estado, 1999. p. 25.

[285] SARLET, Ingo Wolfgang. *A eficácia dos direitos fundamentais*. Porto Alegre: Livraria do Advogado, 2004. p. 33.

[286] SARLET, Ingo Wolfgang. *A eficácia dos direitos fundamentais*. Porto Alegre: Livraria do Advogado, 2004. p. 33-4.

[287] Francisco Tomás y Valiente não considera que as expressões "direitos humanos" e "direitos fundamentais" sejam equivalentes e, por isso, traça uma diferenciação entre elas. Para o autor, a

Feitos os esclarecimentos de ordem metodológica do capítulo, passa-se à abordagem das noções propriamente ditas acerca dos direitos fundamentais necessárias para o desenvolvimento da presente discussão.

4.1. Evolução

O Estado estabeleceu garantias tidas como fundamentais para proteção do cidadão. Em sua origem, foram reconhecidos ao ser humano direitos inalienáveis, invioláveis e imprescritíveis. Nessa perspectiva, os direitos fundamentais visam a tratar de "interesses e carências que, em geral, podem e devem ser protegidos e fomentados pelo direito".[288]

Assim, primordialmente, a carência a ser "tutelada" passa a ser protegida pelo direito. De acordo com Robert Alexy, a segunda condição é que tal carência seja tão fundamental que se justifique e também se fundamente no próprio direito. Sua premência, portanto, justifica sua presença para o sistema jurídico e para o legislador, já que o seu desrespeito significa a morte, o sofrimento grave ou a troca de núcleo primordial da autonomia.[289]

Para Luigi Ferrajoli, uma definição de direitos fundamentais, seja ela formal ou estrutural, pode ser evidenciada pela característica de universalidade que há no sentido de que podem ser reconhecidos, em todos os povos, como um apanágio na qualidade de cidadão.[290] Por tal razão, os direitos fundamentais variam com a história e com a sociedade, sendo impossível elencar um rol absoluto e imutável de tais garantias.

Talvez um dos apontes mais longínquos no qual se podem identificar características de proteção aos direitos hoje denominados fundamentais tenha sido o Código de Hamurabi.[291] Note-se que, na referida legislação, Hamurabi buscou sobretudo a justiça. Sua tentativa precí-

---

expressão "direitos humanos" é ético-filosófica e tem uma concepção semântica abrangente, enquanto a expressão "direitos fundamentais" é mais restrita e refere-se ao ordenamento jurídico-constitucional. TOMÁS Y VALIENTE, Francisco. Jurisprudencia del tribunal constitucional espanhol em matéria de derechos fundamentales. In: *Enunciazione e giustiziabilità dei diritti gondamentali nelle carte Constituzionali Europee: profili storici e comparistici*. Milano: Giuffrè, 1994. p. 124.

[288] ALEXY, Robert. Direitos Fundamentais no estado constitucional democrático. *Revista de Direito da UFRGS*, v. 16, p. 203-214, 1999.

[289] ALEXY, Robert. Direitos fundamentais no estado constitucional democrático. *Revista de Direito Administrativo*, Rio de Janeiro, v. 217, p. 55-66, jul./set. 1999.

[290] FERRAJOLI, Luigi. *Il fondamento dei diritti umani*. Pisa: Servizio Editoriale Universitário, 2000. p. 8.

[291] O Código de Hamurabi é um dos mais antigos conjuntos de leis, tendo sido criado na Mesopotâmia pelo então rei do Império Babilônico por volta do século XVIII a.C.

pua foi a de criar um Estado de direito através de sua grande reforma jurídica.[292] A sociedade babilônica estava dividida por castas sociais, e a legislação do rei Hamurabi previa garantias de direitos a todas elas. É bem verdade que os direitos e deveres determinados na legislação diferiam-se de uma camada da população para a outra, mas ainda sim eram uma garantia a todos.

Por exemplo, a multa imposta a um cidadão livre da casta mais alta era certamente mais expressiva do que a multa imposta a um escravo. A coluna XL, linha 80, § 203 do referido ordenamento diz que "se um filho de um *awilum*[293] agrediu a face de (outro) filho de *awilum*, que é igual a ele: pesará uma mina de prata".[294] Em outra passagem, a coluna XL, linha 90, § 204 da mesma legislação diz que "se um filho de um *muškênum*[295] agrediu a face de outro *muškênum*: pesará 10 siclos de prata"[296] e, por fim, a coluna XLI, § 205 do referido ordenamento que diz que "se o escravo[297] de um *awilum* agrediu a face do filho de um *awilum*: cortarão sua orelha".

Como se vê, a penalidade imposta somente mantinha igualdade se a agressão fosse cometida entre pessoas da mesma casta, embora todos tivessem seu grau de "proteção legal" em relação à sua pessoa humana (dentro de sua casta). Tanto isso é verdade que, na coluna XXXVI, linha 60, § 175, determina-se que, se um escravo se casa com uma mulher livre, seja ela *muškênum* ou *awilum*, a prole do casal será livre, não detendo o dono do escravo nenhum por sobre essa prole.[298]

Havia ainda nas leis de Hamurabi outras proteções que hoje se reconhece como direitos fundamentais. É cediço o reconhecimento do direito

---

[292] BOUZON, E. *O código de Hamurabi: introdução, tradução (do original cuneiforme) e comentários*. 2.ed. Petrópolis: Vozes, 1976. p. 11.

[293] Nomenclatura atribuída aos homens livres da classe social mais alta. BOUZON, E. *O código de Hamurabi: introdução, tradução (do original cuneiforme) e comentários*. 2.ed. Petrópolis: Vozes, 1976. p. 16.

[294] BOUZON, E. *O código de Hamurabi: introdução, tradução (do original cuneiforme) e comentários*. 2.ed. Petrópolis: Vozes, 1976. p. 88.

[295] Nomenclatura atribuída aos homens da classe intermediária, entre os *awilum* e os escravos. BOUZON, E. *O código de Hamurabi: introdução, tradução (do original cuneiforme) e comentários*. 2.ed. Petrópolis: Vozes, 1976. p. 16.

[296] BOUZON, E. *O código de Hamurabi: introdução, tradução (do original cuneiforme) e comentários*. 2.ed. Petrópolis: Vozes, 1976. p. 88.

[297] Nomenclatura atribuída aos homens "não livres", escravizados, que em geral ficavam à mercê da bondade de seus senhores. BOUZON, E. *O código de Hamurabi: introdução, tradução (do original cuneiforme) e comentários*. 2.ed. Petrópolis: Vozes, 1976. p. 17.

[298] Código de Hamurabi, coluna XXXVI, linha 60, § 175: "Se um escravo do palácio ou um escravo de um muškênum tomou como esposa a filha de um awilum e ela lhe gerou filhos: o senhor do escravo não poderá reivindicar para a escravidão os filhos da filha do awilum. BOUZON, E. *O código de Hamurabi: introdução, tradução (do original cuneiforme) e comentários*. 2.ed. Petrópolis: Vozes, 1976. p. 88.

fundamental à propriedade no Código de Hamurabi, que na coluna VI, linha 60, § 8, garantia a indenização em caso de furto de patrimônio alheio.[299] Na coluna XVII, na linha 65, parágrafo D, há uma regulação de garantia ao terreno de propriedade conhecida, no caso o vizinho, impedindo o usucapião.[300]

Também havia referência à proteção do que se assemelharia hoje ao princípio da dignidade da pessoa humana. Na coluna XII, § 36,[301] menciona-se que ela poderia ser comparada à proteção conhecida pelo instituto da *homestead*. No Brasil, a impenhorabilidade é regra de exceção e, para ser reconhecida como tal, deve estar prevista.[302] A impenhorabilidade é forma protetiva do devedor para que este não morra à míngua, garantindo-lhe o mínimo para sua subsistência de forma digna. Assim, estão tutelados bens ou quantidades de bens do patrimônio do devedor que não podem ser alcançados pelo credor. Note-se, então, que a garantia atual tem contornos delineados pela legislação babilônica no sentido de proteção mínima de subsistência e, em última instância, à dignidade da pessoa humana.

No que tange aos direitos fundamentais sociais, pode-se afirmar que havia nitidamente naquela legislação um teor de proteção ao trabalho, uma vez que se reconhecia o direito ao salário. Na coluna XLI, linhas

---

[299] Código de Hamurabi, coluna VI, linha 60, parágrafo 8: "Se um homem livre roubou um boi ou uma ovelha ou um asno ou um porco ou uma barca, se é um deus ou do palácio deverá pagar até trinta vezes mais; se for de outra pessoa, restituirá até dez vezes mais. Se o ladrão não tem com que restituir, será morto". SOUZA LIMA, João Batista de. *As mais antigas normas de direito*. 2.ed. Rio de Janeiro: Forense, 1983. p. 4.

[300] Código de Hamurabi, coluna XVII, linha 65, parágrafo D: "Se um vizinho construir sobre o [terreno baldio] [de seu vizinho]: ele perderá a casa [que construiu] e [o terreno baldio voltará] a [seu proprietário]". Nessa tradução, segue-se a reconstrução do texto feita por Driver-Miles (cf. *The babylonian laws*, vol. II, p. 34). No texto conservado, temos ni-[di-it i-te-šu] e, portanto, do sinal cuneiforme "ni" é reconstruída a palavra niditum, que designa um terreno não cultivado, baldio. BOUZON, E. *O código de Hamurabi: introdução, tradução (do original cuneiforme) e comentários*. 2.ed. Petrópolis: Vozes, 1976. p. 48.

[301] Código de Hamurabi, coluna XII, parágrafo 36: "O campo, o pomar, a casa de um oficial gregário ou vassalo não podem ser vendidos (...)". SOUZA LIMA, João Batista de. *As mais antigas normas de direito*. 2.ed. Rio de Janeiro: Forense, 1983. p. 7.

[302] A impenhorabilidade faz parte do princípio protetivo da dignidade da pessoa humana e é regida por dois princípios, quais sejam: o da tipicidade e o da disponibilidade. Vale dizer que a regra é a penhorabilidade, enquanto a exceção é a impenhorabilidade, que deverá estar prevista em lei. Não há extensões às prévias proteções legais: ou está previste em lei e é impenhorável, ou então é penhorável. O segundo princípio que rege a impenhorabilidade é o da disponibiliade. Caso o bem seja reconhecido por lei como impenhorável, ainda sim poderá o devedor abrir mão de sua impenhorabilidade, dispondo-o ao credor para sua entrega/expropriação. Ao que parece, na legislação babilônica existia uma "pseudoproteção" ao campo, ao pomar e à casa de um oficial gregário ou vassalo, o que remete à atual ideia de garantia da dignidade da pessoa humana.

60 e 70, § 215,[303] 216[304] e seguintes,[305] há garantia de salário por trabalho prestado.

Da mesma forma se vislumbram sinais de direitos fundamentais com Tibério, imperador de Roma que esteve no poder no ano de 41 a 54, ou com Frederico da Suábia, filho de Barba Roxa, no século XVIII.

Com o rei John, da Inglaterra, também se observam tais contornos, ainda que a Carta Magna de 1215 tenha concedido direitos à aristocracia e ao alto clero. Não obstante, obrigava-se o rei a respeitar, segundo José Carlos Vieira de Andrade, um conjunto de liberdades:

> (...) se obrigava a respeitar para sempre um conjunto vasto de "direitos" e "liberdades", como os direitos à vida, à herança, à administração da justiça, a garantias de processo criminal, à liberdade de circulação e de comércio, etc., porque o seu caráter era determinado pela concessão ou pelo reconhecimento de liberdades-privilégios aos estamentos sociais (direitos e regalias da Nobreza, liberdades e prerrogativas da Igreja, liberdades e costumes municipais, direitos corporativos.[306]

Segundo José Carlos Vieira de Andrade:

> Estava em causa sobretudo a limitação do poder real. Por isso, João Sem-Terra terá comentado, depois de subscrever a *Magna Charta*: "puseram acima de mim vinte e cinco reis", aludindo aos vinte e cinco barões que, nos termos da cláusula 61 do documento, seriam eleitos para assegurar o cumprimento das "liberdades" e "concessões" juradas.[307]

É evidente que os direitos fundamentais, tal como os conhecemos, não estavam estabelecidos nessa época, mas também é inegável que esses regramentos formaram a base do que hoje se conhece por direitos fundamentais. Ingo Sarlet chega a dizer que tal período poderia ser denominado de "pré-história" dos direitos fundamentais.[308]

---

[303] Código de Hamurabi, coluna XLI, linha 60, § 215: "Se um médico faz uma incisão com lanceta de bronze em um homem livre e o curou, ou se abriu uma região superciliar em um homem livre e o curou, ele tomará dez siclos de prata". SOUZA LIMA, João Batista de. *As mais antigas normas de direito*. 2.ed. Rio de Janeiro: Forense, 1983. p. 25.

[304] Código de Hamurabi, coluna XLI, linha 70, § 216: "Se foi o filho de um homem vulgar: tomará cinco siclos de prata". SOUZA LIMA, João Batista de. *As mais antigas normas de direito*. 2.ed. Rio de Janeiro: Forense, 1983. p. 25.

[305] Código de Hamurabi, coluna XLI, linha 70, parágrafo 217: "Se foi o filho do escravo de um awilum: o dono do escravo dará dois siclos de prata". BOUZON, E. *O código de Hamurabi: introdução, tradução (do original cuneiforme) e comentários*. 2.ed. Petrópolis: Vozes, 1976. p. 91.

[306] VIEIRA DE ANDRADE, José Carlos. *Os direitos fundamentais na constituição portuguesa de 1976*. 2.ed. Coimbra: Almedina, 2001. p. 18.

[307] VIEIRA DE ANDRADE, José Carlos. *Os direitos fundamentais na constituição portuguesa de 1976*. 2.ed. Coimbra: Almedina, 2001. p. 18.

[308] SARLET, Ingo Wolfgang. *A eficácia dos direitos fundamentais*. Porto Alegre: Livraria do Advogado, 1998. p. 38.

Durante a Idade Média, as instituições políticas e a legislação estavam subordinadas ao direito divino. Em sociedades fechadas, nas quais o espaço dos interesses privados confundia-se com o espaço de interesse público, os valores reconhecidos por fundamentais tinham como fonte de legitimidade a vontade de Deus. Não havia igualdade formal nessa sociedade estabelecida em castas que tinham suas próprias normas e nas quais praticamente não havia mobilidade social.[309]

A expressão "direitos fundamentais" surgiu somente no século XVIII na França. O surgimento dos direitos fundamentais nas concepções atuais, entretanto, deu-se como meio de a burguesia estabelecer condições, garantias mínimas de igualdade e de liberdade no Estado que estava a surgir. Assim, com a formação do Estado, fizeram-se necessárias regras, direitos e deveres para que cada um as cumprisse e pudesse esperar que estas fossem cumpridas.

No século XVIII, já com contornos mais aproximados do que se conhece hoje por direitos fundamentais, a: Revolução Francesa e a Declaração dos Direitos da Virgínia (Estados Unidos da América, 1776) asseguram direitos ao homem, incluindo direitos à burguesia, que passa a deter não somente o poder econômico, mas também o poder político.

A Constituição dos Estados Unidos da América reconhece ao homem, em seu artigo 25, o "direito a um nível de vida que garanta saúde e bem-estar seu e de sua família, inclusive à alimentação, ao vestuário, à moradia, à assistência médica e às prestações necessárias da assistência social".[310] O artigo 26 estabelece o direito à educação, enquanto o artigo 27 reconhece o direito de participar livremente da vida cultural na comunidade. Como se vê, é eloquente a presença dos reconhecidos diretos fundamentais.

Se as ideias do liberalismo estavam calcadas no princípio de liberdade, igualdade e fraternidade, os direitos fundamentais estavam inicialmente voltados à pessoa humana em si, isto é, ao indivíduo. As concepções introduzidas com a Revolução Industrial para uma sociedade de massa, na qual os bens são produzidos em grande escala para grupos, voltam-se para as garantias dessas "massas", ou seja, da classe dominada.

Com isso, verifica-se a luta dessa classe em busca de tais bens ou das melhores condições de vida viabilizadas pela Revolução Industrial. Se no âmbito do processo surge uma maior intervenção legislativa, no campo o direito subjetivo, por razões óbvias, compreende-se, aceita-se e busca-se uma intervenção maior do Estado para com o cidadão, haja vis-

---

[309] DORNELES, João Ricardo W. Notas introdutórias sobre a fundamentação dos direitos humanos e da cidadania e as práticas democráticas. *Revista Direito e Democracia*, Canoas, v. 1, p. 53-80, 1º semestre 2000.

[310] Constituição dos Estados Unidos da América.

ta que no contexto se aplica o entorno social da Revolução Industrial. O Estado passa cada vez mais a garantir não só direitos (singulares) do homem, mas também, sob as influências populistas dos governos da época, e cunho paternalista, garante direitos sociais, culturais e econômicos aos cidadãos. Segundo José Carlos Viera de Andrade:

> (...) foi durante e depois da II Guerra Mundial que se sentiu de modo particularmente intenso a necessidade de criar, ao nível da comunidade internacional, mecanismos jurídicos capazes de proteger os direitos fundamentais dos cidadãos em diversos Estados.[311]

Assim, no período posterior à Segunda Guerra Mundial, o desenvolvimento de práticas processuais voltadas aos interesses da coletividade passou a demonstrar a preocupação com direitos fundamentais de outra ordem, como o meio ambiente, o patrimônio comum do gênero humano e a paz, entre outros.

Analisando tudo o que se disse até aqui sobre os direitos fundamentais, restaria como conclusão, a toda evidência, que se trata de direitos constitucionais. Nesse sentido, José Casalta Nabais faz a seguinte afirmação:

> (...) quanto ao fundamento jurídico, podemos dizer que o fundamento dos deveres fundamentais reside na Constituição, ou talvez melhor: na sua previsão constitucional. O que significa que a ausência de uma disposição constitucional a prever os deveres obsta o seu reconhecimento. Como deveres fundamentais, com deveres no plano constitucional.[312]

Poder-se-ia afirmar, então, segundo José Casalta Nabais, que se trata de um rol fechado de garantias constitucionais, e sua ausência na Constituição impede o reconhecimento como garantia constitucional. O eventual reconhecimento de alguma garantia faltante na Constituição, ainda que reconhecida por dada comunidade, não a elevaria ao *status* de direito fundamental.

Entretanto, o próprio autor suprarreferido[313] garante que o catálogo do jusfundamental tem caráter aberto, justificando, de acordo com o artigo 16 da Constituição portuguesa, a integração de leis e regras aplicáveis de direito internacional. Assim, a conclusão à qual se chega é que, para José Casalta Nabais, ausente o reconhecimento de direito fundamental na Constituição e reconhecido pela comunidade ou mesmo por lei infraconstitucional, este não passa a integrar tal categoria. Todavia, caso a norma

---

[311] VIEIRA DE ANDRADE, José Carlos. *Os direitos fundamentais na constituição portuguesa de 1976*. 2.ed. Coimbra: Almedina, 2001. p.18.

[312] NABAIS, José Casalta. A face oculta dos direitos fundamentais: os deveres e os custos dos direitos. *Revista de Direito Público da Economia*, Belo Horizonte, ano 1, n. 1, p. 153–181, jan./mar. 2003.

[313] NABAIS, José Casalta. Algumas reflexões críticas sobre os direitos fundamentais. *Revista de Direito Público da Economia*, Belo Horizonte, ano 1, n. 1, p. 61-95, jan./mar. 2003.

seja de aplicação de direito internacional, nesse caso passa a integrar o rol.

Nos Brasil, houve o reconhecimento na Constituição de 1934, em seu artigo 114, de que "a especificação dos direitos e garantias expressos nesta Constituição não exclui outros, resultantes do sistema de princípios que ela adota". Na mesma linha, porém aprimorada, a Constituição brasileira de 1988 reconhece os direitos nela expressos sem excluir os demais resultantes dos princípios que esta adota, incluindo ainda os direitos provenientes de tratados internacionais. Consta no artigo 5º, § 2º, da Constituição de 1988: "Os direitos e garantias expressos nesta Constituição não excluem outros decorrentes do regime e dos princípios por ela adotados, ou dos tratados internacionais em que a República Federativa do Brasil seja parte". Portanto, a conclusão lusa não se aplica à realidade brasileira.

4.1.2. Direitos fundamentais e suas dimensões

Os direitos fundamentais são direitos inerentes ao homem e à sua dignidade. Antes mesmo de ser reconhecidos pelo Estado, eles já existiam, porém o Estado assim os reconheceu como garantias constitucionais ao cidadão e à sociedade. Antonio Truyol y Serra destaca:

> É preciso lembrar o que se entende por direitos humanos ou por direitos do homem. A expressão se emprega aqui no sentido estrito que tem hoje. Dizer que há direito humanos ou direitos do homem no contexto histórico cultural que é o nosso equivale a afirmar que há direitos humanos e direitos do homem que este possui pelo fato de ser homem, por sua própria natureza e dignidade: direitos que lhe são inerentes e que, longe de nascer de uma concessão de uma sociedade política, hão de ser por esta consagrados e garantidos.[314]

Ocorre que tais garantias reconhecidas se dão em amplo espectro, no bojo de uma grande diversidade de bens jurídicos, que vão desde o direito à liberdade do cidadão até a tutela do patrimônio histórico cultural. Segundo Claus-Wilhelm Canaris:

> Os direitos fundamentais (...) servem, em primeiro lugar, à defesa de intervenções por parte do Estado nos bens jurídicos dos seus cidadãos; são designados, sob este aspecto, como proibições de intervenção e direitos de defesa m relação ao Estado *(Eingriffsverbote und Abwehrrechte)*. Segundo a jurisprudência do Tribunal Constitucional Federal, endossada pela doutrina, eles possuem adicionalmente a função de obrigar o Estado à proteção dos seus cidadãos; fala-se nesse tocante dos direitos fundamentais enquanto mandamentos de tutela ou deveres de proteção *(Schtzgebote)*.[315]

---

[314] TRUYOL y SERRA, Antonio. *Los derechos humanos*. Madrid: Editorial Tecnos, 1969. p. 11.

[315] CANARIS. Claus-Wilheim. A influência dos direitos fundamentais sobre o direito privado na Alemanha. *Revista Jurídica: órgão nacional de doutrina, jurisprudência, legislação e crítica judiciária*, Porto Alegre, ano 51, n. 312, p. 7-23, out. 2003.

Devido à diversidade de bens jurídicos que são tutelados como direitos fundamentais, recorreu-se a uma denominação singular aos direitos fundamentais, referindo que ele apresenta dimensões distintas. Cabe salientar que, não obstante a nomenclatura que receba através de números cronológicos (quais sejam: direitos de primeira, de segunda e de terceira dimensão), isso não significa que um deles supere os demais, ou que não se evidenciem concomitantemente.

Na concepção de Welber Barral, os direitos humanos surgiram a partir da teoria do direito natural, no século das luzes, que elaborou uma definição de direitos inalienáveis do homem. Como consequência disso, sobrevieram as declarações. Mais do que meras proclamações jurídicas, elas pretendiam ser a consolidação de alguns princípios fundamentais que deveriam inspirar a conduta dos governantes.[316] Alfredo Culleton *et al.* referem que tanto as etapas quanto o surgimento dos direitos fundamentais e de sua tutela não têm uma separação rígida:[317]

> Ao longo da história, os bens que necessitaram de proteção expressa, em razão da sua estrita vinculação à dignidade humana, foram sendo progressivamente incorporados ou positivados pelo Direito na condição de direitos humanos. Assim, falar em gerações pode induzir erroneamente à idéia de superação ou substituição, quando, na realidade, se trata de um fenômeno de complementaridade e cumulação, o que vem determinando a adoção do termo "dimensões", pois reflete melhor a evolução dos direitos humanos.[318]

Não se discutirá no presente trabalho tal especificidade ou nomenclatura. Resta referida tão somente em nível de esclarecimento, no que tange aos denominados direitos de primeira, segunda e terceira gerações ou dimensões.[319] [320] [321] Deve-se ter em mente ainda que, embora essas

---

[316] BARRAL, Welber. Direitos humanos: uma abordagem conceitual. *Revista de Informação Legislativa*, Brasília, ano 31, n. 121, p. 167-170, jan./mar. 1994.

[317] CULLETON, Alfredo; BRAGATO, Fernanda Frizzo; FAJARDO, Sinara Porto. *Curso de direitos humanos*. São Leopoldo: UNISINOS, 2009. p. 87.

[318] CULLETON, Alfredo; BRAGATO, Fernanda Frizzo; FAJARDO, Sinara Porto. *Curso de direitos humanos*. São Leopoldo: UNISINOS, 2009. p. 87.

[319] SARLET, Ingo Wolfgang. A *eficácia dos direitos fundamentais*. Porto Alegre: Saraiva, 2004. p. 53. Optou-se pela expressão "dimensões", em lugar da tradicional classificação das "gerações" de direitos fundamentais, com base inclusive nos argumentos de Ingo Sarlet no sentido de que a expressão "gerações" pode ensejar a falsa impressão de substituição gradativa de uma geração por outra, o que, na realidade, não ocorre.

[320] VIEIRA DE ANDRADE, José Carlos. *Os direitos fundamentais na constituição portuguesa de 1976*. 2.ed. Coimbra: Almedina, 2001. p. 11. O autor utiliza a expressão "dimensão" em uma concepção distinta da utilizada por Sarlet. O constitucionalista português inicia sua obra estabelecendo "os direitos fundamentais em três dimensões" e classificando-os como: 1) direitos de todos os homens, em todos os tempos, em todos os lugares – perspectiva jusfilosófica ou jusnaturalista; 2) direito de todos os homens (ou categorias de homens), em todos os lugares num certo tempo – perspectiva universalista ou internacionalista; 3) direitos dos homens (cidadãos), num determinado tempo e lugar, isto é, num Estado concreto – perspectiva estadual ou constitucional.

dimensões já tenham sido identificadas e positivadas inclusive nas Constituições ou em tratados internacionais – hoje em dia, os direitos fundamentais são reconhecidos na Declaração Universal dos Direitos Humanos da ONU de 1948,[322] bem como no Pacto Internacional dos Direitos Civis e Políticos de 1966, aprovado pela XXI Assembleia Geral da ONU –,[323] não se exclui a possibilidade de serem identificadas outras dimensões, de acordo com a evolução da sociedade, já que essa evolução transforma e cria direitos.

Há controvérsia, é bem verdade, quanto ao reconhecimento da existência de direitos de primeira dimensão no período antes da modernidade, haja vista que tais direitos estão ligados a direitos civis e políticos que, segundo Richard Claude, necessitam da existência do Estado para existirem.[324] Segundo o autor:

> O desenvolvimento progressivo de mecanismos efetivos para limitar o poder arbitrário associa-se com a história moderna do estado territorial legalmente definido. Como tal, a história da garantia dos direitos pode datar do século XVII em termos de seus mais pronunciados traços institucionais.[325]

Os direitos fundamentais de primeira dimensão são os direitos civis e os direitos políticos, que surgiram a partir da luta da burguesia contra o Estado em nome da liberdade. O contexto social era, até então, revelado de acordo com a vontade do Rei, que era o representante de Deus na Terra. Essa luta demonstrava resistência ou oposição ao Estado, devido à sua atuação negativa.[326] Logo, a proteção dos direitos fundamentais de primeira dimensão está relacionada à proteção da vida e da liberdade, abrangendo a liberdade de opinião, de religião, de participação política, de ir e vir, de expressão, etc.

---

[321] DOUZINAS, Costa. *O fim dos direitos humanos*. São Leopoldo: UNISINOS, 2007. p. 127. O autor propõe uma classificação distinta, no âmbito da abordagem dos termos "gerações" e "dimensões", que se divide entre os direitos civis e políticos, os direitos econômicos e de soberania nacional, associados ao processo de descolonização. Assim: "A primeira geração, ou direitos 'azuis', é simbolizada pela liberdade individual; a segunda, ou direitos 'vermelhos', por reivindicações de igualdade e garantias de um padrão de vida decente, ao passo que a terceira, ou direitos 'verdes', pelo direito à autodeterminação e, tardiamente, pela proteção do meio ambiente". Logo, Como se vê, Douzinas propõe uma classificação dos direitos que é construída diferentemente do que havia sido feito até então.

[322] The Universal Declaration of the Human Rights, publicado pelo United Nations Department of Public Information. DPI/876 – 40911 – November 1988.

[323] Pacto Internacional dos Direitos Civis e Políticos de 1966, aprovado pela XXI Assembleia Geral da ONU.

[324] CLAUDE, Richard Pierre. *Uma perspectiva comparada da tradição ocidental dos direitos humanos*. [SL]: [SN], 1976. p. 21.

[325] CLAUDE, Richard Pierre. *Uma perspectiva comparada da tradição ocidental dos direitos humanos*. [SL]: [SN], 1976. p. 21.

[326] BONAVIDES, Paulo. *Curso de direito constitucional*. 12.ed., rev. e atual. São Paulo: Malheiros, 2002. p. 517.

Conforme Paulo Bonavides, esses direitos fundamentais eram caracterizados pela atuação negativa do Estado,[327] porque o que se esperava dele era um "não agir": o Estado deveria não limitar a opinião de religião, não proibir a participação política, e assim sucessivamente. Mais do que garantir tais liberdades, ele não poderia agir no sentido de suprimir essas prerrogativas dos cidadãos.

O contrato social surgido então demonstra a vontade dos indivíduos, que concordam livremente em criar o Estado Civil e abrir mão de uma parcela de seus direitos e liberdades individuais em troca de segurança para seu efetivo gozo. Contudo, os direitos e liberdade, nesse contexto, são considerados inalienáveis e naturais, uma vez que já existiam antes mesmo do Estado surgido pelo pacto social.[328]

Em sua dimensão natural, os direitos fundamentais são absolutos, imutáveis e intemporais, além de inerentes à condição de homem como homem. Portanto, eles se sobrepõem a qualquer ordem jurídica.[329] Os direitos fundamentais de primeira dimensão são também chamados de "fundamentais clássicos"[330] e correspondem aos que podem ser exercidos pelo cidadão sem a intervenção do Estado. Segundo Clèmerson Merlin Clève:

> Os fundamentais clássicos são direitos que podem ser, desde logo, exercidos pelo cidadão, prescindindo assim, de maneira geral, da atuação do direito público. Está-se a referir, por exemplo, à liberdade de locomoção, ao direito de informação, à liberdade de expressão, de reunião, de associação de consciência, etc., ou seja, a posições jusfundamentais que podem, em suas dimensões básicas, ser satisfeitas pelo simples atuar de seu titular.[331]

Os direitos fundamentais de segunda dimensão são amplamente reconhecidos como direitos prestacionais, visto que o Estado assumiu, sobretudo após 1945, um papel de regulador e promotor do bem-estar. Ao contrário do que se passa com os direitos fundamentais de primeira dimensão, os de segunda dimensão requerem um comportamento ativo do Estado, ou seja, um agir na realização da justiça social.

---

[327] BONAVIDES, Paulo. *Curso de direito constitucional*. 12.ed., rev. e atual. São Paulo: Malheiros, 2002. p. 517.

[328] CULLETON, Alfredo; BRAGATO, Fernanda Frizzo; FAJARDO, Sinara Porto. *Curso de direitos umanos*. São Leopoldo: UNISINOS, 2009. p. 90.

[329] VIEIRA DE ANDRADE, José Carlos. *Os direitos fundamentais na constituição portuguesa de 1976*. Coimbra: Almedina, 1987. p. 17.

[330] CLÈVE, Clèmerson Merlin. A eficácia dos direitos fundamentais sociais. *Boletim Científico Escola Superior do Ministério Público da União*, Brasília, ano II, n. 8, p. 151-162, jul./set. 2003.

[331] CLÈVE, Clèmerson Merlin. A eficácia dos direitos fundamentais sociais. *Boletim Científico Escola Superior do Ministério Público da União*, Brasília, ano II, n. 8, p. 151-162, jul./set. 2003.

Diz-se que eles têm uma dimensão positiva no sentido de propiciar uma liberdade por intermédio do Estado, que passa a ter um direito positivo e, por que não dizer, uma obrigação de prestações sociais, como educação, saúde, trabalho e assistência social, entre outros.

Conforme já foi referido, é após a Segunda Guerra Mundial que os direitos fundamentais ganham expressão máxima, tendo em vista que passam a integrar as Constituições Federais a partir de então de forma significativa. Asseveram Alfredo Culleton *et al.* que:

> Os direitos de segunda dimensão abrangem os bens voltados à satisfação de necessidades e de interesses de ordem social, econômica e cultural, cujo surgimento, nessa condição da metade do século XIX, como reflexo ou conseqüência do surgimento da classe proletária trabalhadora durante a Revolução Industrial, cuja luta por tais direitos evidenciou a sua estreita ligação com o próprio fundamento dos direitos humanos. Em outras palavras, para a nascente classe social desprovida de mínimas condições materiais de vida, os direitos civis e políticos formalmente assegurados mostravam-se vazios e estéreis.[332]

Todavia, não se pode olvidar que os direitos fundamentais de segunda dimensão não se limitam aos direitos positivos, mas também abrangem as liberdades sociais, como o direito de greve, a liberdade de sindicalização e o reconhecimento de direitos fundamentais aos trabalhadores.[333] Segundo Ingo Wolfgang Sarlet:

> Os direitos da segunda dimensão podem ser considerados uma densificação do princípio da justiça social, além de corresponderem às reivindicações das classes menos favorecidas, de modo especial da classe operária, a título de compensação, em virtude da extrema desigualdade que caracterizava (e, de certa forma, ainda caracteriza) as relações com a classe empregadora, notadamente detentora de um maior ou menor grau de poder econômico.[334]

Então, os direitos sociais abrangem – ou ao menos deveriam abranger – a todos os cidadãos e podem ser identificados inclusive como elementos da cidadania. De acordo com Thomas Humphey Marshall:

> (...) o conceito de cidadania divide-se em três partes ou elementos, aos quais correspondem direitos e instituições correlatas. Ao elemento civil correspondem os direitos necessários à liberdade individual, cujas instituições mais intimamente ligadas são os Tribunais de Justiça (...) finalmente ao elemento social correspondem os direitos a um mínimo de

---

[332] CULLETON, Alfredo; BRAGATO, Fernanda Frizzo; FAJARDO, Sinara Porto. *Curso de direitos humanos*. São Leopoldo: UNISINOS, 2009. p. 98.

[333] SARLET, Ingo Wolfgang. *A eficácia dos direitos fundamentais*. Porto Alegre: Livraria do Advogado, 2004. p. 50.

[334] SARLET, Ingo Wolfgang. *A eficácia dos direitos fundamentais*. Porto Alegre: Livraria do Advogado, 2004. p. 50.

bem-estar social e segurança e o direito de participar na herança social e viver dignamente, cujas instituições são o sistema educacional e os serviços sociais.[335]

Na verdade, o mero reconhecimento da igualdade formal não mais seria suficiente a essa altura, quando já são reconhecidos os direitos de primeira dimensão. Assim, os direitos fundamentais de segunda dimensão têm como escopo garantir aos cidadãos alguns bens referentes à vida que já eram reconhecidos como de primeira dimensão, mas que na verdade, sem um instrumentalizador, não eram possíveis de se alcançar.

A estruturação da sociedade como grupo gerou a necessidade de organização e regulamentação dos direitos individuais num primeiro momento, assim como dos direitos do grupo como um todo em um segundo momento. Desse modo, as codificações, as cartas e os regulamentos passaram a reconhecer e estabilizar os direitos fundamentais, de âmbito privado ou público, que conhecemos como direitos individuais ou do grupo.

A atual Constituição brasileira é a mais abrangente em termos de garantias que o Brasil já teve. Somada a isso, é de fato a mais democrática, tendo em vista o grande número de pessoas que participaram de sua elaboração e o número de emendas constitucionais que foram promulgadas.[336] Dentre essas garantias encontram-se os direitos fundamentais, que por sua vez abrangem os direitos sociais, que foram amplamente privilegiados na Constituição brasileira de 1988. Entretanto, como bem salienta Lenio Streck,[337] isso não significa que tais promessas de modernidade tenham sido cumpridas.

---

[335] MARSHALL, Thomas Humphey. *Cidadania, classe social e status*. Rio de Janeiro: Zahar, 1967, p. 63.

[336] SARMENTO, Daniel. *Vinte e um anos da Constituição de 1988: a Assembléia Constituinte de 1987/1988 e a experiência constitucional brasileira sob a carta de 1988*. DPU nº 30, p. 7-41, nov./dez. 2009. De acordo com o autor, "O sistema de direitos fundamentais é o ponto alto da Constituição. Ao lado de um amplo e generoso elenco de direitos civis e políticos, a carta de 1988 também garantiu direitos sociais – tanto trabalhistas como prestacionais em sentido estrito – e ainda agregou direitos de terceira dimensão, como o direito ao patrimônio cultural (arts. 215 e 216) e ao meio ambiente ecologicamente equilibrado (art. 225). Ela preocupou-se sobremodo com a efetivação dos direitos fundamentais, para que não se tornassem letra-morta, como infelizmente vinha sendo a tradição brasileira. Daí o princípio da aplicabilidade imediata dos direitos fundamentais (art. 5º § 1º), os diversos remédios constitucionais previstos para a sua tutela e o reforço institucional ao Poder Judiciário, concebido como guardião dos direitos. Ademais, o constituinte quis articular a proteção interna dos direitos fundamentais com a internacional. Por isso, a afirmação da prevalência dos direitos humanos nas relações internacionais (art. 4º, inciso II), a abertura do catálogo dos direitos a outros decorrentes de tratados internacionais que o Brasil seja parte (art. 5º § 2º) e a alusão ao apoio brasileiro à criação de um Tribunal Internacional de Direitos Humanos (art. 7º do ADCT). E o constituinte cuidou ainda de proteger os direitos fundamentais do poder reformados, tratando-os, pela primeira vez na história constitucional brasileira, como cláusulas pétreas (art. 60, § 4º)".

[337] STRECK, Lenio Luiz. *Jurisdição constitucional e hermenêutica*. 2.ed. Rio de Janeiro: Forense, 2004. p. 54.

Os direitos fundamentais sociais não são direitos contra o Estado, mas sim, através do Estado.[338] A ideia é que por meio dele se possa garantir uma série de direitos para a sociedade, assegurando-se o direito coletivo de cada cidadão. Para Paulo Bonavides, os direitos sociais são não apenas justificáveis, como também possuem no ordenamento jurídico constitucional a garantia rígida suprema do § 4º do artigo 60.[339] O legislador constituinte, ao definir como cláusula pétrea da Constituição Federal os direitos e as garantias individuais, assegurou que realmente tenha havido referência aos direitos fundamentais, ainda que implicitamente, conforme aponta Bobbio.[340]

Com isso, pode-se afirmar que qualquer afastamento ou redução na aplicação de tais direitos, seja por lei ordinária, seja por emenda constitucional, serão viciados e inconstitucionais. Os direitos sociais, nesse sentido, podem dizer respeito a uma série de segmentos, e muito embora não tenha abordado expressamente a segurança jurídica, muitas vezes tratou do tema.[341]

Tal fato é deveras controvertido, uma vez que muitos desses segmentos estão mal posicionados no âmbito da Constituição: embora se admita que, em última instância, deveriam realmente lá estar, ainda assim alguns refutam sua plena eficácia. Pode-se questionar até que ponto esses direitos sociais não são apenas um constitucionalismo simbólico, dada a sua (in)efetividade em determinadas situações.[342][343]

Foi ao lado dos direitos sociais ao trabalho, à educação e à saúde, que já haviam sido amplamente debatidos, que se passou a tratar da questão ambiental e a se exigir do Estado demandas que demonstrassem a real assunção de tal tema como tópico a ser assumido pelo Estado. A busca por direitos que foram designados de terceira dimensão foi impulsionada tendo-se em vista inclusive a questão ambiental e ecológica, que passou

---

[338] KRELL, Andreas J. Controle judicial dos serviços públicos básicos na base dos direitos fundamentais sociais. In: SARLET, I.W. (org.). *A constituição concretizada: construindo pontes com o público e o privado*. Porto Alegre: Livraria do Advogado, 2000. p. 27.

[339] BONAVIDES, Paulo. *Curso de direito constitucional*. São Paulo: Malheiros, 2000. p. 9.

[340] BOBBIO, Norberto. *A era dos direitos*. 10.ed. Rio de Janeiro: Campus, 1992. p. 89.

[341] SARLET, Ingo Wolfgang. A eficácia do direito fundamental a segurança jurídica: dignidade da pessoa humana, direitos fundamentais e proibição de retrocesso social no direito constitucional brasileiro. In: ROCHA, Carmen Lúcia Antunes (org.). *Constituição e segurança jurídica: direito adquirido, ato jurídico perfeito e coisa julgada – Estudos em Homenagem a José Paulo Sepúlveda Pertence*. 2.ed. Belo Horizonte: Fórum, 2005. p. 91.

[342] SARLET, Ingo Wolfgang. Os direitos fundamentais sociais e os 20 anos de Constituição. *Revista do Instituto de Hermenêutica Jurídica*, n. 06, p. 166, s.d.

[343] Com base nessa hipótese, deve-se ter presente que o autor demonstra o questionamento inclusive pontual de determinados direitos sociais, como saúde, educação, direito de greve e direito da liberdade de associação sindical, entre outros.

a ter maior destaque.[344] Eram, pois, os chamados direitos de terceira dimensão que começaram a ser perseguidos com vistas a serem tutelados.

Os direitos fundamentais de terceira dimensão transcendem a ideia de garantia de algum direito ao indivíduo como individualidade, pois está relacionado com garantias à coletividade. A terceira dimensão desata-se da figura do indivíduo, destinando-se à proteção de grupos humanos, havendo então o que se chama de titularidade difusa, que abrange os denominados direitos de solidariedade e de fraternidade, os quais ainda se encontram em fase de consagração internacional. Sarlet identifica como direitos fundamentais de terceira dimensão o direito à paz e à autodeterminação dos povos, entre outros.[345] Segundo José Carlos Vieira de Andrade:

> (...) além dos direitos do homem individual, topamos com "direitos" de grupos e de povos – como, por exemplo, o direito de livre determinação dos povos, que surge a abrir os pactos internacionais da ONU, bem como a carta Árabe dos Direitos Humanos, e os direitos à autodeterminação, ao desenvolvimento, à paz, à segurança e a um ambiente saudável, constantes da Carta Africana – que, particularmente nos países do hemisfério sul, constituem condições culturais, organizativas e materiais importantes para a realização dos direitos humanos.[346]

A consagração internacional referida por Ingo Wolfgang Sarlet[347] resta evidenciada quando José Carlos Vieira de Andrade esclarece:

> Até então, predominava sem discussão o princípio do "domestic affair" ou da não-ingerência, que limitava o direito internacional às relações entre Estados no contexto de uma sociedade internacional formal. A situação dos indivíduos era definida e protegida pelo estado da nacionalidade (ou da resistência), sem que os outros Estados tivessem legitimidade para intervir. A defesa além-fronteiras dos indivíduos resumia-se à protecção (sic) diplomática ou à celebração de acordos interestaduais, não se admitindo a intervenção unilateral senão em casos excepcionais, em nome de princípios de humanidade (p. ex., a intervenção belga no Congo em 1960). No entanto, à medida que as fronteiras se foram abrindo, a esfera de relevância social foi-se alargando e consagrou-se a ideia de que o gozo efectivo (sic) pelos cidadãos de todos os estados, de certos direitos fundamentais, é uma *questão de direito internacional.*[348]

Após a Segunda Guerra Mundial, passou a haver maior preocupação no que tange à paz, à cultura e aos povos. Tais direitos mandatórios

---

[344] ROCHA. Carmen Lúcia Antunes. Princípios constitucionais de direitos fundamentais. *Revista da AJUFE*, ano 21, n. 74, p. 43-72, jul./dez. 2003.

[345] SARLET, Ingo Wolfgang. *A eficácia dos direitos fundamentais*. Porto Alegre: Saraiva, 2004. p. 56-60.

[346] VIEIRA DE ANDRADE, José Carlos. *Os direitos fundamentais na constituição portuguesa de 1976*. 2.ed. Coimbra: Almedina, 2001. p. 33.

[347] Vide nota de rodapé nº 343.

[348] VIEIRA DE ANDRADE, José Carlos. *Os direitos fundamentais na constituição portuguesa de 1976*. 2.ed. Coimbra: Almedina, 2001. p. 28.

estão previstos na Declaração Universal dos Direitos Humanos da ONU, datados de 1948. Veja-se o que o próprio preâmbulo de tal declaração dispõe:

> Considerando que o reconhecimento da dignidade inerente a todos os membros da família humana e de seus direitos iguais e inalienáveis é o fundamento da liberdade, da justiça e da paz no mundo.
> Considerando que o desprezo e o desrespeito pelos direitos humanos resultaram em atos bárbaros que ultrajaram a consciência da Humanidade e que o advento de um mundo em que os homens gozem de liberdade de palavra, de crença e da liberdade de viverem a salvo do temor e da necessidade foi proclamado como a mais alta aspiração do homem comum.
> Considerando essencial que os direitos humanos sejam protegidos pelo Estado de Direito, para que o homem não seja compelido, como último recurso, à rebelião contra tirania e a opressão, considerando essencial promover o desenvolvimento de relações amistosas entre as nações.[349]

É nítida, portanto, a alusão à paz, fazendo-se referência aberta às "relações amistosas entre as nações" ou ao fato de que "o reconhecimento da dignidade inerente a todos os membros da família humana e de seus direitos iguais e inalienáveis é o fundamento da liberdade, da justiça e da paz no mundo". Mostra-se evidente o propósito da Declaração Universal, que, além de contemplar os direitos de primeira e segunda dimensões, ainda estabelece esse patamar de reconhecimento de direitos da coletividade.

Conforme referido no segundo capítulo, os direitos fundamentais foram não só reconhecidos, como também largamente tutelados, editando-se legislação pertinente ao meio ambiente, com a Lei n° 6.938/81,[350][351] e

---

[349] The Universal Declaration of the Human Rights, publicado pelo United Nations Department of Public Information. DPI/876 – 40911 – November 1988 (tradução livre).

[350] É fato que "a preocupação com a soberania dos povos sobre o seu patrimônio ambiental e a garantia do respeito ao meio ambiente cuidado pelas diferentes sociedades segundo o seu entendimento exsurgiu desde as primeiras combinações havidas nos tratados e acordos internacionais sobre a matéria ambiental". In: ROCHA. Carmen Lúcia Antunes. Princípios constitucionais de direitos fundamentais. *Revista da AJUFE*, ano 21, n. 74, p. 43-72, jul./dez. 2003.

[351] Note-se, entretanto, que o direito ambiental veio tutelado, no Brasil, por exemplo, nas constituições estaduais. A Constituição do estado do Rio de Janeiro, por exemplo, em seu artigo 258, § 1°, inciso XI, atribui ao poder público a responsabilidade de "determinar a realização periódica, preferencialmente por instituições científicas e sem fins lucrativos, de auditorias de sistemas de controle de poluição e prevenção de riscos de acidentes das instalações e atividades de significado potencial poluidor, incluindo a avaliação detalhada dos efeitos de sua operação sobre a qualidade física, química e biológica dos recursos ambientais". Ainda no estado do Rio de Janeiro, a Lei n° 1.898/91 deliberou a realização de auditorias ambientais com as seguintes finalidades: "determinar os níveis efetivos ou potenciais de poluição ou de degradação ambiental provocados por atividades de pessoas físicas ou jurídicas; determinar as condições de operação e de manutenção dos equipamentos e sistemas de controle de poluição; determinar as medidas a serem tomadas para restaurar o meio ambiente e proteger a saúde humana e determinar a capacidade dos responsáveis pela operação e manutenção dos sistemas, rotinas, instalações de equipamentos de proteção do meio ambiente e da saúde dos trabalhadores". Da mesma forma, a Constituição do estado de São Paulo, em seu artigo 193, incisos IV e V, determina

ao patrimônio histórico dos povos, com a Lei de Porto Alegre n° 4.317/77, entre outros. Observa-se que tais direitos, ainda que estejam ligados ao indivíduo, não estão voltados a um só sujeito, mas sim à coletividade, já que se difundem em toda a sociedade.

No sentido da internacionalização dos direitos fundamentais, pode-se afirmar que houve de fato diversas ações que comprovam o que foi postulado até aqui. Verifica-se a formação de tribunais para julgamentos de crimes contra a humanidade e contra a paz, notadamente dos Tribunais Penais Internacionais para a antiga Iugoslávia e para Ruanda, bem como a formação do Tribunal Penal Internacional em caráter permanente.[352][353]

---

que se devem realizar "periodicamente auditorias nos sistemas de controle de poluição e de atividades potencialmente poluidoras", além de "informar a população sobre os níveis de poluição, a qualidade do meio ambiente, as situações de riscos de acidentes, a presença de substâncias potencialmente nocivas à saúde na água potável e nos alimentos, bem como os resultados das monitoragens e auditorias a que se refere o inciso IV". A Constituição do estado do Rio Grande do Sul, de 03 de outubro de 1989, contém um capítulo destinado à garantia da qualidade do meio ambiente, tendo disciplinado esse tema nos artigos 250 a 259. Conforme prevê a referida Constituição: "Todos têm direito ao meio ambiente ecologicamente equilibrado, impondo-se ao Poder Público e à coletividade o dever de defendê-lo, preservá-lo e restaurá-lo para as presentes e futuras gerações, cabendo a todos exigir do Poder Público a adoção de medidas nesse sentido". Para assegurar a efetividade desse direito, restou determinado que "o Estado desenvolverá ações permanentes de proteção, restauração e fiscalização do meio ambiente, incumbindo-lhe primordialmente: prevenir, combater e controlar a poluição e a erosão em qualquer de suas formas; preservar e restaurar os processos ecológicos essenciais, obras e monumentos artísticos, históricos e naturais; prover o manejo ecológico das espécies e ecossistemas, definindo em lei os espaços territoriais a serem protegidos; fiscalizar e normatizar a produção, o armazenamento, o transporte, o uso e o destino final de produtos, embalagens e substâncias potencialmente perigosas à saúde e aos recursos naturais; promover a educação ambiental em todos os níveis de ensino e a conscientização pública para a proteção do meio ambiente; exigir estudo de impacto ambiental com alternativas de localização, para a operação de obras ou atividades públicas ou privadas que possam causar degradação ou transformação no meio ambiente, dando a esse estudo a indispensável publicidade; preservar a diversidade e a integridade do patrimônio genético contido em seu território, inclusive mantendo e ampliando bancos de germoplasma, e fiscalizar as entidades dedicadas à pesquisa e à manipulação de material genético; proteger a flora, a fauna e a paisagem natural, especialmente os cursos d'água, vedadas as práticas que coloquem em risco sua função ecológica e paisagística, provoquem extinção de espécie ou submetam os animais a crueldade; definir critérios ecológicos em todos os níveis de planejamento político, social e econômico; incentivar e auxiliar tecnicamente movimentos comunitários e entidades de caráter cultural, científico e educacional com finalidades ecológicas; promover o gerenciamento costeiro para disciplinar o uso de recursos naturais da região litorânea e conservar as praias e sua paisagem típica; promover o manejo ecológico dos solos, respeitando sua vocação quanto à capacidade de uso; fiscalizar, cadastrar e manter as florestas e as unidades públicas estaduais de conservação, fomentando o florestamento ecológico e conservando, na forma da lei, as florestas remanescentes do Estado; combater as queimadas, ressalvada a hipótese de que, se peculiaridades locais justificarem o emprego do fogo em práticas agropastoris ou florestais, ocorra permissão estabelecida em ato do poder público municipal, estadual ou federal circunscrevendo as áreas e estabelecendo normas de precaução; promover a adoção de formas alternativas renováveis de energia; estimular a criação de Reservas Particulares do Patrimônio Natural (RPPNs); valorizar e preservar o Pampa Gaúcho, sua cultura, patrimônio genético, diversidade de fauna e vegetação nativa, garantindo-se a denominação de origem". Em síntese, a matéria é amplamente definida e garantida, tanto nas constituições estaduais quanto em legislações específicas, no que tange à proteção ambiental.

[352] VIEIRA DE ANDRADE, José Carlos. *Os direitos fundamentais na constituição portuguesa de 1976.* 2.ed. Coimbra: Almedina, 2001. p. 30.

[353] JARA-DIEZ, Carlos Gomes. Palestra no curso de Doutorado UNISINOS, novembro de 2009.

Houve, portanto, uma verdadeira revolução no âmbito de reconhecimento à proteção de direitos não propriamente do homem, mas sim da humanidade como um todo, provavelmente incrementado pelo fenômeno da globalização que as nações passam a presenciar a partir de então. O Tribunal de Internacional de Justiça declarou[354] – muito apropriadamente, convém que se diga – o respeito a "regras e princípios"[355] sobre direitos fundamentais da pessoa humana, determinando a responsabilidade de um Estado em relação a outro Estado.[356][357]

Desta feita, restava evidente a necessidade de proteção a situações como a pirataria, os crimes de guerra, os genocídios e o tráfico de escravos, ou seja, contra violações de direitos individuais que fundamentalmente servem de garantia para toda a humanidade. Pode-se afirmar que

---

[354] Tribunal Internacional de Justiça. Caso Barcelona Traction, que pode ser visto no *recueil des arrêts de la cour*, 1970. p. 32 (*apud* Yves Madiot. p. 88) O governo espanhol sob o comando de Franco na década de 60, criou restrições para estrangeiros fazer negócios na Espanha. Os belgas, donos de ações no Barcelona Traction perderam dinheiro e quiseram ingressar com demandas na corte internacional de Justiça. Entretanto, o juiz Fornier decidiu em favor da Espanha afirmando que apenas o estado que a empresa tinha sido incorporada poderia mover a ação, e no caso era o Canadá. A decisão no Bélgica *vs*. Espanha é importante no direito internacional Público porque demonstra a importância da proteção da proteção corporativa nacional em ações nominativas, em relação ao país que o seu detentor efetivamente resida. A menos que um princípio do direito permita que um país ingresse com uma ação na ICJ, não poderá ser feito. O caso também é importante já que demonstra como o conceito de proteção diplomática sob direito internacional pode ser aplicado tanto a empresas quanto a indivíduos. Também expandiu a noção das obrigações tidas como *erga omnes* na comunidade internacional. (Tradução Livre) *The government of Spain under Franco in the 1960s placed restrictions on foreigners doing business in Spain. The Belgian stockholders in Barelona Traction lost money and wanted to sue in the International Court of Justice, but in the court Judge Fornier ruled on the side of Spain, holding that only the state in which the corporation was incorporated (Canada) can sue. The decision in Belgium v. Spain is important in public international law because it demonstrates the importance of protections of corporate nationality in nominal ("paper") terms over effective nationality (siège social) where the ownership effectively resides. Unless a principle of law permits a country to espouse a national's claim in the ICJ, there cannot be an espousal. The case is also important as it demonstrates how the concept of diplomatic protection under international law can apply equally to corporations as to individuals. It also expanded the notion of obligations owed* erga omnes (in relation to everyone) in the international community. Disponível em http://en.wikipwdia.ord/wiki/Barcelona_Traction. Acesso em 13.06.2010.

[355] Repete-se aqui a justificação de José Carlos Vieira de Andrade, muito mais por fidedignidade a seu pensamento do que por defesa de seu argumento, que indica uma distinção entre regra e princípio.

[356] VIEIRA DE ANDRADE, José Carlos. *Os direitos fundamentais na constituição portuguesa de 1976*. 2.ed. Coimbra: Almedina, 2001. p. 29.

[357] The Nicaragua (Merits) Case, Nicaragua *vs*. United States (1986) ICJ Reports 1986, p.14 (Harris p.866-888). Was a 1986 case of the International Court of Justice (ICJ) in which the ICJ ruled in favor of Nicaragua and against the United States and awarded reparations to Nicaragua. The Court could not consider whether the US had violated Art 2(4) of the Charter or any other multilateral treaty because of US reservation when accepting jurisdiction of the Court. It therefore had to decide whether the US had infringed customary international law. "In order to deduce the existence of customary rules, the Court deems it sufficient that the conduct of States should, in general, be consistent with such rules, and that instances of State conduct inconsistent with a given rule should generally be treated as breaches of that rule". The Court found that both parties accepted that the non-use of force principles in the Charter correspond to CIL – the question was whether there was in international law an *opinio juris* as to the binding character of the principles. The Court held that the giving of assistance to rebels could be an indirect use of force contrary to CIL.

existe, senão um reconhecimento expresso, com certeza uma discussão aprofundada acerca da existência de direitos fundamentais de quarta e quiçá de quinta dimensão.

Ingo Wolfgang Sarlet e Paulo Bonavides questionam a existência de uma quarta dimensão de direitos, na qual se insere o direito à democracia e à informação. Contudo, os autores advertem para o fato de que tais direitos ainda permanecem carentes de reconhecimento, tanto na esfera nacional quanto internacional.[358]

É bem verdade que as perspectivas de aplicação dessas reconhecidas garantias ao homem ou à humanidade se apresentam de maneira diferenciada entre os países. Isso evidencia que a sua historicidade, o caminho percorrido em seu desenvolvimento e as construções sociopolíticas de cada um deles têm caráter significativo na aplicação de tais direitos.

A Europa Ocidental, por exemplo, mostra-se mais hábil em conciliar os componentes liberal e democrático-social dos direitos fundamentais do que os Estados Unidos, país que, embora seja conhecido como *"the land of opporttunity"* – e, paradoxalmente, talvez até mesmo por isso, uma vez que os cidadãos americanos mostram-se arraigados à sua tradição do individualismo liberal –, apresenta relutância na aplicação de alguns direitos políticos e sociais.

As dificuldades são particulares, sendo que cada país tem as suas de acordo com sua história. Os países de terceiro mundo, por exemplo, mais pobres e menos desenvolvidos, apresentam muitas vezes dificuldade extrema de assegurar até mesmo os direitos de primeira dimensão.[359]

Carmen Lúcia Antunes da Rocha, ao tratar do princípio da dignidade da pessoa Humana, observa:

> No Brasil, esse princípio constitucionalmente expresso convive com subomens empilhados sob viadutos, crianças feito pardais de praça, sem pouso nem ninho certos, velhos purgados da convivência das famílias, desempregados, amargurados pelo desperdício humano, deficientes atropelados em seu olhar sob as calçadas muradas sobre a sua capacidade, presos animalados em gaiolas sem portas, novos metecos errantes de direitos e de justiça, excluídos de todas as espécies produzidos por um modelo de sociedade que se faz, mais e mais, impermeável à convivência solidária dos homens.[360]

Portanto, pode-se concluir que o reconhecimento dos direitos fundamentais é, sem dúvida, uma etapa significativa na história da humanidade; o grande desafio, porém, ainda é sua aplicação.

---

[358] SARLET, Ingo Wolfgang. *A eficácia dos direitos fundamentais*. Porto Alegre: Livraria do Advogado, 2004. p. 49.

[359] VIEIRA DE ANDRADE, José Carlos. *Os direitos fundamentais na constituição portuguesa de 1976*. 2.ed. Coimbra: Almedina, 2001. p. 33.

[360] ROCHA, Carmen Lúcia Antunes. O princípio da dignidade da pessoa humana e a exclusão social. *Revista Interesse Público*, São Paulo, ano 1, n. 4, p. 23-48, out./dez. 1999.

4.2. A fundamentação como direito fundamental misto

Os direitos fundamentais, segundo as concepções atuais, constituem-se em categoria jurídica dotada de contornos próprios. Segundo Naranjo de la Cruz, eles delimitam um âmbito de invulnerabilidade no desenvolvimento das pessoas na vida jurídica e social que reclama proteção frente a qualquer tentativa de intromissão por parte dos poderes públicos.[361]

Essa ideia foi ampliada a partir da vigência da Lei Federal de Bonn, quando houve o desenvolvimento dos direitos fundamentais como normas objetivas de princípio e como decisões axiológicas.[362] Jorge Miranda entende por direitos fundamentais os "direitos ou posições jurídicas subjectivas das pessoas enquanto tais, individual ou institucionalmente consideradas, assentes na Constituição, seja na Constituição formal, seja na Constituição material (...)".[363]

Os direitos fundamentais são, segundo Gilmar Ferreira Mendes, ao mesmo tempo elementos fundamentais da ordem constitucional e direitos subjetivos. Assim, acabam tendo dupla função: uma quando são direitos subjetivos e outra quando são elementos fundamentais da ordem constitucional objetiva. No último caso, tanto aqueles que não asseguram primariamente um direito subjetivo quanto aqueles concebidos como garantias individuais formam a base do ordenamento jurídico de um Estado Democrático de Direito.

Os direitos fundamentais subjetivos, por sua vez, conferem aos titulares a possibilidade de impor seus interesses em face dos órgãos obrigados. Tradicionalmente, foram concebidos como direitos "de defesa" (*Abwehrrechte*), visando à proteção de determinadas posições subjetivas contra a intervenção do Poder Público, seja pela possibilidade/não impedimento da prática de determinado ato, seja pela não intervenção em determinadas situações subjetivas ou pela não eliminação de posições jurídicas.[364]

As regras são garantias oferecidas não só ao Estado, que "comandará" a paz social, tendo somente de intervir quando desrespeitado o

---

[361] CRUZ, Rafael Naranjo de la. Los límites de los derechos fundamentales en las relaciones entre particular e la buena fe. *Boletín Oficial del Estado Centro de Estudíos Políticos y Constitucionales*, Madrid, p. 29, 2000.

[362] STEINMETZ, Wilson Antônio. *Colisão de direitos fundamentais e princípio da proporcionalidade*. Porto Alegre: Livraria do Advogado, 2001. p. 111.

[363] MIRANDA, Jorge. *Manual de direito Constitucional: direitos fundamentais*. Tomo IV, 2.ed. rev. e actual. Coimbra: Coimbra Editora, 1993. p. 7.

[364] MENDES, Gilmar Ferreira. Os direitos fundamentais e seus múltiplos significados na ordem constitucional. *Revista Jurídica Virtual*, n. 14, jul. 2000. Disponível em: http://www.planalto.gov.br/ccivil_03/revista/Rev_14/direitos_fund.htm. Acesso em: 15.09.07.

pacto, mas significativamente a cada cidadão e a toda a coletividade. Nessa perspectiva, as garantias mínimas, que restaram chamadas de direitos fundamentais, relacionam-se igualmente com a pessoa (cidadão), com o Estado e com toda a coletividade. Como consequência, a garantia desses direitos fundamentais reflete-se em toda a sociedade e na manutenção do Estado Democrático de Direito.

Não há dúvida de que os direitos ditos fundamentais aplicam-se não só ao cidadão e à coletividade, mas também à pessoa jurídica. Poder-se-ia admitir uma extensão analógica do conceito de dignidade da pessoa humana, por exemplo, a pessoas consideradas coletivas (morais ou jurídicas), uma vez que são constituídas por pessoas humanas individuais. Tais entidades, por serem constituídas por cidadãos, perseguem fins humanos e, portanto, têm a titularidade e a legitimidade para proteger seus direitos fundamentais.[365] Tanto é assim que o próprio Tribunal Constitucional espanhol reconheceu, na Decisão nº 64/1988, a legitimação da pessoal jurídica como titular de direitos fundamentais, tendo afirmado o seguinte:

> É certo, não obstante, que a plena efetividade dos direitos fundamentais exige reconhecer que a titularidade dos mesmos não corresponde só aos indivíduos isoladamente, mas também quando se encontram insertos em grupos e organizações cuja finalidade seja especificamente a de defender determinados âmbitos de liberdade ou de realizar os interesses e valores que formam o substrato último do direito fundamental.[366]

Reconhece-se, portanto, que se trata de direitos básicos estabelecidos e garantidos pelo Estado, que outorgam às partes a possibilidade de exigir desse mesmo Estado seu cumprimento como forma da manutenção do Estado Democrático de Direito. Esses direitos, que em princípio disseram respeito aos cidadãos e então à coletividade, passaram a ser importantes para o Estado, que tinha neles não só uma maneira de conter o homem (vedando a autotutela), mas também de regular toda a sociedade, impondo regras que eram ao mesmo tempo garantias. Foi dessa maneira que tais direitos passaram a ter relevância internacional, devido à sua transcendência.

Segundo Bobbio, sem que os *direitos* do homem sejam reconhecidos e protegidos, não há democracia; sem democracia, não existem as condições mínimas para a solução pacífica dos conflitos.[367] Desde o surgimento do Estado, com a vedação da solução das lides através da autotutela e com o estabelecimento da necessidade da heterocomposição, com vistas a

---

[365] SEGADO, Francisco Fernández. La dignidad de la persona como valor supremo del ordenamiento jurídico español y como fuente de todos los derechos. *Revista de Direito Administrativo e Constitucional*, Belo Horizonte, ano 3, n. 11, p. 13-42, jan./mar. 2003.

[366] TRIBUNAL CONSTITUCIONAL ESPANHOL. Sentencia 64/1988 de 12 de abril de 1988.

[367] BOBBIO, Norberto. *A era dos direitos*. 10.ed. Rio de Janeiro: Campus, 1992. p. 34.

dirimir litígios, o cidadão tem a necessidade de recorrer ao judiciário para resolver seus litígios. Estando essas normas e diretrizes estabelecidas no contexto social, o seu descumprimento só pode ser coibido através do próprio Judiciário.

É por isso que se diz que o direito a fundamentação das decisões judiciais é, em última análise, um direito fundamental,[368] pois é garantia mínima para o desenvolvimento e/ou a manutenção do Estado de Direito. O direito à fundamentação é assegurado a cada cidadão e a toda a coletividade (sociedade) que dessa fundamentação se aproveita, seja para saber as razões de decidir do julgador, seja para controlar a constitucionalidade. A Constituição de 1988 foi pródiga ao elencar uma ampla série de direitos fundamentais, entre os quais se pode citar a isonomia e o direito à fundamentação das decisões.

O direito à fundamentação remete à sua antítese, fazendo lembrar as inúmeras decisões que não são justificadas. Assim como se pensa na justificação que houve, é de se pensar que por vezes não há (equivocadamente, por certo) a justificação da decisão, havendo então um afastamento do julgador da Constituição Federal. A falta de fundamentação abre um espaço inexplorado pelo qual perpassa a decisão e que, por ser esta inexistente, não revela ao jurisdicionado ou ao cidadão os motivos que levaram o julgador a decidir de tal ou qual maneira. Desta feita, além da insegurança jurídica que se gera, contribui-se para a possibilidade de mácula de garantias processuais do cidadão, tais como a garantia da isonomia e do devido processo legal, entre outras.

A fundamentação tem, portanto, duplo papel e dupla dimensão: a racionalidade da decisão judicial e o seu próprio controle através de um tribunal superior. A racionalidade exclui a aplicação arbitrária ou manifestamente errônea da legalidade. Quanto ao controle, este tem uma dimensão tanto interna, submetida, no seu caso, a tribunais superiores, quanto externa, voltada para as partes e para a comunidade. Desse modo, a motivação está vinculada ao direito da intervenção efetiva do juiz e ao direito dos cidadãos de obter uma verdadeira tutela jurisdicional. Por essa razão, o tribunal europeu de direitos humanos considera que a motivação integra-se a um processo isonômico no direito fundamental.[369]

---

[368] MELLO, Celso Antonio Bandeira de. A motivação dos atos da administração pública como princípio fundamental do Estado de Direito. *Revista de Direito Tributário*, n. 87, p. 11-21, 2003. Embora não se tenha manifestado abertamente acerca de a motivação ser direito fundamental no tocante às decisões judiciais, o autor reconhece, no âmbito da administração pública, que a fundamentação é um princípio fundamental.

[369] ORDÓÑES SOLÍS, David. *Jueces, derecho y política: los poderes del juez en una sociedad democrática*. Navarra: Thomson Aranzadi, 2004. p. 100.

Como se vê, o posicionamento do Tribunal Internacional reconhece a necessidade de fundamentar, elevando-a à condição de direito fundamental. É preciso, para tanto, superar a formação jurídico-dogmática e reconhecer que o direito não pode submeter-se aos princípios epistemológicos das ciências naturais e das matemáticas.[370] É somente através de decisões fundamentadas que se é capaz de garantir ao cidadão a efetivação de outras garantias essenciais para a efetivação de um Estado Democrático de Direito hígido. Jorge Reis Novais leciona que somente haverá Estado de Direito quando:

> (...) no cerne das *preocupações* do Estado e dos seus fins figurar a protecção [sic] e garantia dos direitos fundamentais, verdadeiro ponto de partida e de chegada do conceito (...) Estado de Direito será, então, o Estado vinculado e limitado juridicamente em ordem à protecção, garantia e realização efectiva dos direitos fundamentais, que surgem como indisponíveis perante os detentores do poder e o próprio Estado.[371]

E é nesse sentido que aponta que o novo modelo constitucional, surgido com o advento das constituições mexicana (1917) e de Weimar (1919), sendo retomado posteriormente por outras constituições do período após a Segunda Guerra Mundial, que marca o Estado Democrático de Direito, é a recepção do Estado de Direito nas condições do século XX.[372]

Não é difícil, portanto, reconhecer o direito a fundamentação das decisões como direito fundamental de primeira dimensão, já que ele é garantidor do Estado Democrático de Direito, da liberdade, da isonomia e do próprio devido processo legal. José Joaquim Calmon de Passos, no tocante ao fato de o devido processo legal ser direito fundamental, refere:

> A garantia constitucional do *due processo of law*, por conseguinte, não é apenas a garantia dos direitos subjetivos de liberdade de natureza social, no sentido que foram apresentados, direitos do indivíduo como ser biologicamente necessitado, por igual, de educar-se para conviver em condições especificamente humanas, sendo, pois, de repelir-se todo o tratamento jurídico que o enfoca simplesmente como mero fator de produção, consumidor ou contribuinte.
>
> De um lado, portanto, situam-se os direitos individuais políticos, clássicos de liberdade, entendidos como liberdade de participação do indivíduo na vida política da comunidade, por conseguinte, os direitos de voto, de pensamento, de palavra, de imprensa, de religião, de reunião e de associação etc., os direitos, em suma, pelos quais lutou nos últimos séculos,

---

[370] SILVA, Ovídio Baptista da. Fundamentação das sentenças como garantia constitucional. *Revista do Instituto de Hermenêutica Jurídica*, n. 4, p. 323-352, s.d.

[371] NOVAIS, Jorge Reis. *Contributo para uma teoria do estado de direito: do estado liberal ao estado social e democrático de direito*. Coimbra: Almedina, 1987. p. 16.

[372] NOVAIS, Jorge Reis. *Contributo para uma teoria do estado de direito: do estado liberal ao estado social e democrático de direito*. Coimbra: Almedina, 1987. p. 188.

a ideologia liberal; do outro lado, os direitos sociais, ou seja, a liberdade com relação ao desemprego e à fome. À necessidade, à ignorância, à exploração e ao medo econômico.[373]

O referido princípio tem como objetivo intrínseco, em última análise, garantir a liberdade humana, razão de ser de toda a sua formulação em torno do Estado de Direito. O devido processo legal é princípio fundamental, e dele decorrem todos os demais princípios processuais, segundo Nelson Nery Jr.,[374] que afirma ainda que tal princípio é o gênero, enquanto os demais princípios são as espécies.

Nesse sentido, sempre que se fizer uma análise ou reflexão acerca de algum princípio processual constitucional, certamente se poderão identificar *nuances* do princípio do devido processo legal, e vice-versa. Inclusive se poderá ter a sensação de confusão – e confusão aqui na acepção jurídica da palavra – entre o princípio analisado e o devido processo legal. Ocorre que, embora identificadas facetas do mesmo nos demais princípios, o *due process of law* é deveras mais amplo, contendo não só o princípio aqui analisado, como também todos os demais princípios processuais constitucionais.

Note-se que a amplitude defendida ao devido processo legal também existe e é aplicável à fundamentação. Isso ocorre porque, cada vez que se analisar tanto o devido processo legal quanto o próprio processo, sempre se verificará a fundamentação, e a sua inexistência gera nulidade à decisão nos termos do artigo 93, inciso IX, da Constituição Federal. A falta de fundamentação, por sua vez, macula o próprio direito fundamental, pois deixa de garanti-lo ao cidadão.

Trata-se, pois, de um direito de primeira dimensão, haja vista que tem como bem maior a liberdade humana. A fundamentação, entretanto, revela outra faceta, pois gera a classificação de direito fundamental de segunda dimensão, já que pode ser analisada no âmbito dos direitos sociais. Compreende-se então alguma resistência, mas ao final espera-se demonstrar a nuance de direito social da fundamentação.[375] Essa resistência decorre do fato de a fundamentação não estar elencada como um direito social. Defende Ingo Wolfgang Sarlet que:

---

[373] CALMON DE PASSOS, José Joaquim. O direito de recorrer à justiça. *Enciclopédia Saraiva do Direito*, v. 26, p. 315, s.d.; CALMON DE PASSOS, José Joaquim. O direito de recorrer à justiça. *Revista de Processo*, ano 3, v. 10, p. 33-46, abr./jun. 1978.

[374] NERY JR., Nelson. *Princípios do processo civil na constituição federal*. 9.ed. São Paulo: Revista dos Tribunais, 2009. p. 77.

[375] Há quem defenda inexistência dos direitos sociais. Ver ATRIA, Fernando. Existem direitos sociais? In: MELO, Cláudio Ari (coord.). *Os desafios dos direitos sociais*. Porto Alegre: Livraria do Advogado, 2005. p. 9-46.

> (...) ao tratar de direito fundamental na Constituição federal não haverá como abrir mão de uma perspectiva dogmático-jurídica (mas não formal positiva) da abordagem da reafirmando-se, de tal sorte, a necessidade de uma leitura constitucionalmente adequada da própria fundamentação (inclusive filosófica) tanto da fundamentalidade quanto do conteúdo dos direitos sociais.[376]

É bem verdade que o legislador constituinte aglomerou uma série de direitos fundamentais e classificou-os como sendo direitos sociais. Desse modo, segundo Clèmerson Merlin Clève:

> (...) a Constituição em vigor, de alguma maneira, alterou significativamente o quadro dos direitos fundamentais, especialmente quando em vários dispositivos constitucionais, mas especialmente no art. 6º, nominou-os reportando-se ao direito à (proteção da) saúde, ao direito ao lazer, ao direito à moradia (incluído no rol por força da EC n. 26/2000), ao direito à educação, à previdência, entre outros. A Constituição de 88 adotou, do ponto de vista de técnica legislativa, uma metodologia distinta com relação à matéria. Ninguém desconhece que, no Brasil, outros textos constitucionais já dispuseram, de maneira fragmentada, a propósito desse tema. Ocorre que se insere um dispositivo contemplando esses direitos como *verdadeiros* direitos fundamentais, introduzindo-o no título adequado.[377]

Embora haja uma concentração dos direitos fundamentais sociais no título II da Constituição, não se pode dizer que não há direitos fundamentais em outros lugares. Todavia, o reconhecimento desses direitos como sendo fundamentais depende de uma designação de regime jurídico privilegiado no contexto da arquitetura constitucional. Assim, para que assegurem essa posição diferenciada, devem estar blindados contra a supressão ou o esvaziamento arbitrário por parte dos órgãos estatais.[378]

É importante que se diga que os direitos fundamentais sociais não podem integrar as cláusulas pétreas da Constituição Federal: como direito de prestações, elas não podem ser equiparadas ao direito de primeira dimensão, qual seja, o direito de liberdade do artigo 5º.[379]

Há também que se pensar no direito à fundamentação como possivelmente um direito da coletividade. Ainda que destinada a cada um dos cidadãos em cada caso concreto levado a julgamento, a fundamentação é, em última análise, um direito com dimensão individual e coletiva, cujos destinatários são o povo, a sociedade e cada um dos cidadãos.

---

[376] SARLET, Ingo Wolfgang. Os direitos fundamentais sociais e os 20 anos de Constituição. *Revista do Instituto de Hermenêutica Jurídica*, n. 06, p. 166, s.d.

[377] CLÈVE, Clèmerson Merlin. A eficácia dos direitos fundamentais sociais. *Boletim Científico Escola Superior do Ministério Público da União*, Brasília, ano II, n. 8, p. 151-162, jul./set. 2003.

[378] SARLET, Ingo Wolfgang. Os direitos fundamentais sociais e os 20 anos de Constituição. *Revista do Instituto de Hermenêutica Jurídica*, n. 06, p. 175,s.d.

[379] SARLET, Ingo Wolfgang. Os direitos fundamentais sociais e os 20 anos de Constituição. *Revista do Instituto de Hermenêutica Jurídica*, n. 06, p. 175, s.d.

Segundo Clèmerson Merlin Clève, os direitos fundamentais sociais devem:

> (...) ser compreendidos por uma dogmática constitucional singular, marcada pelo compromisso com a dignidade da pessoa humana e, pois, com a plena efetividade dos comandos constitucionais. Ou seja, uma nova configuração dos direitos fundamentais, especialmente dos apontados como sociais, exige uma renovada abordagem doutrinária para dar conta de sua eloqüente significação.[380]

Não obstante a fundamentação ser direito de primeira dimensão, já que em última análise garante a liberdade, é também condição de possibilidade para a implementação dos direitos fundamentais de primeira dimensão. Não há como se pensar em democracia ou liberdade e imaginar que o judiciário possa manifestar-se decidindo sem explicitar seus motivos, sem demonstrar para a sociedade o porquê de assumir dada posição e julgar de determinado modo. Assim, através da motivação das decisões, garante-se não só a manutenção do Estado Democrático de Direito, mas também a igualdade, a liberdade e a própria democracia para a sociedade como um todo.

Conforme referiu Clèmerson Merlin Clève, "os direitos sociais realizam-se por meio de prestações do poder publico".[381] Ora, a atividade jurisdicional do Poder Judiciário nada mais é do que a prestação do poder público – prestação exclusiva, diga-se de passagem, no âmbito do direito. O autor também afirma, em relação aos direitos previstos nos §§ 1º e 2º do artigo 5º, o que bem poderia ser trazido para a presente defesa:

> Entre nós, a Constituição, ao tratar dos direitos fundamentais, não prevê, expressamente, em nenhum momento, uma dualidade de regimes. Em tese, no direito constitucional brasileiro, o regime dos direitos fundamentais clássicos é o mesmo dos direitos fundamentais exigentes de uma atuação positiva do poder público.[382]

Portanto, a fundamentação das decisões é direito fundamental que perpassa tanto o campo dos direitos fundamentais de primeira dimensão quanto o dos direitos fundamentais de segunda dimensão. Isso se dá por dois motivos: primeiro, porque garante a liberdade; segundo, porque é direito prestacional do Estado garantir o direito de uma coletividade.

---

[380] CLÈVE, Clèmerson Merlin. A eficácia dos direitos fundamentais sociais. *Boletim Científico Escola Superior do Ministério Público da União*, Brasília, ano II, n. 8, p. 151-162, jul./set. 2003.

[381] CLÈVE, Clèmerson Merlin. A eficácia dos direitos fundamentais sociais. *Boletim Científico Escola Superior do Ministério Público da União*, Brasília, ano II, n. 8, p. 151-162, jul./set. 2003.

[382] CLÈVE, Clèmerson Merlin. A eficácia dos direitos fundamentais sociais. *Boletim Científico Escola Superior do Ministério Público da União*, Brasília, ano II, n. 8, p. 151-162, jul./set. 2003.

4.3. Prestação jurisdicional não fundamentada: a fragilização do Estado Democrático de Direito

O *Welfare State* inaugura um novo cenário mundial. A necessidade reconhecida de proteção ao ser humano, ao indivíduo e à própria coletividade como papel do Estado faz surgir um novo *status*, sob o qual impera a proteção do indivíduo com garantia do bem comum. Conforme José Luis Bolzan de Morais:

> A construção de um Estado como *Welfare State* está ligada a um processo histórico que conta já de muitos anos. Pode-se dizer que o mesmo acompanha o desenvolvimento do projeto liberal transformado em Estado do bem estar social no transcurso da primeira metade do século XX e que ganha contornos definitivos após a segunda guerra mundial.[383]

O período da Segunda Guerra Mundial, conforme referido no quarto capítulo, coincide com a promulgação da Declaração Universal dos Direitos Humanos, em 1948. O reconhecimento de direitos aos cidadãos por parte do Estado, baseados na Declaração Universal de Direitos Humanos, bem como a expansão dos pensamentos de T. H. Marshall, por Talcott e Niklas Luhmann, cunharam o termo *inclusão* para referir-se à responsabilidade estatal do estado democrático. Como se vê, o estado democrático revela um comprometimento do Estado para com o cidadão, defendendo uma participação diferenciada do Estado para com o cidadão detentor de direitos.[384] Afirma Luis Roberto Barroso que:

> A reconstitucionalização da Europa, imediatamente após a 2ª Grande Guerra e ao longo da segunda metade do século XX, redefiniu o lugar da constituição e a influência do direito constitucional sobre as instituições contemporâneas. A aproximação das idéias de constitucionalismo e de democracia produziu uma nova forma de organização política, que atende por nomes diversos: Estado democrático de direito, Estado constitucional de direito, Estado constitucional democrático.[385]

Foi, portanto após a segunda guerra mundial que se estabeleceu este novo paradigma, denominado de *Welfare State*. Sua apresentação, entretanto, se dá de maneira diversa em cada país – veja-se, por exemplo que na França há o *état-providence*, que é diferente do que se apresenta Estados Unidos - não havendo como estabelecer um critério único para suas características, mas sim, uma série de características que lhe dão unidade,

---

[383] MORAIS. José Luis Bolzan de. *As crises do Estado e da constituição e a transformação espacial dos direitos humanos*. Porto Alegre: Livraria do Advogado. 2002. p. 34.

[384] SCHULTE, Bernd. Globalisation and the Welfare State. In: *Arquivos de Direitos humanos*. n. 4, Renovar . 2002. p. 3- 15. p. 4. (tradução livre)

[385] BARROSO. Luis Roberto. Neoconstitucionalismo e constitucionalizaçao do direito. In: *Revista de Direito Administrativo*. V. I, Renovar: Rio de Janeiro., 1991 p. 1-42.

tais como a promoção de prestações públicas e o caráter finalístico ligado ao cumprimento de sua função social.[386]

Muito embora possa passar a ideia de que o *Welfare State* possa estar relacionado com alguma situação de desenvolvimento econômico, em razão de a tradução de *welfare* ser a de bem-estar, ou até mesmo de *prosperidade*, tal concepção está equivocada, uma vez que a expressão está ligada à responsabilidade do Estado.[387]

Isto porque a natureza do Estado é proteger seus cidadãos. A própria criação do Estado pelo pacto social, do contrato, demonstra que o que se busca são garantias e proteções aos que dele fazem parte, uma vez que sem esta organização não há organização (regramentos) nem ninguém que tome a defesa.

O Estado tem o dever de proteger seus cidadãos. Tal proteção se dá sob a forma de *"social security"*.[388] Embora se imagine, pois a lembrança mais clara que se tenha de *social security* venha de países com língua inglesa, tal como os Estados Unidos da América, que seja projetado no Brasil através da previdência social, é certo que a dimensão da expressão seja bem mais ampla, e sua ampliação, bem mais complexa. Na tradução livre do termo, talvez o mais acertado fosse aceitar a hipótese de segurança social, aonde se incluiria, certamente, a hipótese da previdência social, mas certamente se estenderia a outros campos da sociedade.

Há um claro paradoxo sobre o *Welfare State*, pois se por um lado há um geral reconhecimento do dever do Estado de proteção, e isso se tornou oficial a partir da inclusão na Declaração dos Direitos Humanos do direito à segurança social,[389] prevista no artigo 22, que diz que "Todos, como membros de uma sociedade, têm o direito à segurança social".[390]

Por outro lado, há uma realidade que mostra que somente 20% da população mundial está coberto por um sistema de previdência social mediano, e que cerca de 50% não possui nenhuma previdência. Praticamente todos os países do mundo aparecem no ISSAs, mas na maioria dos países menos desenvolvidos, a previdência cobre somente parte pequena, para não dizer insignificante da população. Assim, a maioria das previ-

---

[386] MORAIS. José Luis Bolzan de. *As crises do Estado e da constituição e a transformação espacial dos direitos humanos*. Porto Alegre: Livraria do Advogado. 2002. p. 37.

[387] VAN LANGENDONCK, Jef. The Active Welfare State. In: *Direitos Fundamentais e justiça*. Ano 2. n. 4. jul-set 2008. Porto Alegre, HS Editora. p. 13-30. p.14

[388] VAN LANGENDONCK, Jef. The Active Welfare State. In: *Direitos Fundamentais e justiça*. Ano 2. n. 4. jul-set 2008. Porto Alegre, HS Editora. p. 13-30. p.14

[389] VAN LANGENDONCK, Jef. The Active Welfare State. In: *Direitos Fundamentais e justiça*. Ano 2. n. 4. jul-set 2008. Porto Alegre, HS Editora. p. 13-30. p.14

[390] The Universal Declaration of the Human Rights. Published by the United Nations Department of Public Information. DPI/876 – 40911 – November 1988. Artigo 22. (tradução livre)

dências sociais, bem como o próprio *Welfare State,* é bem mais objetivos para o futuro do que realidades.[391] Assevera José Luis Bolzan de Morais que:

> (...) o Welfare State seria aquele Estado no qual o cidadão, independente de sua situação social, tem direitos a ser protegido, através de mecanismos/prestações públicas estatais, contra dependências e/ou ocorrências de curta ou longa duração, dando guarida a uma fórmula onde a questão da igualdade aparece – ou deveria aparecer – como fundamento para a atividade interventiva do Estado.[392]

A idéia de *Welfare State*, quando aprofundada e transformada pelas circunstâncias do Estado de Direito e do *Welfare State*, faz surgir o Estado Democrático de Direito, sendo assim a soma da questão social com a questão da igualdade.[393] Sob este aspecto, importante frisar a relevância do Estado Democrático de Direito, como garantia assegurada no *Welfare State* a cada cidadão de um Judiciário justo, e isonômico.

A isonomia, trazida na Carta Política como princípio, revela a intenção do Estado em manter o Estado democrático de direito, também pelas ações do Judiciário. Neste contexto, a exigência de fundamentação no Estado Democrático de Direito assume relevância incomensurável uma vez que assume dúplice função ante a sociedade: gera segurança jurídica, e contribui para a efetivação de garantias do cidadão.

O direito fundamental à fundamentação extirpa a possibilidade da população ficar a mercê de um judiciário sem critérios, uma vez que garante/impõe limite ao julgador, bem como possibilita controle externo por parte das partes e dos demais cidadãos, em relação as decisões proferidas.

É evidente a dificuldade de compreensão, por menos culto que seja o cidadão, de como pode uma situação ser julgada de uma forma ou de outra forma, sendo que o único subsídio para que o julgamento seja favorável, seja a inclinação pessoal do julgador.

Deve haver critérios que levem ao julgador a tomar a decisão correta para o caso concreto, critérios estes que independam da opção pessoal do juiz, mas que sejam basilares como referência para a tomada de decisão. Caso contrário, seria aceitar a discricionariedade.

---

[391] VAN LANGENDONCK, Jef. The Active Welfare State. In: *Direitos Fundamentais e justiça*. Ano 2. n. 4. jul-set 2008. Porto Alegre, HS Editora. p. 13-30. (tradução livre).

[392] MORAIS. José Luis Bolzan de. *As crises do Estado e da constituição e a transformação espacial dos direitos humanos*. Porto Alegre: Livraria do advogado. 2002. p. 34.

[393] MORAIS. José Luis Bolzan de. *As crises do Estado e da constituição e a transformação espacial dos direitos humanos*. Porto Alegre: Livraria do advogado. 2002. p. 38.

A modernidade, paradoxalmente, apesar de instituir a necessidade de fundamentação – afastando-se do modelo anglo-saxão até então vigente, em que era desnecessária a fundamentação tendo em vista o papel do magistrado e sua condição, naquela sociedade, como oficial do Rei, não sofria qualquer imposição legal de justificar-se – trouxe também um afastamento do caso em si, para se privilegiar a introdução de um método capaz de solver o caso posto em juízo.

A cientificidade introduzida na era moderna, somada às diversas conjunturas de complexização da sociedade, fez nascer um sentimento de necessidade de solvência rápida, como resposta ao clamor social. Assim, apresentou-se a criação de diversas leis, no sentido de buscar resposta pronta às hipóteses que novas se apresentavam, bem como da ideias de criação de um método capaz de solução do litígio, de forma rápida e profilática, que por certo não perpassa pela análise do caso concreto, o que coincide em todo com as idéias de Habermas, no sentido de deixar de analisar o caso em si.

Paradoxalmente, a hermenêutica filosófica, defendida por Gadamer, apresenta a necessidade do caso em si como condição de possibilidade para a interpretação/aplicação do direito. É exatamente por intermédio da interpretação que se pode chegar a compreender a resposta correta para o caso. Nesta seara, a motivação da decisão demonstraria o *iter* realizado pelo julgador, justificando não só a decisão para o caso, como também revelando o percurso estabelecido para a conclusão apresentada.

Somente na hipótese de se compreender o fundamento revelado ante aquele caso concreto é que pode ter certeza de ter chegado o julgador à resposta correta para o caso, pois esta assim é capaz de demonstrar ao cidadão, não só as razões que levaram o Judiciário a se pronunciar de uma ou outra forma, mas fundamentalmente, a reconhecer a historicidade, para a fusão de horizontes.

Objetivamente, a necessidade que se põe à frente, hoje em dia, é da segurança jurídica e/ou segurança através do Judiciário. O cidadão, tendo em vista a complexidade social e a evidente falta de alternativa, rompidos todos os parâmetros previamente estabelecidos, busca, no Judiciário, amparo aos seus anseios, confiando que o seu problema é, sim, um problema fundamental. Justamente por isso, espera que o Judiciário passe a analisá-lo, não obstante todas as tendências da sociedade contemporânea, sob uma lupa, capaz de evidenciar cada fato que constitui o todo ali trazido.

Entretanto, como se sabe, isso já não mais é possível, tendo em vista que com o afastamento imposto pelo tecnicismo, justificado ainda pelas teorias da argumentação, a única solução é a decisão através da aplicação ou não da norma, ou mesmo através de casos paradigmáticos, ideia esta última que exaspera a questão tão amplamente debatida, da súmula vinculante.

Não obstante a complexidade, a individualidade (sobre)existe. A ambivalência do Estado Moderno e das lutas apresentadas entre privado e público, do positivismo ao relativismo, necessário se faz estabelecer um parâmetro no qual o cidadão tenha como se basear para buscar ou não o Judiciário, recorrer ou não de uma decisão que ele julgue incorreta. A fundamentação utilizada para a decisão deve não só ser respeitada, como principalmente evidenciada, para que se mostre norteador do julgador e da própria sociedade.

Um Judiciário que apresente decisões coerentes se apresenta como poder com respaldo, podendo até mesmo vir a influenciar na diminuição do numero de demandas ou de recursos, uma vez que a fundamentação, se evidente, serviria como embasamento concreto para que o cidadão saiba o que pode esperar do Judiciário como prestação jurisdicional. Enquanto o Judiciário for uma loteria, em que litigar pode representar ganhar ou perder, simplesmente de acordo com o decisionismo de um julgador, estar-se-á à mercê desta situação. A possibilidade de jogar-se à *alea*, e por casualidade vencer, pode ser evidenciada em uma decisão que não se prende ao caso em si.

Tudo leva a trilhar a ideia de que um Estado Democrático hígido não pode ser um Estado que compactue com uma motivação arraigada a conceitos prévios, deixando de lado a fundamentação do caso como cerne essencial do problema levado ao Judiciário. O fato de se ter uma resposta prévia para tudo representa até mesmo caminho perigoso a se permitir trilhar, tendo em vista que este afastamento constante do caso concreto[394] gera propagação de decisões equivocadas, que ignoram as peculiaridades do caso cuja condição de sentido se modifica, dependendo do contexto em que está inserido.

A fundamentação é a maneira evidente que a sociedade moderna encontrou para evidenciar na justiça a igualdade e a boa-fé do julgador. Explicitar claramente os motivos pelos quais determinado caso deve ser decidido desta ou de outra maneira é provar à sociedade que o cidadão tem aplicado a si os princípios de equidade e isonomia. Segundo uma reiterada jurisprudência do Tribunal europeu, as decisões judiciais devem indicar de maneira suficiente os motivos em que se fundam. A extensão

---

[394] Note-se que caso, da forma aqui utilizada, não pode ser compreendida como "grau zero" de sentido, pois justamente é isso que se critica e se aponta como falha das decisões atuais, a entificação. Objetivar o caso, e usá-lo a este propósito se distancia da ideia de análise das situações fáticas inerentes à ação proposta. Caso é aqui utilizada para sim identificar o conjunto de fatos e direito trazidos ao Judiciário para fins de que este preste jurisdição.

deste dever pode variar segundo a natureza da decisão e deve-se analisar ã luz das circunstâncias de cada caso particular.[395]

As garantias constitucionais da isonomia e do devido processo legal não se coadunam e não se poderia cogitar existência – efetiva – sem o direito à fundamentação. Como se vê, a fundamentação dá condições de se formar no Estado um eficaz caminho para se buscar justas soluções para os diversos conflitos. Ela está ancorada numa ideia muito mais ampla, qual seja a de direito fundamental. Assevera Carmen Lúcia Antunes da Rocha que:

> (...) todas as formas de excluir o homem do ambiente social de direitos fundamentais, de participação política livre, de atuação profissional respeitos, de segurança pessoal e coletiva pacífica são inadmissíveis numa perspectiva, proposta ou garantia do Estado Democrático.[396]

Assim, a prestação jurisdicional que não é fundamentada, não só fere a Constituição por não respeitar o imperioso inciso IX do artigo 93 da Constituição, mas macula a possibilidade de verificar a correção da aplicação de princípios, tais como da isonomia e do devido processo legal, atingindo fatalmente o Estado Democrático de Direito.

---

[395] Sentenças de 9 de dezembro de 1994 [TEDH 1994,4] Ruiz Torija e Hiro Balani/Espanha, § 29 e §27; de 19 de fevereiro de 1998 [TEDH 1998,3], Higgins e outros/ França, § 42; e 21 de janeiro de 1999 [TEDH 1999, 1] García Ruiz/ Espanha, § 26.)

[396] ROCHA. Carmen Lúcia Antunes. O princípio da dignidade da pessoa humana e a exclusão social. In: *Revista Interesse Público*. Ano 1, nº 4, outubro/dezembro de 1999. São Paulo: Notadez. 1999. p. 23-48.

Conclusão

Hodiernamente, a totalidade das sociedades impõe a necessidade de fundamentação. Mesmo as sociedades que não têm uma Constituição escrita infligem esse dever. Há, inclusive, reconhecimento da Suprema Corte europeia de que a fundamentação seja direito fundamental.

No Brasil, ainda que a fundamentação esteja prevista na Constituição, não há menção de se tratar de direito fundamental, sendo que sua posição na própria Carta Política revela seu deslocamento do capítulo dos direitos fundamentais.

A motivação apresenta função dúplice, uma vez que é limite ao julgador e direito fundamental do jurisdicionado. É limite ao julgador porque serve como remédio tanto para a arbitrariedade quanto para a discricionariedade. Ao mesmo tempo em que infunde limitação aos poderes do julgador, garante o cidadão contra algum eventual excesso do julgador. Desta feita, pode-se observar certo caráter de controle externo acerca da decisão exarada.

A razão precípua da necessidade de fundamentação reside justamente no fato de esta ser capaz de revelar os aspectos norteadores que levaram uma decisão a determinado sentido. A fundamentação não só aponta o julgador como sendo membro de um Estado compromissado, revelando o seu agente como alguém responsável, mas também evidencia, com isso, que a decisão para aquele determinado caso é a correta.

A realidade que se apresenta é de uma ausência de fundamentação conforme os parâmetros evidenciados na lei. Devido à diversidade de situações cotidianas impostas, a fundamentação é deficiente ou foge às necessidades sociais. Isso se evidencia tanto pela ausência de fundamentação suficiente quanto pela decisão que é tomada massivamente com base em um paradigma que nem sempre coincide com o caso concreto em tela.

A fundamentação garante, ainda que de forma transversa, a aplicação de uma série de outros princípios constitucionais, tais como o da isonomia, do devido processo legal e do princípio democrático.

Outra realidade do Judiciário brasileiro é o decisionismo, que deixa a sociedade à mercê de decisões injustificadas, sem parâmetro de como será julgado determinado caso. Isso acontece porque o julgador já tem prévio entendimento sobre uma hipótese e "revê" seu posicionamento para determinado julgamento. Outra não é a hipótese quando o mesmo tribunal apresenta posicionamentos divergentes sobre a matéria, sendo julgado de uma maneira por um juiz e de outra por outro juiz. Ao decisor não é facultado escolher a decisão que entende ser correta, mas sim aplicar os preceitos do direito frente ao caso concreto. Essa aplicação afasta a discricionariedade e garante a adequação da decisão, sendo esta coerente frente às demais decisões e ao direito.

A discricionariedade do julgador não pode existir, pois a sociedade tem direito de saber como ele vai decidir. A discricionariedade causa insegurança jurídica, pois o juiz deixa de julgar pelos preceitos do direito e passa a decidir conforme sua consciência, escolhendo, dentre tantas possibilidades, a decisão que lhe parece conveniente para o caso. Não obstante, macula o Estado Democrático de Direito, uma vez que abre a possibilidade de decisões divergentes em casos nos quais deveriam ser isonômicas, ferindo ainda outro direito fundamental, qual seja, a igualdade.

A Emenda Constitucional nº 45 possibilita que seja adotada a súmula vinculante para julgamento. Entretanto, tal práxis tem revelado que esse tipo de decisão se afasta totalmente do caso concreto e da fundamentação da decisão, porque o julgador justifica sua decisão com a própria súmula, como se esta fosse razão de julgar. A mera aplicação da súmula vinculante não significa que se está fundamentando a decisão, dado que a fundamentação deve levar em conta o caso concreto. Assim, a aplicação da súmula sem análise do caso concreto fere o direito fundamental da fundamentação, bem como deixa a decisão carente de motivação.

O Judiciário brasileiro vem decidindo e justificando suas decisões com base em decisões paradigmáticas, ainda que nosso sistema não seja baseado no *common law*, sem contudo fazer a necessária aproximação da decisão paradigma ao caso concreto. Dessa maneira, a decisão resta absolutamente sem fundamentação, já que nada a aproxima do caso concreto. A não aproximação do caso concreto através de analítica de características semelhantes para a aplicação do direito revela um afastamento do próprio caso paradigma, pois não há fundamentação que o justifique.

A fundamentação, no estado em que hoje se encontra e com a viabilidade de decisões discrepantes acerca do mesmo tema, gera não a igualdade defendida pela doutrina supracitada, mas a desigualdade e a insegurança jurídica, visto que se estaria ratificando a possibilidade de dizer qualquer coisa sobre qualquer coisa.

O estado da arte da fundamentação no Brasil demonstra uma realidade ainda distante da concepção de fundamentação pretendida pelo legislador, seja por "falha do sistema", seja pela profusão de demandas levadas diariamente ao judiciário em busca de tutela jurídica. Fato é que em discurso afinado, mas em execução dissonante, o jurisdicionado e a sociedade quedaram-se à mercê de decisões injustificadas ou mesmo de decisionismos, gerando uma pseudossegurança jurídica que revela uma completa insegurança na busca do direito pretendido.

O processo não é mero instrumento técnico de resolução de conflitos de interesse para uma hipótese de instrumento neutro de estrutura democratizante de participação dos interessados. É, sim, revelador de garantias e estabelecedor do próprio Estado Democrático de Direito, uma vez que o Judiciário, através de suas decisões, deve garantir estabilidade às decisões que emana, no sentido de serem coerentes e de trazerem segurança não só jurídica, mas essencialmente social aos cidadãos.

A evolução do processo civil não o afasta, de maneira alguma, da aplicação da Constituição e de suas garantias. Ao contrário, a evolução sofrida no processo civil ao longo dos tempos, mormente com as revoluções liberal e social e com as guerras mundiais, evidenciou a necessidade do estabelecimento paulatino de garantias para os povos em âmbito global. Tais garantias vêm estabelecidas nas Constituições, o que demonstra a necessidade de se julgar de acordo com elas e respeitando-se seus princípios.

A evolução do Estado teve influência decisiva no direito e sobretudo no processo. Nesse contexto, dois fatores podem ser considerados de forte expressão para a mudança de paradigmas nas decisões, a saber: o liberalismo processual e o socialismo judicial e processual. O direito processual civil sofreu profundas alterações em função desses dois mecanismos processuais, as quais repercutiram na história do processo. Seguindo essa fase, não se pode olvidar da importante mudança de paradigma inaugurada pelo constitucionalismo do pós-guerra.

O processo civil sofreu uma alteração de processo como instrumento da jurisdição, como mero instrumento técnico de resolução de conflitos de interesse para uma hipótese de instrumento neutro de estrutura democratizante de participação dos interessados. Essa alteração refletiu-se na transição do Estado absolutista para o Estado liberal, afastando-se a figura do rei como centro de tudo e adotando-se a concepção de autoridade do Estado, com base nas ideias contratualistas.

Na fase inaugurada com o liberalismo, o processo era eminentemente escrito e pertencia às partes. O juiz só tomava conhecimento das provas e do processo quando fosse julgar. Havia uma supervalorização do princípio do dispositivo, sendo, portanto, essencial o papel das partes na busca de seus direitos.

O processo estava marcado por um grande número de normas formalistas de origem distinta, o que fazia com que a doutrina processual fosse caótica. Desta feita, quanto melhor fosse o advogado, maiores as chances de a parte lograr êxito. As normas eram usadas pelos advogados em favor de seus clientes. O tecnicismo e o formalismo agravavam a tramitação processual, esvaziando a função diretora do juiz, já que este somente revelava sua função quando da decisão, sem tomar conhecimento prévio do processo ou das provas.

Em razão dessa condição do processo do liberalismo, surgiu a expressão "o que não está nos autos não está no mundo", visto que o juiz desconhecia, e nenhuma ingerência teria para conhecer, dada essa exasperação do princípio do dispositivo, o que não foi trazido aos autos pelas partes.

O liberalismo processual, portanto, evidencia um protagonismo processual das partes, graças à dimensão de sua atuação no processo, seja por iniciar, provar ou mesmo impulsionar a ação.

A ideia de isonomia, no âmbito do liberalismo processual, distancia-se do que hoje se conhece por isonomia. A rigidez excessiva da forma na regra não dá espaço para interpretações, e a regra isonomia é utilizada de forma indistinta, reconhecendo igualdade formal entre as partes indistintamente. Como consequência, havia maior disparidade entre as partes frente à evidência no processo de hipossuficiência de uma das partes.

O princípio da igualdade era, na verdade, o princípio da igualdade formal. Na prática, traduzia-se por uma igualdade entre as partes livrando-as das forças econômicas, o que gerava uma impossibilidade de compensação de desigualdades sociais e econômicas. Logo, gerava-se uma desigualdade ainda maior impossível de resolver.

A crucial diferença do princípio da isonomia e sua redução convergem para o que se tem como o processo contribuiu para uma bilateralidade da audiência, aproximando-se do que hoje se conhece por contraditório.

A alteração sofrida pelo processo, que parte para o socialismo judicial, resta verificada mediante o implemento de uma maior intervenção legislativa, com a reestruturação de alguns institutos processuais. O processo é levado para o centro da sociedade como seu reparador político e econômico.

O juiz passa a ser o senhor do processo em posição de destaque, devido ao seu protagonismo. A prova passa a ser-lhe dirigida, cabendo a ele a determinação e a limitação da possibilidade de provar. Há um aumento da ingerência do estado-juiz, com a adoção de sua direção durante todo o *iter* processual, conjugada com a aplicação técnica dos princípios da imediatidade, da identidade física do juiz e da concentração. O princípio da oralidade, visto como inovação já no Código de Napoleão, é defendido como técnica processual – não que tenha de fato causado o efeito desejado; como se bem sabe, o princípio da oralidade jamais chegou a ser utilizado da maneira preconizada, mas tornou-se a expressão significativa dos atos cartorários e das petições escritas.

O socialismo judicial prevê a implantação de um processo ágil e rápido, ainda que seja admitida a possibilidade de eventual erro, que se justifica pelo caráter de bem público da instituição Judiciário. A sociedade busca uma solução rápida para dirimir seus litígios no âmbito de um pensamento econômico e quantitativo.

Concomitantemente ao socialismo judicial, Oskar Von Bülow passou a defender a ideia de que no processo não havia relação jurídica processual, uma vez que esta ia construindo-se, passo a passo, no decorrer do processo. Tal ideia foi fundamental para desvincular o processo do direito material, porque aceitava a existência de relação de direito material ou de relação jurídica privada, que constituía a matéria para a discussão judicial, pois esta estava totalmente acabada, enquanto defendia que a outra surgia paulatinamente, à medida que se desenvolvia o processo. Essa desvinculação do processo em relação ao direito material elevou o processo ao estatuto de ciência autônoma.

Defendeu ainda Bülow um protagonismo judicial, que conduz ao solipsismo judicial e ao esvaziamento do papel técnico e institucional do processo sob um discurso moderno de funcionalização do sistema jurídico. Em nosso sentir, o protagonismo judicial vai de encontro àquilo que entendemos como a busca da decisão correta para o caso, haja vista que ele aposta na individualidade, na subjetividade, e não na pluralidade, na intersubjetividade, como o paradigma hermenêutico. Segundo as concepções apresentadas por Bülow, o juiz, ao decidir, poderia legitimar suas pré-compreensões, passando este a ser legitimado e a decidir inclusive "criando".

No período após a Segunda Guerra Mundial, surge nos países do leste europeu um novo movimento que é contrário à aplicação das diretrizes que visavam a uma melhoria social até então defendida. Passa-se então a defender a técnica processual como forma de justiça social e surge, a partir disso, o socialismo processual.

Preconiza-se a simplificação do processo, objetivando maior acesso ao Judiciário. Com isso, há majoração dos poderes diretivos do processo do juiz, principalmente no campo instrutório. O direito ao acesso efetivo à justiça ganha particular atenção na medida em que o *Welfare State* procura armar os indivíduos de novos direitos substantivos em sua qualidade de consumidores, empregados ou mesmo cidadãos. Passa-se do Estado Social ao Estado Democrático de Direito, o qual protege os direitos de terceira dimensão, ou seja, os interesses difusos.

Seja em virtude do socialismo jurídico, do socialismo processual ou do protagonismo judicial, passa-se a aceitar decisões não congruentes com o conjunto probatório ou até mesmo com a lei.

O constitucionalismo é, na verdade, um movimento social, político e jurídico em que se limita, através da Constituição, o poder. Nesse sentido, há o elenco de um grande número de normas e garantias no texto constitucional.

O primeiro pós-guerra influenciou o surgimento de uma Constituição mais analítica, enquanto o segundo propiciou a implementação de uma Constituição que defende os direitos fundamentais de terceira dimensão, protegendo direitos como ao meio ambiente, à copropriedade do patrimônio comum do gênero humano e à paz. Posteriormente, são elaboradas Cartas Magnas com textos longos e deveras analíticos, que acabam contendo muitas normas de cunho ordinário.

Relativa e especificamente ao direito processual civil, o socialismo processual adota os seguintes princípios: o do devido processo legal, o do juiz natural, o da competência privativa da União para legislar sobre o processo civil e o da abertura de competência concorrente para que os estados legislem sobre procedimento, podendo, assim, melhor adaptar suas peculiaridades locais. Embora tais princípios possam não ser efetivamente inovações constitucionais, é fato que, a partir da Constituição de 1988, passam a ter maior notoriedade e aplicação. A doutrina volta-se a eles e passa a atribuir-lhes crucial relevância não só por suas características, mas também por seu *locus* na Constituição dirigente.

O constitucionalismo do século XX também exerceu influências sobre o processo civil, com vistas a contribuir para uma percepção de processo como instrumento técnico neutro.

A influência constitucional no processo civil é evidenciada fundamentalmente pelos princípios constitucionais nela destacados com aplicação direta no processo civil. Garantias constitucionais como devido processo legal, isonomia, contraditório, acesso a justiça, juiz natural, inafastabilidade do controle jurisdicional (direito de ação), proibição da prova ilícita e duplo grau de jurisdição são asseguradas por determinações que não são reconhecidas como específicas ao processo civil, mas sem as quais ele não subsiste, tal como a determinação da necessidade de fundamentação.

A sociedade passa a contar com um judiciário autônomo e imparcial, o que se reflete nas decisões dele provenientes. O cidadão começa a vislumbrar um papel democrático do judiciário, comprometido com o Estado e com a Constituição. A credibilidade que lhe é atribuída reflete-se na postura do cidadão e na sua expressiva busca pela jurisdição, o que convergiu na oferta de resultados práticos e inaugurou o que se conhece como processo de resultados. O processo de resultados caminha lado a lado com a busca de resultados pragmáticos que levem a um distanciamento da Constituição e dos seus princípios, bem como do próprio caso concreto. O texto constitucional torna-se balizador referencial para toda e qualquer aplicação dele próprio. Dessa maneira, não só a lei infraconstitucional fica vinculada à constitucional, como também seu aplicador e o legislador. Assim, não há como negar que o processo esteja diretamente vinculado e ligado à Constituição e que esta adquira força normativa. Contudo, há ainda uma outra consequência decorrente desse processo: nenhum ato do Estado ou dos poderes públicos poderá igualmente distanciar-se da Constituição.

A fundamentação não é faculdade do julgador, mas sim ônus determinante para a prolação de decisão. Não há que se falar em discricionariedade do juiz quanto à aplicação da norma constitucional, mas sim de efetiva cominação diretriz ao julgar.

A motivação é um princípio constitucional. Ao mesmo tempo em que através dela se pode chegar à decisão correta e manter-se a isonomia, também se pode tomá-la como instrumento de controle constitucional concentrado e difuso.

Considerando que as normas processuais destinam-se à garantia de prestação jurisdicional devida, justa e equânime, abonando aos cidadãos a efetividade da norma e da busca do direito, a motivação das decisões não só outorga a legitimidade e o controle da decisão, mas constitui-se sobretudo em instrumento processual adequado e necessário à garantia da decisão correta, fundamental à sociedade, mormente ao Estado Democrático de Direto.

A fundamentação, não obstante estar deslocada do *loci* das garantias fundamentais, revela-se um princípio fundamental porque o rol de direitos fundamentais é um rol aberto, que não exclui outros direitos que não foram taxativamente elencados. Tanto é verdade que pode ser integrado por outros princípios por ela adotados e por tratados internacionais.

A fundamentação é garantia fundamental, prevista na Constituição, e deve ser efetivada a partir da aplicação integrada em qualquer processo interpretativo do direito.

O direito deve ser compreendido sob a ótica da hermenêutica filosófica, evidenciando a necessidade de sempre haver fundamentação, pois esta, que se dá no círculo hermenêutico, proporciona à sociedade a segurança necessária para a manutenção do Estado Democrático de Direito.

É preciso evitar que a súmula impeditiva de recursos, a súmula vinculante e outros mecanismos processuais que têm sido utilizados indistintamente sejam manejados de forma a permitir que o julgador decida através deles, sem análise do caso concreto, evidenciando a correção de sua aplicação, de modo a não permitir que o juiz se agasalhe sob o manto do positivismo, ou se pronuncie tão somente como "o juiz boca da lei/súmula".

A decisão não fundamentada não carece de embargos, pois é nula. Trata-se de nulidade absoluta, a qual não só deve ser declarada de ofício pelo juiz, como também não é passível de convalidação. Desta feita, manejar embargos declaratórios contra tal decisão seria discipienda, uma vez que a nulidade já existe e não pode ser convalidada, devendo ser inclusive conhecida de ofício pelo juiz.

Embora haja o reconhecimento constitucional acerca da necessidade de fundamentação, não há na lei nenhuma fixação dos requisitos mínimos para que se diga que uma decisão está fundamentada. A falta de fixação desses requisitos mínimos e a manutenção do espectro amplo deixam o cidadão à mercê da discricionariedade, dando espaço a uma decisão não efetivamente fundamentada e menos democrática. Não há parâmetros que definam se determinada decisão é suficientemente fundamentada ou não. A falta de fundamentação ocorre ou por falta efetiva de uma fundamentação consistente da decisão prolatada, ou por total desatendimento ao ditame constitucional.

O julgador não pode ter escolha na decisão, pois no ato de escolher há discricionariedade, o que na decisão não há. Quando o juiz "escolhe" a decisão, ele o faz de acordo com aquilo que entende ser melhor para o caso. Entretanto, não lhe é outorgada essa possibilidade, visto que, para decidir, ele deverá basear-se no sentido do direito projetado pela comunidade jurídica, como forma de chegar a uma decisão correta e, portanto, autêntica para o caso concreto. A resolução do caso deve ocorrer no contexto do direito como integridade. Há de ser levada em consideração a totalidade do direito para que haja a resolução do caso. A simples discricionariedade extrapola tal condição, permitindo, através da discricionariedade, a decisão conforme o entendimento do legislador, que por vezes poderá afastar-se da integridade do direito.

A falta de fundamentação realmente constitui um sério problema. Não obstante seja imperativa a necessidade de motivação das decisões em todos os ordenamentos, a doutrina não a aborda de maneira mais veemente. Também concorre para esse problema o fato de a norma que impõe a necessidade de fundamentação ser ampla e, portanto, indeterminada – o que deixa espaço para a discricionariedade do juiz quanto à "forma" e à "quantidade" de fundamentação.

A resposta correta não é uma resposta genérica e constitui-se casuisticamente, ou seja, com base na aplicação do direito ao caso concreto. Assim, ainda que seja a resposta correta para determinado caso, não é por esse motivo que será correta para outros casos, a menos que efetivamente se faça a análise do caso concreto e então se proceda à aplicação do direito projetado pela comunidade política.

A decisão não fundamentada deixa de fazer a contraposição de duas normas: a constitucional, que erige o princípio da fundamentação, e a infraconstitucional, que embasa a decisão no caso concreto.

A singularidade do caso concreto mostra-se absolutamente pertinente frente à decisão que será exarada. Não importa se o julgador já decidiu questões que lhe pareçam ser totalmente semelhantes e, por tal razão (na concepção de alguns), parece-lhe a decisão tão evidente que prescindiria de fundamentação. O fato é que a regra não admite aberturas nem aceita dilações. A fundamentação é necessária seja por ser princípio constitucional, seja por ser garantidora de outros princípios constitucionais. Além disso, no contexto dos casos semelhantes outrora já julgados, demonstra-se que, quanto mais se decide através de casos semelhantes, mais afastado se fica das condições do caso em si.

A resposta é correta porque está de acordo como os princípios do direito, com a Constituição em relação ao caso concreto que foi apresentado, e não porque está correta para o intérprete.

O intérprete não tem a liberdade de escolher a decisão que julga correta para o caso, pois a resposta correta não se coaduna com a discricionariedade que ele possa aspirar a ter.

A resposta correta de um caso poderá ser veiculada em outros julgamentos, desde que o julgador interprete o caso concreto, analisando e distinguindo os pontos em comuns e divergentes, aplicando, assim, os preceitos do direito.

Não se pode admitir a aplicação "automática" das decisões "paradigmas", ainda que sejam corretas no caso paradigma, das súmulas ou de qualquer resquício do positivismo. A aplicação incontinenti suprime a fundamentação, ferindo a Constituição e tornando nula a própria decisão. A fundamentação da decisão é condição imperiosa para que haja manifesta validade na decisão tomada pelo judiciário, e a sua ausência gera afronta ao princípio constitucional, que é basilar para a compreensão dessa instância como instrumento de realização do direito.

Embora não conste no rol taxativo dos direitos fundamentais da Constituição, a fundamentação é sim direito fundamental. Não é o lugar em que tal garantia está situada que a torna mais ou menos fundamental. Trata-se efetivamente de um direito fundamental reconhecido por todos os povos. Porém, a fundamentação pode ser classificada como direito fundamental de primeira dimensão ou como direito fundamental de segunda dimensão, já que se revela garantidora de direitos que abrangem tanto os direitos de primeira dimensão quanto os de segunda dimensão. Abrange o direito de primeira dimensão porque, em última análise, garante a liberdade. É também condição de possibilidade para a implementação de direito fundamental de primeira dimensão. Não há como se pensar em democracia ou liberdade e imaginar que o judiciário possa manifestar-se decidindo sem explicitar seus motivos, sem demonstrar para a sociedade por que razão assumiu tal posição e assim julgou. É graças à motivação das decisões que o cidadão tem garantida a manutenção do Estado Democrático de Direito, bem como a sociedade tem garantidos os princípios da igualdade, da liberdade e da própria democracia. A fundamentação, entretanto, revela ainda outra faceta, demonstrando que também abrange a classificação de direito fundamental de segunda dimensão, já que pode ser analisada no âmbito dos direitos sociais. Os direitos de segunda dimensão abrangem os bens voltados à satisfação de necessidades e interesses de ordem social, econômica e cultural. A fundamentação volta-se então à defesa de interesses sociais, pois é através dela que o Estado demonstra a satisfação do princípio da isonomia e a manutenção do Estado Democrático de Direito. Não obstante, há que se pensar no direito à fundamentação como um direito da coletividade. Ainda que seja destinada a cada um dos cidadãos em cada caso concreto levado a julgamento, a fundamentação é, em última análise, um direito que tem dimensão individual e coletiva, cujos destinatários são o povo, a sociedade e cada um dos cidadãos. As linhas que atrelam as classificações aqui defendidas parecem muito tênues e, por vezes, tem-se a impressão de que a explicação dada para uma das assertivas também poderia ser utilizada, sob certo aspecto, para outra. Justamente por isso é que se conclui que a fundamentação é direito fundamental misto, pois ela não resta "isolada" em uma só classificação e manifesta essa condição distinta que lhe permite estar "lá e cá" ao mesmo tempo.

Referências bibliográficas

ALEXY, Robert. *Teoría de los derechos fundamentales*. Madrid: Centro de Estudios Políticos e Constitucionales, 2001.

―――. *Derecho y razón prática*. México: Fontamara, 1993.

―――. *Teoria da argumentação jurídica*. São Paulo: Landy, 2001.

―――. Direitos fundamentais no estado constitucional e democrático de direito. *Revista da Faculdade de Direito da UFRGS*, n. 16, p. 203-214,1999.

―――. *La institucionalización de la justicia*. Granada: Editorial Comares, 2005.

―――. Colisão dos direitos fundamentais e realização de direitos fundamentais no Estado Democrático de Direito. Revista de Direito Administrativo, Rio de Janeiro, v. I, p. 67-79, 1991.

ANDRADE, José Carlos Vieira de. *Os direitos fundamentais na Constituição Portuguesa de 1976*. Coimbra: Almedina, 1987.

ARANGO, Rodolfo. *Derechos, constitucionalismo y democracia*. Bogotá: Universidad Externado de Colombia, 2004.

AROCA, Juan Montero. *Los princípios políticos de la nueva ley de enjuiciamiento civil*. Valencia: Tirant lo Blanch, 2001.

ASSIS, Rafael de. *El juez y motivación en el derecho*. Madrid: Dikinson, 2005.

ATIENZA, Manuel. *El derecho como argumentación*. Barcelona: Ariel, 2006.

―――. *Las piezas del derecho*. Barcelona: Ariel, 2006.

―――; RUIZ MANERO, Juan. *Las piezas del derecho: teoria de los enunciados jurídicos*. Barcelona: Ariel, 2004.

ATRIA, Fernando. Existem direitos sociais? In: MELO, Cláudio Ari. (coord.) *Os desafios dos direitos sociais*. Porto Alegre: Livraria do Advogado, 2005.

BAPTISTA DA SILVA, Ovídio A. *Curso de processo civil*. Vol. I, 2.ed. Porto Alegre: Editora Sergio Antonio Fabris, 1992.

BARBI, Celso Agrícola. Formação, seleção e nomeação de juízes no Brasil sob o ponto de vista da humanização da justiça. Revista de Processo, Rio de Janeiro, ano IV, 3º trimestre, v. 15, n. 978, p. 33-40, 1978.

BARBOSA MOREIRA, Antonio Carlos. A função social do processo civil moderno e o papel do juiz e das partes na direção e na instrução do processo. *Revista de Processo*, São Paulo, n. 37, p. 140-160.

―――. *Comentários ao código de processo civil*. Vol. 5, 7.ed. Rio de Janeiro: Forense, 1998.

―――. A motivação das decisões judiciais como garantia inerente ao Estado de Direito. In: *Temas de direito processual*. São Paulo: Saraiva, 1980.

BARRAL, Welber. Direitos humanos: uma abordagem conceitual. *Revista de Informaçao Legislativa*, Brasília, ano 31, n. 121, p. 167-170, jan./mar. 1994.

BARRETO, Vicente de Paulo. O direito do século XXI: desafios epistemológicos. *Revista do Instituto de Hermenêutica Jurídica*, Porto Alegre, n. 03, p. 279-302, s.d.

BARROS, Flaviane de Magalhães. A fundamentação das decisões a partir do modelo constitucional de processo. *Revista do Instituto de Hermenêutica Jurídica*, Porto Alegre, v. I, n. 6, p. 131–148, 2008.

BARROSO, Luis Roberto. Neoconstitucionalismo e constitucionalizaçao do direito. *Revista de Direito Administrativo*, Rio de Janeiro, v. I, p. 1-42, 1991.

―――. *O direito constitucionl e a efetividade de suas normas: limites e possibilidades da Constituição brasileira*. 4.ed. Rio de Janeiro: Renovar. 2000.

BASTOS, Celso Ribeiro. *Comentários à Constituição do Brasil: promulgada em 5 de outubro de 1988*. Vol. I. São Paulo: Saraiva, 1988.

BAUR, Fritz. Funktionswandel des Zivilprocess? In: Beiträge zur gerichtverfassung und zum Zivilprocessrecht, p. 179-180. Apud OLIVEIRA, Carlos Alberto Álvaro de. *Do formalismo no processo civil: proposta um formalismo-valorativo*. 3.ed. rev., atual. e aum. São Paulo: Saraiva, 2009.

——. Transformações do processo civil em nosso tempo. *Revista Brasileira de Direito Processual*, Uberaba, 3° trimestre, v. 7, p.57-68, 1976.

——. Wege zu einer Kozentration der mündlichen Verhandlung im Prozes. Berlim: Walter de Gruiter & Co. 1966. p. 6. Apud NUNES, Dierle José Coelho. *Processo jurisdicional democrático: uma análise crítica das reformas processuais*. Curitiba: Juruá, 2008.

——. O papel ativo do juiz. *Revista de Processo*, São Paulo, ano VII, n. 27, p. 186-99, jul./set. 1992.

BEDAQUE, José Roberto dos Santos. A Garantia de amplitude de produção probatória In: CRUZ E TUCCI, José Rogério (coord). *Garantias constitucionais do processo civil: homenagem aos dez anos da Constituição Federal de 1988*. São Paulo: Revista dos Tribunais,1998.

BENDER, Rolf. *Access to justice*. Vol. II. Mauro Cappelletti and John Weisner, Book II. Edited b, Milan: Dott A. Giuffrè Editore, 1979.

BERMAN, Harold. *Direito e Revolução. A formação da tradição jurídica continental*. São Leopoldo: Unisinos, 2006.

BERNI, Duílio Landell de Moura. *As garantias do cidadão no processo civil*. Porto Alegre: Livraria do Advogado, 2002.

BILBAO UBILLOS, Juan Maria. *Los derechos fundamentales em la frontera entre público y lo privado*. Madrid: Estúdios Ciências Jurídicas, 1997.

BOBBIO, Norberto. *A era dos direitos*. 10.ed. Rio de Janeiro: Campus, 1992.

——. *El problema del positivismo jurídico*. México: Fontamara, 1995.

BOLZAN DE MORAIS, José Luís. *A subjetividade do tempo*. Porto Alegre: Livraria do Advogado, 1998.

——. *As crises do estado e da constituição e a transformação espacial dos direitos humanos*. Porto Alegre: Livraria do Advogado, 2002. p. 34.

BONAVIDES, Paulo. *Curso de direito constitucional*. 12.ed. rev. e atual. São Paulo: Malheiros, 2002.

——. Do absolutismo ao constitucionalismo. *Revista da Academia Brasileira de Direito Constitucional*, Anais do V simpósio de direito Contitucional, v. 5, 2004.

——. Os fundamentos teóricos da democracia participativa. *Anais da XVIII Conferência Nacional dos Advogados*. Brasília: OAB, Conselho Federal, p. 245-252.

BOUZON, E. *O código de Hamurabi: introdução, tradução (do original cuneiforme) e comentários*. 2.ed. Petrópolis: Vozes. 1976.

BOYD, Julian Parks. *The declaration of independence: the evolution of the text*. Washington: Gerard W. Gawalt, 1999.

BRASIL. *Constituição Federal do Brasil*. Promulgada em 5 de outubro de 1988. 37 ed. São Paulo: Saraica, 2007.

BRASIL. Projeto de lei do Senado n° 138/2004. Dispõe sobre a Extinção dos embargos declaratórios.

BRENDA, MAIHOFER, VOGEL, HESSE. *Manual de derecho constitucional*. 2.ed. Madrid: Marcial Pons, 2001.

BRUSCHI, Gilberto Gomes. Algumas questões controvertidas dos embargos de declaração. *Revista Autônoma de Processo*, Curitiba, n. 5, p. 61-76, jul./dez. 2008.

BÜLOW, Oscar Von. *La teoria de las excepciones procesales y los presupuestos procesales*. Traducción Miguel Angel Rosas Lichtschein. Buenos Aires: Ediciones Jurídicas Europa–América, 1868.

——. Gesetz und Richteramt. Juristische Zeitgeschichte. Berlin: Berliner Wissenschafts, 2003. APUD NUNES, Dierle José Coelho. *Processo jurisdicional democrático: uma análise crítica das reformas processuais*. Curitiba: Juruá, 2008.

CALMON DE PASSOS, José Joaquim. O magistrado, protagonista do processo jurisdicional? *Revista Brasileira de Direito Público*, Belo Horizonte, ano 7, n. 24, p.9-17, jan./mar.2009.

——. *O direito de recorrer à justiça*. Enciclopédia Saraiva do Direito. v. 26, p. 315, s.d.;

——. *O direito de recorrer à justiça*. Revista de Processo, ano 3, v. 10, p. 33-46, abr./jun. 1978.

CAMPILONGO, Celso Fernández. *Direito e democracia*. 2.ed. [S.l.]. 2000.

CAMPOS, Francisco. Exposição de motivos. In: ALCKMIN, José G. Rodrigues. *Carteira do advogado: código de processo civil*. São Paulo: Max Limonad, 1955.

———. Exposição de motivos. In: MINGUZZI, Rubens B. *Código de processo civil e legislação correlata como se acham em vigor*. São Paulo: Resenha Tributária, 1972.

CANARIS, Claus-Wilheim. A influência dos direitos fundamentais sobre o direito privado na Alemanha. *Revista Jurídica: órgão nacional de doutrina, jurisprudência, legislação e crítica judiciária*, Porto Alegre, ano 51, n. 312, p. 7-23, out. 2003.

CANOTILHO, José Joaquim Gomes. *Direito constitucional*. 5.ed. Coimbra: Almedina, 2002.

———. Princípios: entre a sabedoria e a aprendizagem. *Boletim da Faculdade de Coimbra*, v. LXXXII, p. 1-14, 2006.

———. *Direito constitucional e teoria da constituição*. Coimbra: Almedina, 1998.

CAPPELLETTI, Mauro. *Acesso à justiça*. Trad. Ellen Gracie Northfleet. Porto Alegre: Fabris,1988.

———. *Juízes legisladores?* Trad. Carlos Alberto Álvaro de Oliveira, do original *Giudici legislatori?* Porto Alegre: FABRIS, 1998.

CARNEIRO, Athos Gusmão. TÍTULO DO ARTIGO. *Revista Síntese de Direito Civil e Processual Civil*, Porto Alegre, ano 10, p. 5-9, mar./abr.2001.

———. *Audiência de instrução e julgamento e audiências preliminares*. 11 ed. Rio de Janeiro: Forense, 2003.

CARNELUTTI, Francesco. *Instituciones del proceso civil*. Tradução castelhana de Santiago Sentís Melendo. Vol. I. Buenos Aires: El Foro, 1959.

CARVALHO, Luis Antonio da Costa. *O espírito do código de processo civil: estudo crítico-analítico do Decreto-Lei nº 1.608, de 18 de setembro de 1939*. Rio de Janeiro: Gráfica Labor, 1941.

CATTONI DE OLIVEIRA, Marcelo. *Direito constitucional*. Belo Horizonte: Mandamentos, 2002.

CIPRIANI, Franco. Nel centenario del regolamento di Klein (Il processo civile tra libertà e autorità). *Rivista di Diritto Processuale*, Padova, p. 969-1004, 1995.

CITTADINO, Gisele. Judicialização da política, constitucionalismo democrático e separação de poderes. In: VIANNA, Luiz Werneck (org.). *A democracia e os três poderes no Brasil*. Rio de Janeiro: UFMG, IUPERJ, FAPERJ, 2002.

CLAUDE, Richard Pierre. *Uma perspectiva comparada da tradição ocidental dos direitos humanos*. [SL]: [SN], 1976.

CLÈVE, Clèmerson Merlin. A eficácia dos direitos fundamentais sociais. *Boletim Científico Escola Superior do Ministério Público da União*, Brasília, ano II, n. 8, p. 151-162, jul./set. 2003.

COLOMER, Hernández. *La motivacion de lãs sentencias: sus exigências contitucionales y legales*. Valencia: Tyran Lo Blanche, 2003.

COMOGLIO, Luigi et al. *Lezione sul processo civile*. 2.ed. Bologna: Il Mulino, 1998.

CORTÊS, Osmar Mendes Paixão. *Súmula vinculante e segurança jurídica*. São Paulo: Revista dos Tribunais, 2008.

CRETELLA JR., José. *Comentários à Constituição Brasileira de 1988*. Vol. I, 3.ed. Rio de Janeiro: Forense Universitária, 1992.

CRISAFULLI, Vezio. *La constituzione e le sue disposizione di principio*. Milano: Dott A. Giuffrè, 1952.

CRUZ, Rafael Naranjo de la. Los límites de los derechos fundamentales en las relaciones entre particular e la buena fe. *Boletín Oficial del Estado Centro de Estudíos Políticos y Constitucionales*, Madrid, 2000.

CULLETON, Alfredo; BRAGATO, Fernanda Frizzo; FAJARDO, Sinara Porto. *Curso de direitos humanos*. São Leopoldo: UNISINOS, 2009.

DAMAŠKA, Mirjam R. *I volti della giustizia e del potere: analisi comparistica del processo*. Bologna: Il Mulino, 1991.

DE GIORGI, Rafaelle. *Direito, democracia e risco: vínculos com o futuro*. Porto Alegre: SAFE, 1998.

DENTI, Vittorio; TARUFFO, Micheli, Il profile storico. In: DENTI, Vittorio. *La giustizia civile*. Bologna: Il Mulino, 2004.

DINAMARCO, Candido Rangel. *A instrumentalidade do processo*. São Paulo: Malheiros, 1994.

DORNELES, João Ricardo W. Notas introdutórias sobre fundamentação dos direitos humanos e a cidadania e as práticas democráticas. Revista Direito e Democracia, Canoas, 1º semestre, v. 1, p. 53-80, 2000.

DOUZINAS, Costa. *O fim dos direitos humanos*. São Leopoldo: UNISINOS, 2007.

DWORKIN, Ronald. *Levando os direitos a sério*. São Paulo: Martins Fontes, 2002.

ESTADOS UNIDOS DA AMÉRICA. The Constitution of the United States of America, with the Bill of Rights and all of the Amendments; The Declaration of Independence; and the Articles of Confederation by Thomas Jefferson, Second Continental Congress, and Constitutional Convention . Published by So-Ho Books. USA. s.d.

FABRÍCIO, Adroaldo Furtado. Embargos de declaração: importância e necessidade de sua reabilitação. In: *Meios de impuganaçao ao julgado civil: estudos em homenagem a José Carlos Barbosa Moreira*. Rio de Janeiro: Forense, 2007.

FALAZZARI, Elio. Diffuzzione del processo i compiti della dottrina. *Rivista Trimestrale di Dirritto i Procedura Civile*, Milano, n.3, p. 861-880, 1958.

FERNANDEZ, Tomás-Ramón. *Del arbitrio y de la a arbitrariedade judicial*. Madrid: Iustel, 2005.

FERRAJOLI, Luigi. *Il fondamento dei diritti umani*. Pisa: Servizio Editoriale Universitário, 2000.

FERREIRA, Adriano Assis. Questão de classes. São Paulo: Editora Alfa-Omega, 1999.

FIGAL, Günter. *Oposicionalidade: o elemento hermenêutica e a filosofia*. Petrópolis: Vozes, 2009.

FORSTHOFF, Ernst. *Stato di diritto in transformazione*. Milano: Giuffrè, 1973.

FRANZÉ, Henrique Barbante. *Agravo: frente aos pronunciamentos de primeiro grau no processo civil*. Curitiba: Juruá, 2006.

FREITAS, Juarez. *Direito romano e direito civil brasileiro: um paralelo*. Porto Alegre: Livraria Editora Acadêmica, 1987.

GADAMER, Hans-Georg. *Verdade e método*. Vol. I. Tradução de Flávio Paulo Meurer. Petrópolis: Vozes, 1998.

———. *Verdade e método*. Vol. II. 2.ed. Petrópolis: Vozes, 2005, em especial o texto intitulado "Hermenêutica clássica e hermenêutica filosófica".

GIULIANI, A. *Le disposizione sulla legge in generale: gli articoli da 1 a 15": tratatto de diritto privato*. Tomo I. Torino: S.E, 1998.

GOMES FILHO, Antonio Magalhães. *A motivação das decisões penais*. São Paulo: Revista dos Tribunais, 2001.

GUERRA FILHO, Willis Santiago. *Autopoiese do direito na sociedade pós-moderna: introdução a uma teoria social sistêmica*. Porto Alegre: Livraria do Advogado, 1997.

HABERMAS, Jürgen. *O discurso filosófico da modernidade*. São Paulo: Martins Fontes, 2000.

———. *Passado como futuro*. Rio de Janeiro: Tempo Brasileiro, 1993.

———. *Direito e democracia: entre facticidade e validade*. Vol. I e II. Rio de Janeiro: Tempo Brasileiro, 1997.

———. *A ética da discussão e a questão da verdade*. São Paulo: Martins Fontes, 2004.

———. *Faticidad y validez: sobre el derecho y el estado democrático de derecho en téminos de teoria del discurso*. 2.ed. Madrid: Trotta, 2002.

HARTMANN, Rodolfo K. G. Eficácia vinculante em precedente judicial e pronunciamento de ofício da prescrição e da competência relativa: Estudo crítico das recentes reformas processuais que fortalecem os poderes dos magistrados. In: MEDINA, José Miguel Garcia et al. (coord.). *Os poderes do juiz e o controle das decisões*. 2ª tiragem. São Paulo: Editora Revista dos Tribunais, 2008.

HEIDEGGER, Martin. *Ser e tempo*. Vol. I e II. Petrópolis: Vozes, 1995.

———. *Introducción a la filosofía*. Madrid: Catedra, 1999.

———. O que é metafísica? In: *Conferências e escritos filosóficos*. Coleção Os Pensadores. Trad. Ernildo Stein. São Paulo: Abril Cultural, 1979.

———. *Ensaios e conferências*. Petrópolis: Vozes, 2002.

———. *Os conceitos fundamentais da metafísica: mundo, finitude, solidão*. Rio de Janeiro: Forense Universitária, S.D..

———. *Ser y tiempo*. Tradução de Jorge Eduardo Rivera. Madrid: Trotta, 2006.
http://noticias.uol.com.br/educacao/ultnot/ult105u5043.jhtm. Acesso em: 24.03.09

http://www.amb.com.br/index.asp?secao=quem_somos. Acesso em: 24.03.09.

http://www.conjur.com.br/2009-mai-19/juiz-decidir-acordo-consciencia-lewandowski. Acesso em: 20.05.09.

http://www.conjur.com.br/2010-fev-04/projeto-codigo-processo-civil-entregue-supremo. Acesso em: 05.02.2010.

http://www.fmd.pucminas.br/Virtuajus/1_2004/O%20PARADIGMA%20DO%20ESTADO%20DEMOCRATICO%20DE%20DIREITO.pdf. Acesso em: 25.12.09.

HERNANDEZ MARÍN, Rafael. *Las obligaciones básicas de los jueces*. Madrid: Marcial Pons, 2005.

HESSE, Konrad. *A força normativa da constituição*. Tradução de Gilmar Ferreira Mendes. Porto Alegre: Fabris, 1991.

IBAÑEZ, Andrés. *La argumentación y su expresión em la sentencia: lenguaje forense, estúdios de derecho judicial 32/2001*. Madrid: Consejo General del Poder Judicial, 2000.

JARA-DIEZ, Carlos Gomes. Palestra no Curso de Doutorado da UNISINOS, novembro de 2009.

KAUFMANN, Arthur. *Filosofia del derecho*. Bogotá: Universidad Externado de Colômbia, 1999.

KELSEN, Hans. Teoria pura do direito. São Paulo: Martins Fontes, 2000.

KLEIN, Franz. Zeit-und Geistesströmungen im prozesse. Frankfurt am Main: Vittorio Klostermann, 1958. p. 25. *Apud* NUNES, Dierle José Coelho. Processo jurisdicional democrático: uma análise crítica das reformas processuais. Curitiba: Juruá, 2008.

KRELL, Andreas. Controle judicial dos serviços públicos básicos na base dos direitos fundamentais sociais. In: SARLET, I.W. (org.). *A constituição concretizada: construindo pontes com o público e o privado*. Porto Alegre: Livraria do Advogado, 2000.

LEAL, Rogério Gesta. *Hermenêutica e direito: considerações sobre a teoria do direito e os operadores jurídicos*. 2.ed. Santa Cruz do Sul: EDUNISC, 1999.

LEYRET, Henry. *Les jugements du président Magnaud: réunis et commentés*. Paris: P.V. Stock éditeur, 1900.

LIMA, João Franzen de. *Curso de direito civil brasileiro*. Rio de Janeiro: Forense, 1984.

LIMA, Rômulo de Castro Souza. Disponível em http://www.buscalegis.ufsc.br/revistas/files/journals/2/articles/17120/public/17120-17121-1-PB.pdf. Acesso em: 29.03.2010.

LOBATO, Anderson Cavalcante. A contribuição da jurisdição constitucional para a consolidação do Estado Democrático de Direito. *Anuário do Programa de Pós-Graduação em Direito. Mestrado e Doutorado*. São Leopoldo: Editora UNISINOS, 1999.

LÓPEZ VILAS, Rámon. *La jurisprudência y su funcion complementaria del ordenamiento jurídico*. Madrid: Civitas, 2002.

MAGALHÃES, Dulce. Arte de mestre. In: *O amanhã*. PHD em Filosofia. Outubro de 2007.

MANCEBO, Luis Villacorta. Princípio de igualdad y legislador: arbitrariedad y proporcionalidad como limites (probablemente insuficientes). *Revista de Estúdios Políticos*, Madrid, n. 130, p. 35-75, octubre/diciembre 2005.

MANCUSO, Rodolfo de Camargo. Questões controvertidas sobre a súmula vinculante. In: MEDINA, José Miguel Garcia et al. (coord.). *Os poderes do juiz e o controle das decisões*. 2ª tiragem. São Paulo: Editora Revista dos Tribunais, 2008.

MARSHALL, Thomas Humphey. *Cidadania, classe social e status*. Rio de Janeiro: Zahar, 1967.

MARTÍNEZ, Gregório Peces-Barba. *Curso de derechos fundamentales: teoria general*. 1ª reimpr. Madrid: Universidad Carlos III de Madrid, Boletín Oficial del Estado, 1999.

MELLO, Celso Antonio Bandeira de. A motivação dos atos da administração pública como princípio fundamental do Estado de Direito. *Revista de Direito Tributário*, n. 87, p. 11-21, 2003.

MENDES, Gilmar Ferreira et al. *Curso de direito constitucional*. São Paulo: Saraiva, 2007.

———. Ação declaratória de constitucionalidade: inovação da Emenda Constitucional nº 03/93. *Cadernos de Direito Constitucional e Ciência Política*, n. 4, p. 120, S. D.

———. Os direitos fundamentais e seus múltiplos significados na ordem constitucional. *Revista Jurídica Virtual*, n. 14, jul. 2000. Disponível em: http://www.planalto.gov.br/ccivil_03/revista/Rev_14/direitos_fund.htm. Acesso em: 15.09.07.

MENGER. Anton. *El derecho civil y los pobres*. Buenos Aires: Atalaya, 1947.

MIRANDA, Jorge. *Manual de direito constitucional: direitos fundamentais*. Tomo IV, 2.ed. rev. e act. Coimbra: Coimbra Editora, 1993.

MONTESQUIEU, Charles Louis. *Do espírito das leis*. São Paulo: Martin Claret, 2002.

MOREIRA, Luiz (org.). *Com Habermas, contra Habermas: direito, discurso e democracia*. São Paulo: Landy Editora, 2004.

NABAIS, José Casalta. A face oculta dos direitos fundamentais: os deveres e os custos dos direitos. *Revista de Direito Público da Economia*, Belo Horizonte, ano 1, n. 1, p. 153–181, jan./mar. 2003.

NERY JR., Nelson. *Direitos fundamentais: teoria geral dos recursos*. São Paulo: Revista dos Tribunais, 2000.

———. *Princípios do processo civil na constituição federal*. 9.ed. São Paulo: Revista dos Tribunais, 2009.

———; NERY, Rosa Maria Andrade. *Código de processo civil comentado: nota 2 ao artigo 535*. São Paulo: Revista dos Tribunais, 2009.

NIETO, Alejandro. *El arbitrio judicial*. Barcelona: Ariel, 2000.

NOVAIS, Jorge Reis. *Contributo para uma teoria do estado de direito: do estado liberal ao estado social e democrático de direito*. Coimbra: S.E. 1987.

NUNES, Dierle José Coelho. *Processo jurisdicional democrático: uma análise crítica das reformas processuais*. Curitiba: Juruá, 2008.

OLIVEIRA, Carlos Alberto Álvaro de. *Do formalismo no processo civil: proposta de um formalismo-valorativo*. 3.ed. rev. atual. e aum. São Paulo: Saraiva, 2009.

OLIVEIRA, Marcelo Andrade Cattoni de. Jurisdição e hermenêutica constitucional no Estado Democrático de Direito: um ensaio de teoria da interpretação enquanto teoria discursiva da argumentação jurídica de aplicação. In: OLIVEIRA, Marcelo Andrade Cattoni de (coord.). *Jurisdição e hermenêutica constitucional*. Belo Horizonte: Mandamentos, 2004.

OLIVEIRA, Rafael Tomaz. *Decisão judicial e o conceito de princípio*. Porto Alegre: Livraria do Advogado, 2008.

OLLERO, Andrés; SANTOS, José Antonio. *Hermenêutica y derecho: Arthur Kaufmann*. Granada: Editorial Comares, 2007.

ORDÓÑES SOLÍS, David. *Jueces, derecho y política: los poderes del juez en una sociedad democrática*. Navarra: Thomson Aranzadi, 2004.

PALACIOS, X.; JARAUTA, F. (eds.). *Razón, ética y política: el conflito de las sociedades modernas*. Barcelona: Editorial Anthopos, 1989.

PELEGRINI, Flaviane de Barros Magalhães. Disponível em: http://www.fmd.pucminas.br/Virtuajus/1_2004/O%20PARADIGMA%20DO%20ESTADO%20DEMOCRATICO%20DE%20DIREITO.pdf. Acesso em: 25.12.09.

PERALTA ESCUER, Teresa. *Derecho y argumentación histórica*. Lleida: Universitat de Lleida, 1999.

PEREZ LUÑO, Antonio Enrique. Teoria de los derechos fundamentales y transformaciones del sistema constitucional. *Revista da Faculdade de Direito da Fundação Ministério Público*, Porto Alegre, n. 2, p. 43-61, 2008.

———. *Los derechos fundamentales*. 6.ed. Madrid: Tecnos, 1995.

PEREZ ROYO, Javier. *Curso de derecho constitucional*. Madrid: Marcial Pons, 2000.

PICARDI, Nicola. *Jurisdição e processo*. Organizador e revisor técnico da tradução Carlos Alberto Álvaro de Oliveira. Rio de Janeiro: Forense, 2008.

———. *La giurisdizione all"abba del terzo milennio*. Milano: Giuffrè, 2007.

PONTES DE MIRANDA, Francisco Cavalcanti. *Comentários do código de processo civil*. Tomo I (arts. 1º-79), 2.ed., 5º-10º milheiros). Rio de Janeiro: Forense, 1958. p. XXXV.

———. *Sistema de ciência positiva do direito*. Atualizado por Vilson Rodrigues Alves. Tomo II. Campinas: Bookseller, 2000.

———. *Comentários à constituição federal de 1967*. Tomo VI. São Paulo: Revista dos Tribunais, 1968.

———. *Comentários à constituição federal*. Vol. I. Rio de Janeiro: Pongetti, 1937.

RADBRUCH, Gustav. *Filosofia do direito*. Tradução de Cabral de Moncada. Coleção STVDIVM. Coimbra: Armênio Amado Editor, 1974.

———. *Relativismo y derecho*. Tradução de Luis Villar Borda. Bogotá: Temis, 1992.

ROCHA, Carmen Lúcia Antunes. O constitucionalismo contemporâneo e a instrumentalização para a eficácia dos direitos fundamentais. *Revista Trimestral de Direito Público*, n. 16, p. 39-58, 1996.

———. O princípio da dignidade da pessoa humana e a exclusão social. *Revista Interesse Público*, São Paulo, ano 1, n. 4, p. 23-48, out./dez. 1999.

———. (org.). Constituição e segurança jurídica: direito adquirido, ato jurídico perfeito e coisa julgada. In: *Estudos em Homenagem a José Paulo Sepúlveda Pertence*. 2.ed. Belo Horizonte: Fórum, 2005.

ROCHA, Leonel Severo. *Epistemologia jurídica e democracia*. São Leopoldo: UNISINOS, 1998.

RODRÍGUEZ, Roger E. Zavaleta. *Razonamiento judicial: interpretación, argumentación y motivación de las resoluciones judiciales*. Lima: ARA Editores, 2006.

ROSA, Inocêncio Borges da. *Processo civil e comercial brasileiro*. Vol. I. Porto Alegre: Livraria do Globo, 1940.

SAMPAIO, José Adércio Leite. *A constituição reinventada pela jurisdição constitucional*. Belo Horizonte: Editora Del Rey, 2002.

SARLET, Ingo Wolfgang. *A eficácia dos direitos fundamentais*. 4.ed. Porto Alegre: Livraria do Advogado, 2004.

———. Os direitos fundamentais sociais e os 20 anos de Constituição. *Revista do Instituto de Hermenêutica Jurídica*, n. 06, S.D.

———. *Dignidade da pessoa humana e direitos fundamentais na Constituição de 1998*. Porto Alegre: Livraria do Advogado, 2001.

———. Os direitos fundamentais sociais na CF de 1988. *Revista de Direito do Consumidor*, São Paulo, n. 30, p. 97-124, 1999.

———. *A eficácia dos direitos fundamentais*. Porto Alegre: Livraria do Advogado, 2003.

SARMENTO, Daniel. Os 21 anos da Constituição de 1988: a Assembléia Constituinte de 1987/1988 e a experiência constitucional brasileira sob a carta de 1988. DPU, n. 30, p. 7-41, nov./dez. 2009.

SCHAUER, Frederick. *Las reglas en juego*. Madrid: Marcial Pons, 2004.

SCHULTE, Bernd. Globalisation and the Welfare State. *Arquivos de Direitos Humanos*, n. 4, p. 3-15, 2002.

SEGADO, Francisco Fernández. La dignidad de la persona como valor supremo del ordenamiento jurídico español Y como fuente de todos los derechos. *Revista de Direito Administrativo e Constitucional*, Belo Horizonte ano 3, n. 11, p. 13-42, jan./mar. 2003.

SERNA, Pedro (dir.). *Hermenéutica y relativismo: una aproximación desde el pensmento de Arthur Kaufmann. De la argumentación jurídica a la hermenéutica*. 2.ed. Granada: Editorial Comares, 2005.

SHIMURA, Sergio. Embargos de declaração. In: MEDINA, José Miguel Garcia et al. (coord.). *Os poderes do juiz e o controle das decisões*. 2ª tiragem. São Paulo: Editora Revista dos Tribunais, 2008.

SILVA, Frederico Silveira e. O decisionismo de Carl Schmitt e sua relação com a discricionariedade e a medida provisória. *Revista CEJ*, Brasília, ano XI, n. 39, p. 36-43, out./dez. 2007.

SILVA, Ovídio Baptista da. Fundamentação das sentenças como garantia constitucional. *Revista do Instituto de Hermenêutica Jurídica*, n. 4, p 323-352, S.D.

———. *Processo e ideologia: o paradigma racionalista*. 1.ed. Rio de Janeiro: Forense, 2004.

———. Disponível em: http://www.baptistadasilva.com.br/artigos005.htm. Acesso em: 09.09.2006.

SILVA PEREIRA, Caio Mário da. *Instituições de direito civil*. Vol. I. Rio de Janeiro: Forense, 1987.

SIRENA, Pedro. *De la argumentacion jurídica a la hermenêutica*. 2.ed. Granada: Editorial Comares, 2005.

SOUZA LIMA, João Batista de. *As mais antigas normas de direito*. 2.ed. Rio de Janeiro: Forense, 1983.

SPRUNG, Rainer. Os fundamentos do direito processual austríaco. *Revista de Processo*, São Paulo, n. 17, p. 138-149, jan./mar. 1980.

STEIN, Ernildo. *Compreensão e finitude*. Ijuí: Editora Unijuí, 2001.

———. *Pensar é pensar a diferença: filosofia e conhecimento empírico*. Ijuí: Editora Unijuí, 2002.

———. In: TOMAZ DE OLIVEIRA, Rafael. *Decisão judicial e o conceito de princípio*. Porto Alegre: Livraria do Advogado, 2008, apresentação.

———. *Racionalidade e existência: uma Introdução à filosofia*. Porto Alegre: LP&M, 1988.

STEINMETZ, Wilson Antônio. *Colisão de direitos fundamentais e princípio da proporcionalidade*. Porto Alegre: Livraria do Advogado, 2001.

STRECK, Lenio Luiz. *Hermenêutica jurídica em crise*. Porto Alegre: Livraria do Advogado, 2005.

———. *Jurisdição constitucional e hermenêutica: uma nova crítica do direito*. Porto Alegre: Forense, 2004.

———. A jurisdição constitucional e as possibilidades hermenêuticas de efetivação da Constituição: um balanço crítico. *Revista da Academia Brasileira de Direito Constitucional*, v. III, p. 367-404, 2003.

———. Notas de sala de aula. Disciplina de Hemenêutica jurídica. Programa de Doutorado. PPGD, UNISINOS, em 29.05.06.

———. *Verdade e consenso: constituição, hermenêutica e teorias discursivas*. Rio de Janeiro: Lumen Juris, 2009.

———. *O que é isto? Decido conforme minha consciência?* Porto Alegre: Livraria do Advogado, 2010.

———. Súmulas, vaguezas e ambiguidades: necessitamos de uma "teoria geral dos precedentes"? Direitos Fundamentais & Justiça, Revista do Programa de Pós-Graduação, Mestrado e Doutorado em Direito da PUCRS, Porto Alegre, ano 2, n. 5, p. 162-185, out./dez. 2008.

———. Hermenêutica jurídica e o efeito vinculante da jurisprudência no Brasil. *Boletim da Faculdade de Coimbra*, separata vol. LXXXII, p. 213-237, 2006.

———. Disponível em: http://www.leniostreck.com.br/midias/Artigo_Valladolid.doc. Acesso em: 05.10.05.

TALAMINI, Eduardo. Embargos de declaração: efeitos. In: MEDINA, José Miguel Garcia et al. (coord.). *Os poderes do juiz e o controle das decisões*. 2ª tiragem. São Paulo: Editora Revista dos Tribunais, 2008.

TARUFFO, Michele. La fisionomia della sentença in Italia. In: *La sentenza in Europa*. Padova: Cedam, 1988.

———. *La motivazzione della sentenza civile*. Padova: CEDAM, 1975. p. 3.

———. Le garanzie fondamentali della giustizia civile nel mondo globalizzato. *RDTC*, v. 17, p. 117-130. jan./mar.2004.

———. Legalidade e justificativa da criação judiciária do direito. *Revista da Esmape*, Recife, v. 6, n. 14, p. 431-456, jul./dez. 2001.

———. *La giustizia civile in Italia dal'700 a oggi*. Bologna: Il Mulino, 1980.

The Universal Declaration of the Human Rights. Published by the United Nations Department of Public Information. DPI/876 – 40911 – November 1988.

THEODORO JR., Humberto. *Curso de direito processual civil*. Vol. I., 41.ed. Rio de Janeiro: Forense, 2004.

———. *A reforma da execução do título extrajudicial*. Rio de Janeiro: Forense, 2007.

TOMÁS Y VALIENTE, Francisco. Jurisprudencia del Tribunal Constitucional Espanhol em matéria de derechos fundamentales. In: Enunciazione e giustiziabilità dei diritti fondamentali nelle carte *constituzionali europee: profili storici e comparistici*. Milano: Giuffrè, 1994.

TRIBE, Laurence; DORF, Michael. *Hermenêutica constitucional*. Belo Horizonte: Editora Del Rey, 2007.

TRUYOL Y SERRA, Antonio. *Los derechos humanos*. Madrid: Editorial Tecnos, 1969.

TUNC, André. Conclusions: la cour suprême idéale. Revue Internationale de Droit Comparé, n. 1, p.433-471, janvier-mars 1978.

VAN LANGENDONCK, Jef. The active welfare state. *Direitos Fundamentais e Justiça*, Porto Alegre, ano 2, n. 4, p. 13-30, jul./set. 2008.

VIEIRA DE ANDRADE, José Carlos. *Os direitos fundamentais na constituição portuguesa de 1976*. 2.ed. Coimbra: Almedina, 2001.

WASSERMANN, Rudolf. Der Soziale zivilprozeß: zur theorie und práxis dês zivilprozesses im sozialen Rechsstaat. Neuwied, Darmstad: Luchterhand, 1978. p. 45. Apud NUNES, Dierle José Coelho. Processo jurisdicional democrático: uma análise crítica das reformas processuais. Curitiba: Juruá, 2008.

ZAGREBELSKY, Gustav. *El derecho dúctil*. Madrid: Editorial Trotta, 2006.

Jurisprudência

- BRASIL, STJ. Recurso Especial n° 95933/DF; BRASIL, STJ RECURSO ESPECIAL n° 1996/0031430-6. Relator Ministro Waldemar Zveiter. 3ª Turma. Publicado no DJU em 11.10.1999, p. 00068.
- BRASIL, STJ. Recurso Especial n° 963977/RS. Relatora Ministra Nancy Andrighi. Terceira Turma. Julgado em 26.08.2008. Publicado no DJ em 05.09.2008.
- BRASIL, STJ. Recurso de Habeas Corpus 8873/SP; BRASIL, STJ, RECURSO ORDINARIO EM HABEAS CORPUS. Relator Ministro José Arnaldo da Fonseca. 5ª Turma. Publicado no DJ em 22.11.1999, p. 00166. Data da decisão 21.10.1999.
- BRASIL, STJ. Corte Especial, Ediv no REsp 159.317/DF. Relator Ministro Sálvio de Figueiredo Teixeira, j. 25.4.99. *Revista de Processo*, São Paulo, n. 103, p. 327-335, jul./set.2001.
- BRASIL, STJ. Agravo Regimental no Agravo de Instrumento n° 807.013- GO (2006/0182887-0). Relator Ministro Vasco Della Giustina. 3ª Turma. Julgado em 18.08.09. Publicado no DJU em 03.09.09.
- BRASIL, STJ. EDcl no AgRg no RECURSO ESPECIAL N° 886.061-RS (2006/0151177-6). Relator Ministro Herman Benjamin. 2ª Turma. Julgado em 20.08.2009. Publicado no DJU em 27.08.2009.
- BRASIL, STJ. Resp n° 1033447/PB 2008/00386563. 2ª Turma. Relatora Ministra Eliana Calmon. Julgado em 10.02.2009. Publicado no DJU em 05.03.2009.
- BRASIL, STJ. REsp 595.649-SC, DJ 10.5.2004; BRASIL, STJ, REsp 594.930-SP. Relator Min. Massami Uyeda. Julgado em 9.10.2007.
- BRASIL, TRF1 - EMBARGOS DE DECLARAÇÃO NOS EMBARGOS INFRINGENTES NA AR: EDEIAR 25131 DF 94.01.25131-2. Relator. Juiz Vicente Leal. Julgamento: 27.06.1995. Órgão Julgador: 2ª Seção. Publicação: 02.06.1997 DJ p. 39187.
- BRASIL, STJ - EMBARGOS DE DECLARAÇÃO NOS EMBARGOS DE DECLARAÇÃO NO RECURSO ESPECIAL: EDcl nos EDcl no REsp 447827 DF 2002/0088270-1, Relator(a): Ministro Felix Fischer. Julgamento: 19.05.2004. Órgão Julgador: T5 - 5ª turma. Publicação: DJ 14.06.2004 p. 265.
- BRASIL, STF. Recurso de Habeas Corpus, HC 78097/SP. 2ª Turma. Relator Ministro Carlos Velloso. Publicação ata n° 51, DJU 06.08.99, p. 0000006.
- PARANÁ, TJPR - Embargos de Declaração Cível: EMBDECCV 1682026 PR Embargos de Declaração Cível - 0168202-6/02, Relator(a): Dulce Maria Cecconi. Julgamento: 27.08.2001. Órgão Julgador: 8ª Câmara Cível (extinto TA). PUblicação: 06.09.2001 DJ: 5958.
- RIO GRANDE DO SUL, TJRS. EMBARGOS À EXECUÇÂO. Processo n° 067/1.06.0002345-6. Comarca de São Lourenço do Sul. Decisão em 22.11.07. Publicada no DJ em 07.02.08.
- RIO GRANDE DO SUL, TJRS. Processo n° 10600102037. 5ª Vara da Fazenda Pública de Porto Alegre. Relator Sergio Grassi Beck. Julgado em 14.01.09. Publicado no DJ em 23.01.09.
- RIO GRANDE DO SUL, TJRS. Agravo de Instrumento n° 70028787380. Relatora Desembargadora Ana Lúcia Carvalho Pinto Vieira Rebout. 1ª Câmara Cível Especial. Julgado em 16.06.09. Publicado no DJ em 22.06.09.
- RIO GRANDE DO SUL, TJRS. APELAÇÃO CÍVEL N° 70027173988. 9ª Câmara Cível. Relator Desembargador Odone Sanguiné. Julgado em 18.02.2009. Publicado no DJ em 03.03.2009.
- RIO GRANDE DO SUL, TJRS. Apelação Cível n° 70027747377. 10ª Câmara Cível. Julgado em 18.12.2008. Publicado no DJ em 03.02.2009.
- RIO GRANDE DO SUL, TJRS. Habeas Corpus. Processo n° 70027834829. 8ª Câmara Cível. Relatora Desembargadora Rui Portanova. Julgado em 19.02.2009. Publicado no DJ em 27.02.09.
- RIO GRANDE DO SUL, TJRS. Habeas Corpus. Processo n° 70027834829. 8ª Câmara Cível. Relator Desembargador Rui Portanova. Julgado em 19.02.2009. Publicado no DJ em 27.02.09.
- RIO GRANDE DO SUL, TJSC. Agravo de Instrumento. AI 128891 SC 2005.012889-1/0001.00. Relatora Sérgio Izidoro Heil. 3ª Câmara de Direito Civil. Julgamento em 23.09.2005.
- TRIBUNAL CONSTITUCIONAL ESPANHOL. Sentencia 64/1988 de 12 de abril de 1988.
- TRIBUNAL EUROPEU DE DIREITOS HUMANOS. Sentenças de 9 de dezembro de 1994 [TEDH 1994, 4]. Ruiz Torija e Hiro Balani/ Espanha, § 29 e §27, de 19 de fevereiro de 1998.

- TRIBUNAL EUROPEU DE DIREITOS HUMANOS [TEDH 1998,3]. Higgins e outros/ França, § 42; e 21 de janeiro de 1999 [TEDH 1999, 1] García Ruiz/ Espanha, § 26.
- TRIBUNAL INTERNACIONAL DE JUSTIÇA. Caso Barcelona Traction, que pode ver-se no *recueil des arrêts de la cour, 1970. p. 32*
- TRIBUNAL SUPERIOR DO TRABALHO. Enunciado n° 74 - RA 69/1978, DJ 26.09.1978 - Incorporada a Orientação Jurisprudencial n° 184 da SBDI-1 - Res. 129/2005, DJ 20, 22 e 25.04.2005.

Impressão:
Evangraf
Rua Waldomiro Schapke, 77 - POA/RS
Fone: (51) 3336.2466 - (51) 3336.0422
E-mail: evangraf.adm@terra.com.br